Un scientifique en politique, 50 ans d'engagements

contribution à l'histoire politique de Massy

Guy Bonneau

mai-juillet 2020

Guy BONNEAU

Un scientifique en politique, 50 ans d'engagements

mémoires « politiques »

contribution à l'histoire politique de Massy

Préambule

Juillet 1972, je participe aux côtés d'une cinquantaine de physiciens, principalement européens, à l'école d'été en Physique théorique des hautes énergies, à Cargèse en Corse. La troisième semaine, Sidney Drell, physicien internationalement reconnu, doit faire une série de cours. Dans les jours qui précèdent, avec d'autres collègues, j'interviens auprès du directeur de l'Ecole, Maurice Lévy professeur à l'université de Paris, directeur du laboratoire dans lequel je suis employé comme chercheur au CNRS, pour indiquer que nous souhaitons poser quelques questions à S. Drell sur son implication dans le comité JASON[1], en préambule de ses exposés. Nous avions affiché des copies d'articles de journaux sur les bombardements en cours des digues au VietNam nord, des documents sur la composition et le rôle du comité JASON dans le développement d'armes sophistiquées et meurtrières, nous rappelions aussi l'intervention en juin d'une centaine de physiciens français pour exiger de l'un des membres nobélisés du comité Jason, Murray GellMan, de répondre à quelques questions sur sa participation active avant de pouvoir prononcer sa conférence au Collège de France, … le tableau était dressé. Le lundi suivant, face au refus de S. Drell de s'expliquer, et au blocage du cours en résultant, la direction de l'école décide de la fermer, une semaine avant sa fin !

Ce rappel, assez caractéristique à la fois du contexte post 68, des interrogations de certains chercheurs sur la Science et sa neutralité (cf. le journal « ImpaScience », les prises de positions du mathématicien Alexandre Grothendieck, …) reflète ce que je crois être une constante de mon tempérament : rechercher la cohérence entre idées et pratiques.

Dans ce même esprit, avec le lancement en 1973 du programme électro-nucléaire (5 à 6 réacteurs à construire chaque année, 58 seront réalisés), et donc face aux arguments scientifiques biaisés développés en sa faveur, la communauté des physiciens se mobilise, et lance début 1975 « *l'appel de 400 scientifiques à propos du programme nucléaire français* »[2]. Là encore, notre expertise scientifique est utilisée pour lire et analyser de façon critique les documents produits à l'appui du développement du « tout électrique, tout nucléaire » : au-delà des aspects purement techniques - je ne suis pas moi-même physicien nucléaire - je suis vite frappé par plusieurs aspects plus sociétaux, interrogés de façon scientifique.

En premier lieu nous questionnions le pari du besoin de multiplier par 6 la consommation électrique à l'échelle de 25 ans, soit disant pour se libérer de la dépendance au pétrole - alors que le plus gros de sa consommation vient du secteur des transports -, mais de fait en encourageant le gaspillage avec l'imposition progressive du chauffage électrique avec son rendement très limité de par les lois de la thermodynamique : cette question de consommation explosant faisait pour moi écho aux critiques de 68 sur la société de consommation.

En second lieu venait la question des déchets nucléaires, dont les scientifiques savaient que leur gestion serait à la charge des générations futures pour des centaines d'années : cette dimension rejoignait les questions écologiques auxquelles je commençais d'être sensible à

---

[1] Ce comité, créé en 1960, rassemble des scientifiques américains de très haut niveau, pour conseiller le gouvernement en matière d'armements et de sécurité. https://fr.wikipedia.org/wiki/Comit%C3%A9_JASON

[2] Voir https://journals.openedition.org/chrhc/214

travers les publications du Club de Rome en 1972, la campagne électorale de René Dumont en 1974 ... ou très concrètement le fait d'être père de Matthieu, né fin 72.

En troisième lieu, tant le montant pharamineux des investissements d'un tel programme que les conditions sécuritaires de sa mise en œuvre (énergie très centralisée, à l'exploitation dangereuse donc soumise à des règles policières strictes autour des centrales et lors des convois de combustible ou de déchets ...) allaient à l'encontre de mon approche de la société, et donc de la politique, plutôt autogestionnaire.

Dans cette période, je soutiens ma thèse de Docteur en Physique théorique et je poursuis mes recherches dans ce domaine au sein d'un « laboratoire » à la fac de Jussieu, simultanément à des études de psycho à Censier, et je participe à des manifestations sur des sujets aussi variés que la solidarité avec le Chili après le coup d'Etat contre Allende, le projet d'implantation d'une centrale nucléaire en amont de Paris, à Nogent sur Seine, la lutte des paysans du Larzac... Sans culture ou formation politique avant 68, élevé par un père officier supérieur, mais dans des fonctions de direction d'Ecoles militaires, et une mère soucieuse de valeurs morales d'inspiration chrétienne, je m'étais ouvert à la politique à la fois dans le contexte non partidaire, post 68, d'un collectif universitaire parisien soutenant - principalement à travers des actions d'alphabétisation - des Maliens « logés » dans un foyer de travailleurs immigrés mais débattant beaucoup de la cohérence entre vie personnelle et idéaux sociétaux, ainsi que dans les débats alors vifs des « chrétiens critiques » engagés dans de nombreux collectifs de base.

- ***Arrivée à Massy, dans le quartier de l'Epine Montain, en septembre 1978***

C'est dans ce contexte, et à travers les turbulences de ma vie affective, que je m'installe en septembre 1977 avec Marie, ma compagne, enceinte de ma première fille Annais, dans la ville de Massy qu'elle habitait, mon fils Matthieu demeurant lui à Paris avec sa mère.
Grâce à mes beaux-parents, Robert et Denise Mignon, je m'insère très vite dans la mouvance PSU alors dynamique à Massy – et représentée au conseil municipal par deux élus à l'esprit indépendant, Annette Guérin et Gildas Le Roux - sur la base de la création d'un Comité local de soutien à la lutte du Larzac. Je pense par exemple à la permanence assurée pendant une semaine sur le causse du Larzac à l'été 1979 : avec ma compagne et mes deux enfants Matthieu et Annais nous campions à Saint Martin du Larzac et, dans la journée, je répondais avec d'autres militants aux automobilistes qui s'arrêtaient à la bergerie que nous occupions le long de la RN75. Un épisode personnel me revient : arrivant le premier soir sur le Causse avec ma compagne et ma fille Annais alors âgée de 15 mois, nous devions coucher dans une bergerie située au sein du terrain prévu pour l'extension du camp militaire. Seuls dans ce grand bâtiment, nous n'en menions pas large, surtout lorsque de temps à autre un véhicule passait sur la piste devant la bergerie, et je revois encore les « billes » de ma fille Annais, couchée dans son berceau et regardant les poutres du toit, sans doute pleines de toiles d'araignées. C'est avec plaisir que, rejoints le lendemain par mon fils Matthieu de 7 ans, nous avons installé notre tente à côté de l'église de Saint Martin du Larzac.

Un autre collectif, le « Collectif Nogent de Massy », constitué début 1979 à l'occasion de l'enquête publique portant sur la construction d'une centrale nucléaire de 4 réacteurs à Nogent sur Seine, à 80 kilomètres en amont de Paris, visait la lutte contre cette implantation, dans le cadre de l'opposition à la politique du « tout nucléaire » lancée par le gouvernement de Pierre Messmer. C'est d'ailleurs dans ce contexte que, soutenant les Bretons de Plogoff, nous avons co-organisé l'affrètement d'un car pour participer à un week-end de manifestations sur place les 24 et 25 mai 1980. Je me souviens de ce long parcours en car, en compagnie de mon fils Matthieu de 8 ans, et de la beauté du site.

Nous cherchions, par nos bulletins, notamment « l'*Ultim Atom* *[1,3] », diffusés sur les marchés, à sensibiliser les habitants à ces luttes et aux questions de société qu'elles soulèvent. Cette approche de la politique par des sujets concrets porteurs de valeurs comme l'écologie - traversant tant la question nucléaire que le thème de « *Vivre et travailler au pays* » des paysans du Larzac-, est un marqueur personnel, simultanément à la rigueur intellectuelle et au sens critique de ma formation scientifique interdisant certaines simplifications ou caricatures, tout en visant l'information et la formation à travers nos diffusions, et m'a conduit logiquement à m'intéresser à la ville dans laquelle je vivais, au sein de laquelle ces questions pouvaient s'illustrer et des réponses s'esquisser.

Deux sujets concrets ont particulièrement compté, notamment dans ma perception de l'intrication des questions précédentes, souvent dites environnementales, avec les questions sociales : d'une part le chauffage urbain et l'incinération des déchets ménagers à Massy, d'autre part le passage du TGV Atlantique dans la banlieue sud.

- **_Premières actions locales_**

En premier lieu, la présence à Massy d'une centrale de chauffage urbain en centre-ville, à proximité immédiate de la cité HLM de « La Tuilerie », usine déjà bien polluante, à laquelle la municipalité voulait adjoindre une usine d'incinération des ordures ménagères complétant l'apport énergétique du fioul, sans préoccupation sur le tri et le recyclage des déchets.

Ensuite, le projet, lancé en septembre 1981 par le président Mitterrand, de construction d'une nouvelle ligne à grande vitesse dite TGV Atlantique, sortant de Paris Montparnasse à travers une ancienne réserve ferroviaire de la ligne Paris-Chartres par Gallardon, passant par Massy-Palaiseau et en bordure immédiate d'une autre cité HLM de Massy, « Bièvre-Poterne ». Cette trouée avait été préservée du projet antérieur de prolongement de l'autoroute A10 entre Massy et Montparnasse, abandonné en 1974 suite aux actions des riverains, tant des communes de banlieue sud que par ceux, parisiens, de ce qui devait alors être « La radiale Vercingétorix » de la porte de Vanves à Montparnasse[4].

Dans les deux cas, des quartiers populaires déjà défavorisés voyaient leur environnement menacé. Dans les deux cas aussi j'ai pu être activement à la manœuvre pour faire évoluer les projets :

---

[3] Les *# renvoient aux annexes numérotées.

[4] https://sites.google.com/site/reseauvertaparis/home/2-parcours-dans-l-histoire-de-l-urbanisation-de-paris/2-urbanisation-de-chaque-quartier/1-vercingetorix/radiale-vercingetorix-tgv-a-et-coulee-verte
Annie, ma femme et mère de mon fils Matthieu, habitait toujours rue de l'Ouest dans le 14ème arrondissement de Paris, rue parallèle et toute proche de la rue Vercingétorix, dans l'appartement où nous avions résidé ensemble de septembre 1970 à janvier 1973. Elle était active dans le collectif local contre la Radiale Vercingétorix et j'en connaissais donc bien tous les aspects, notamment ceux à visée de spéculation foncière reliés au député-maire du 14ème Christian de la Malène, par ailleurs propriétaire foncier important dans l'extension projetée du camp militaire du Larzac …

- pressions sur la municipalité - devant être renouvelée en mars 1983 — pour abandonner l'implantation de la future usine d'incinération en centre-ville au profit d'un lieu éloigné des habitations et d'engagements concernant l'usine existante, devant petit à petit ne fonctionner qu'en période de froid intense, l'usine d'incinération productrice de chaleur étant accompagnée de la construction d'une chaufferie neuve donc soumise à des réglementations plus draconiennes ;
- action auprès des élus locaux de toute la banlieue sud et du ministère des transports - avec l'appui de Marie-Noëlle Lienemann, adjointe au Maire, élue Conseillère générale en mars 1979 - notamment grâce à la création fin 1982 d'une « fédération des associations contre les nuisances du TGV Atlantique et pour la Coulée Verte » dont j'ai été amené rapidement à assurer la présidence. Des protections phoniques significatives ont été ajoutées au projet initial (TGV enfermé dans un caisson sur une bonne partie du trajet et murs anti-bruit renforcés) et la couverture partielle des voies a aussi permis la réalisation de la Coulée Verte du Sud-francilien, bonus qui justifiait les cofinancements des protections phoniques supplémentaires par les collectivités locales et notamment la Région Ile de France.

Dès ces premières actions, j'ai expérimenté l'importance d'un argumentaire technique bien étayé (ma formation scientifique était bien utile), de la mobilisation d'habitants (pétition contre l'absence d'informations et de débat sur le projet d'usine d'incinération, diffusion de tracts et d'une lettre ouverte), de la mobilisation d'autres acteurs concernés (par exemple sur l'usine d'incinération et le recyclage à mettre en place, actions communes avec l'union locale CFDT, l'union des consommateurs de Massy, le groupe de Massy de La Vie Nouvelle, la copropriété voisine, des associations de défense du Vieux Massy …), de la recherche de soutien de la part des élus locaux, des administrations et ministères concernés (pour le TGV nous avons dû batailler au cabinet de M. Fiterman, alors ministre des Transports, et même rencontrer Ségolène Royal alors en charge de l'environnement au cabinet de F. Mitterrand).
Nous avions aussi mesuré l'interdépendance des questions environnementales : nucléaire, incinération, tri sélectif, gaspillage et magasins à grande surface, politique énergétique, bruit etc…
J'ai aussi expérimenté la logique de contre-propositions positives (un autre emplacement pour l'usine d'incinération de Massy, couvrir les voies du TGV pour améliorer les continuités urbaines et créer des espaces verts supplémentaires).
De cette expérience est née la transformation du « Collectif Nogent » en une association*2, « l'Association pour le Cadre de Vie et les Alternatives » aux statuts déposés en sous-préfecture le 27 Aout 1982, et dont l'objet était : *Assurer la défense de l'environnement et l'amélioration du cadre de vie tant au niveau local qu'au niveau national — notamment par la lutte antinucléaire. Développer l'information sur les alternatives sociales et énergétiques et agir pour leur réalisation.*

- ***Vers les municipales de 1983 et la création de « MASSY-autrement »***

Forts de ces convictions, et intégrant le changement du mode de scrutin pour les futures élections municipales de 1983 avec représentation des minorités et l'introduction d'une dose de proportionnelle, avec plusieurs autres représentants d'associations et citoyens engagés sur la ville, notamment lors de l'élaboration de notre lettre ouverte à Claude Germon, Maire de

Massy, en février 1982, nous avons décidé à l'automne 1982 de présenter une liste pour le Conseil Municipal de Massy.

Ce sera l'aventure « MASSY-*autrement* », de fin 1982 aux municipales de 2008 où nous en changerons le nom en « Massy, en Vert et pour Tous ».

Première partie : MASSY-autrement : 1982 -2008

Je présenterai l'histoire de MASSY-*autrement* d'une façon essentiellement chronologique avec plusieurs séquences

Chapitre 1

1982-1986

Deux moments pour « MASSY-*autrement* » dans cette séquence : la création, puis les premières années de mandat municipal pour les représentants de l'association

1) *La création de* « MASSY-*autrement* » *et les municipales de 1983*

Après les élections municipales de 1977 qui avaient vu le succès de nombreuses listes de gauche, militantes, dans la dynamique montante de l'époque, notamment avec le programme commun et la perspective des élections législatives de 1978 que l'union de la gauche pouvait raisonnablement gagner, se profilaient celles de 1983, dans un contexte plutôt peu porteur pour la gauche au pouvoir qui avait déjà été sanctionnée aux cantonales de 1982[5].

De plus, la modification du mode de scrutin pour les villes de plus de 3500 habitants, introduisant un mode de scrutin semi-proportionnel (rappelons que précédemment, pour les villes de plus de 9000 habitants – Massy comptait alors environ 43000 habitants -, la liste majoritaire emportait la totalité des membres du conseil municipal), assurait la représentation de l'opposition et des minorités.

C'est dans ce contexte qu'à Massy comme cela se fera dans plusieurs autres villes, comme Thiais, Cachan ou Les Ulis, avec lesquelles nous avons échangé sur nos expériences, s'offrait l'opportunité pour des citoyens, encartés ou non, de se positionner en dehors de l'union de la gauche, essentiellement sur les deux thèmes de l'environnement et l'urbanisme d'une part, du fonctionnement de la démocratie locale et du rapport aux associations d'autre part. Ces listes, souvent influencées et appuyées par le PSU, voire la tendance rocardienne du PS, regroupaient des citoyennes et des citoyens engagés dans la vie locale.

A Massy, entre l'été et l'automne 1982, avec des militants issus du « comité Larzac de Massy », et du « comité Nogent de Massy » regroupés dans « *l'association pour le cadre de vie et les alternatives* », avec des présidents d'associations de consommateurs (UFC), de défense de l'environnement ou d'associations d'action culturelle en butte à la volonté de main mise municipale et avec lesquels nous avions agi précédemment, j'ai proposé de travailler à la constitution d'une liste pour ces municipales. J'ai le souvenir d'avoir alors passé des dizaines et des dizaines de coups de téléphone à des personnes engagées dans la vie locale au sein d'associations diverses pour leur présenter notre démarche et leur proposer de s'y associer, notamment à travers la création d'une association loi de 1901.

Après débats, les membres fondateurs ont choisi le nom « MASSY-*autrement* » (en partie en référence à la revue « Autrement » qui se faisait l'écho des initiatives et enjeux sociétaux, en France comme dans le monde) et déposé des statuts le 6 décembre 1982 avec comme objet social : « *agir dans les domaines de l'écologie, du cadre de vie, de l'urbanisme et de la démocratie locale ; associer la population à la vie de la commune* ».

Tout un programme !

Un sigle a été créé*[3] avec l'aide d'un maquettiste et d'imprimeurs amis et nous avons commencé d'apparaître par nos affichettes puis par nos tracts thématiques. Bien sûr, tous les

---

[5] Le renouvellement des Conseils généraux ne se faisant alors que par moitié, le canton de Massy, pourvu en 1979, n'était pas concerné en 1982.

coups de téléphone passés, souvent avec la réponse « *c'est très intéressant, je vous soutiendrai … mais sans apparaître, vous comprenez ce serait risqué pour les subventions de mon association …* », n'avaient pas manqué de parvenir aux oreilles de la municipalité, de son maire Claude Germon et de son directeur de cabinet, fraichement arrivé du Jura, Jean-Luc Mélenchon, et qui avait rapidement pris la direction du PS essonnien en 1981. Ceux-ci ne manquaient pas de nous traiter avec mépris « *Ah oui, ce Bonneau aux cheveux longs …* » ou en faisant pression sur les militants du PS ou proches du PS pour qu'ils ne nous appuient pas ! Cela servait aussi leur lutte interne : C. Germon et J.-L. Mélenchon, dans leur volonté de barrer la route à Marie-Noëlle Lienemann, alors Rocardienne, adjointe au scolaire et élue Conseillère générale en 1979 contre leur volonté (majoritaire à la section PS de Massy, lors du vote interne elle avait battu Chantal Carlhian candidate du Maire), répandaient l'idée que c'était elle qui avait créé notre mouvement et le finançait.

Dans la suite de mon action, je me suis souvent heurté à cette vision manipulatrice, comme si les individus étaient de petits soldats et n'étaient pas capables de penser et d'agir par eux-mêmes ! Par exemple, comme je le raconterai plus tard, lors de l'élection cantonale de 1992, ma candidature – et mon maintien - « contre » celle de Jean-Luc Mélenchon ne pouvait provenir que de Claude Germon ! Combien de fois, candidat à une élection et gênant par là un sortant socialiste - de son point de vue tout au moins - celui-ci n'a-t-il pas cherché à faire pression sur moi par l'intervention d'une personnalité politique d'importance régionale ou nationale !

Quoiqu'il en soit, la campagne électorale s'est déroulée, avec ses temps forts – plaisir de voir des personnes se mettre en mouvement pour contribuer à l'action commune, plaisir du contact personnel avec les habitants, plaisir de l'appel à l'imagination et à la créativité -, mais aussi des temps difficiles – mépris pour nous affiché en face, refus de la confrontation démocratique, par exemple en passant derrière nos distributeurs de tracts pour les retirer des boites aux lettres grâce à un fil de fer, répartition biaisée de nos bulletins de vote dans les bureaux de vote …

Chacun de nos textes faisait un état des lieux d'une thématique, avec certaines critiques de la municipalité sortante, mais dans sa seconde partie mettait en avant des propositions concrètes, réalistes, proches des préoccupations locales. Notre profession de foi*4 en témoigne. Notre liste affichait clairement sur ses affichettes son positionnement « *une autre équipe de gauche* ». J'ajoute aussi que nous avions choisi de mettre une d'entre nous comme tête de liste pour illustrer la dimension féministe de notre projet. J'ajoute enfin que l'équipe d'animation de cette campagne était dynamique, chaleureuse malgré nos histoires et points de vue différents. Des liens se sont créés, durables. La vie politique, particulièrement le temps de la campagne électorale, c'est aussi ce temps où la convivialité, la confiance et la complicité se nouent … même si c'est parfois aussi le temps de l'affrontement, pas seulement idéologique mais aussi fait d'ambitions personnelles.

Et le dimanche 6 Mars au soir, les résultats arrivent petit à petit en Mairie où je collationne les chiffres apportés par nos membres présents dans chaque bureau de vote – les portables n'existent pas ! Nous sommes fébriles, mais aussi heureux des premiers chiffres. Et, à la surprise de l'équipe sortante, qui avait déjà préparé le buffet de victoire, celle-ci avec 47,62% des voix n'atteint pas la majorité absolue et est donc soumise à un second tour ! La liste de droite rassemble 38,95% des voix et « MASSY-autrement » 10 ,06% des voix, nous donnant la possibilité aussi bien de fusionner que de rester de façon autonome au second tour. Inutile de dire que nous sommes très heureux et fiers de ce résultat, persuadés qu'il va obliger l'équipe d'union de la gauche à infléchir ses pratiques et à prendre en compte nos propositions. C'est dans cet esprit que commencent le soir même des échanges avec les responsables socialistes. De l'avis du responsable de section d'alors, Roger Cazabon, lorsque nous en parlerons quelques années plus tard, après son départ du PS, il s'agissait de nous « occuper » pendant que des pressions étaient exercées sur une partie des membres de notre équipe pour que nous acceptions une fusion au rabais (avec 1/6 des voix de gauche nous réclamions, selon la coutume politique, l'application de la calculette et donc 1/6 des élus et des postes à responsabilité). Le lundi en fin d'après-midi, nous sommes reçus par le maire et d'autres responsables politiques de la ville qui essaient de nous rendre plus « raisonnables », mais ne veulent pas s'engager réellement sur les points programmatiques.

Il faut dire qu'ils étaient assurés d'arriver en tête au second tour et donc, grâce au mode de scrutin semi proportionnel, d'obtenir près des trois quarts des 43 sièges du conseil municipal. Méfiant, conscient des délais très serrés, puisque les listes devaient être déposées avant le mardi à 20 heures, et surtout les bulletins de vote et professions de foi du second tour imprimés et déposés en Mairie pour le mercredi midi, je lançais dès le lundi matin l'impression des bulletins de vote pour le cas où l'accord n'aboutisse pas (une petite liste comme la nôtre ne disposait pas d'un imprimeur capable de tout réaliser dans la nuit du mardi au mercredi !). Sans doute faisais-je là bénéficier notre équipe de mon côté pratico-pratique et peut être de ma formation d'ingénieur ? Finalement, nous décidons de nous maintenir, de redéposer notre liste en sous-préfecture dans une ambiance tendue (un éducateur de prévention, Francis Matéos dont je reparlerai, non impliqué dans notre campagne, avait tenu à me rejoindre à Palaiseau pour cette démarche, craignant que je sois attaqué ! Ceci donne une idée de l'ambiance !).

Les scores du second tour furent intéressants, avec une légère hausse à 49,07% des voix pour la liste Germon – pas de majorité absolue, mais 32 élus sur 43 -, une très légère baisse pour nous à 9,45% des voix, la liste de droite, en légère hausse, plafonnant à 41,46% et obtenant 9 élus. Les deux premiers de notre liste sont élus au Conseil Municipal : Annie Berthon-Wartner, issue du comité Nogent dont j'ai parlé plus haut, et Robert Gadessaud, responsable, très pince sans rire, de l'association UFC Que choisir locale avec laquelle nous avions travaillé dans les années précédentes. Pour ma part, troisième de liste, je continuais d'assurer la présidence de l'association « MASSY-*autrement* » dans l'attente de la rotation prévue à mi-mandat.

2) 1983-1986 : « MASSY-*autrement* » présent au conseil municipal : une opposition qui dérange

Pendant les années qui ont suivi, je me suis efforcé d'animer l'association en soutien de nos deux élus : nous nous réunissions avant chaque conseil municipal pour échanger sur les dossiers et débattre des positions à prendre. Annie et Robert, par leur participation active aux commissions municipales et grâce à nos suggestions, appuyées sur nos relais dans la ville, s'efforçaient d'être force de propositions.

L'association restait vigilante vis à vis des projets d'urbanisme, en premier lieu au centre-ville avec le projet municipal de création de 400 logements, d'une salle des fêtes, d'une nouvelle Mairie avec destruction de l'existante, certes inadaptée, mais étant néanmoins un des rares témoins historiques sur Massy : nous avons participé à la création d'un collectif de défense de l'ancienne Mairie, avec pétition, édition d'une jolie carte postale et une manifestation rassemblant plusieurs centaines de personnes*5, huit jours avant l'élection cantonale de 1985 dont je parlerai plus loin. Manifestation familiale aussi, puisque ma fille ainée, âgée de 7 ans, avait confectionné elle aussi sa banderole … La vieille Mairie de Massy fût néanmoins détruite, sans même respecter les prescriptions patrimoniales pourtant minimalistes, dès le lendemain de l'élection des conseillers généraux socialistes de Massy.

Par exemple, nous nous faisions le relai, par des motions et questions au Conseil municipal et dans la ville par nos tracts, encore en janvier 1985, sur les avancées et ce qui restait à obtenir comme protections phoniques pour le passage du TGV dans Massy, et bien sûr pour un débat public sur l'implantation d'une gare TGV à Massy.

Mais nous exposions aussi nos interrogations, dès février 85, sur les projets qui ne cesseront d'enfler dans le secteur des anciens terrains de Vilmorin, friche de plus de 12 hectares, à proximité immédiate des gares de Massy-Palaiseau dont l'importance devait croitre si Claude Germon réussissait à convaincre l'Etat d'y installer une gare du TGV Atlantique, TGV alors en construction. Le Maire et ses équipes prévoyaient, pour desservir ce nouveau grand secteur appelé à voir pousser bureaux et logements, des accès au gabarit autoroutier avec un grand viaduc traversant le faisceau ferré de façon à déboucher directement dans le nouveau quartier. Dans les années suivantes, j'ai contribué, avec quelques riverains, à créer en mai 1986 puis à animer une association de défense « *Demain, vivre à Massy-Palaiseau* » qui jouera un grand rôle dans l'opposition à de tels projets routiers.

Nous interrogions aussi l'évolution du centre commercial Cora avec l'implantation d'une grande surface multi-commerciale –X% sur le modèle d'autres fleurissant un peu partout et devant, puisque ouverte le dimanche, offrir des lieux de promenade à la population. En Décembre 1986, notre vision culturelle de Massy s'opposait assez frontalement à ce concept dans un tract*[6] « *METRO, BOULOT, GOGO ... ou le monde vu par Monsieur –X%* ».

Nous plaidions, par exemple, pour la réalisation d'une vraie salle de spectacle et pas seulement d'une salle des fêtes et si nous n'avons pas gagné sur –X%, les projets culturels de la ville furent sérieusement revus, avec une plus grande ambition, au cours des années suivantes.

Quant aux projets de construction d'une usine d'incinération au centre de Massy, notre campagne pré-municipales avait contribué à faire abandonner le projet au profit d'une installation plus excentrée, couplée avec la construction d'une nouvelle chaufferie moderne, soient des établissements neufs soumis à des réglementations plus draconiennes en matière de pollution. Certes nous ne soutenions pas l'utilisation, souhaitée par les élus communistes, du combustible charbon, et, avec les associations et copropriétés en lutte face à un prix élevé du chauffage urbain, nous nous efforcions d'apporter des éléments d'information, techniques et financiers, auxquels nous pouvions avoir accès de par notre présence au sein du Conseil Municipal. Nous interpelions aussi, encore en février 1986, le caractère insuffisant des filtres prévus.

En 85-86, nous étions aussi actifs dans la lutte des résidents des foyers Sonacotra de Massy pour obtenir des conditions décentes. Un souvenir personnel précis est celui de la visite sur place d'une magistrate du tribunal d'Evry dans le cadre du procès entre la Sonacotra et les résidents en grève des loyers depuis plusieurs mois : visitant une des « chambres » de moins de 7 mètres carrés, elle passa la main sur le dessus d'une des armoires fournies par le bailleur et la retira noire de crasse ... alors que les résidents payaient pour l'entretien - un juge masculin n'aurait sans doute pas eu ce réflexe ! Inutile de dire que, suite au procès, la Sonacotra fut condamnée à améliorer ses prestations, en rapport avec les sommes demandées pour loyer et entretien !

Nous essayions aussi de conduire des débats, notamment dans ce qui était alors « la bibliothèque Publique » (actuel centre des impôts place de France) où l'équipe de bibliothécaires, je pense à Marie-René Cazabon et surtout à Annick Bozelec, avait impulsé une « *Association des amis de la bibliothèque publique* » qui organisait des conférences et des débats. Pour notre part, je me souviens de deux épisodes. En premier lieu, l'organisation, à l'initiative d'Yves Letourneur, professeur de philosophie - et à l'époque ardent défenseur de l'Albanie d'Enver Hodja ! - d'une semaine sur Marx, avec une expo photo sur le mouvement ouvrier supervisée par Guy Bozelec, mari d'Annick : face à notre demande du Centre Paul Baillart pour cette manifestation, le Maire manifesta son étonnement … mais nous accorda ce que nous souhaitions. Je repense aussi à une soirée avec René Dumont à la Bibliothèque Publique, soirée passionnante avec un homme de convictions, politiquement intransigeant (en 1986 il était dernier de notre liste essonnienne pour les élections législatives pour manifester son soutien aux Verts ; mais en 1992, quand je lui demanderai son soutien aux élections cantonales alors que j'étais parainé par Génération Ecologie, il le refusa, considérant que cette formation était trop proche de Mitterand).

Durant ces années 80, nous nous réunissions aussi avec d'autres groupes locaux de la banlieue sud (Thiais, Cachan, Les Ulis) ayant eu des préoccupations et actions similaires lors des municipales de 1983, pour échanger sur nos pratiques et élargir nos points de vue. Ceci n'a pas manqué de nous sensibiliser à l'importance des échelles plus larges que celle de la commune - on ne parlait pas alors d'intercommunalité - juste après les lois de décentralisation de 1982. La bataille des protections phoniques du TGV Atlantique qui se poursuivait m'avait déjà fait rencontrer des élus du Conseil général de l'Essonne, de la Région Ile de France, notamment Patrick Devedjian aussi maire d'Antony et Jean-Pierre Fourcade Vice-Président en charge des transports. Dans ce contexte, notre association « MASSY-*autrement* » se posa la question de sa participation au renouvellement du siège de Marie-Noëlle Lienemann, alors élue du canton de Massy, subdivisé en deux cantons pour le renouvellement de 1985 compte tenu de l'accroissement très fort de la population de la commune. Etaient candidats pour le PS, M.-N. Lienemann, adjointe au scolaire, sur la partie Est de la commune, J.-L. Mélenchon sur la partie Ouest, sur laquelle d'ailleurs nous étions mieux implantés.
Compte tenu, d'une part de notre volonté de n'être pas systématiquement candidats à toutes les élections, d'autre part au regard de leurs pratiques fort différentes vis à vis de nous et de nos thèmes d'environnement et de démocratie locale, nous avons décidé de soutenir l'une dès le premier tour mais de nous présenter sur le canton Ouest, notamment pour marquer nos divergences avec les pratiques du directeur de cabinet du Maire comme pour relayer au Département, responsable des aménagements routiers, nos désaccords avec les projets autoroutiers du secteur Vilmorin. J'ai été choisi comme candidat par l'association et en son nom j'ai pu conduire une campagne dynamique et beaucoup moins tendue que la municipale précédente. De fait, l'enjeu de sa première élection pour J.-L. Mélenchon était renforcé par la bataille alors explicite entre C. Germon – qui avait appelé ce dernier auprès de lui pour reprendre le contrôle de la section socialiste alors plutôt dominée par les amis de M.-N. Lienemann (cf. la désignation de 1979) – et celle-là, élue député européenne en 1984, clairement désireuse de devenir maire de Massy. Malgré le contexte défavorable à la gauche au pouvoir en France, les deux furent élus, non sans que l'attitude de J.-L. Mélenchon ne conduise « MASSY-*autrement* » à ne pas appeler à voter pour lui au second tour. Mon score, même honorable avec près de 10,9% des suffrages exprimés (621 voix), ne me permettait pas d'être présent au second tour.

Mon implication dans cette vie politique locale depuis mon arrivée en septembre 1977 à Massy avait évidemment des interactions avec ma vie familiale : j'ai parlé du rôle de mes beaux-parents dans mon approche de la mouvance du PSU, de la banderole réalisée et portée par ma fille lors de la manifestation de 1985 contre la démolition de l'ancienne Mairie, je dois aussi mentionner la surprise de mes filles de 2 et 4 ans, au début des années 80, m'entendant parler à la radio locale, Radio Massy-Pal : « *papa est dans le poste !* » . Je repense aussi à la façon dont, début 1985, lors des déplacements en voiture dans Massy, elles s'amusaient à chercher à voir « *papa sur les murs* » à travers mes affiches, modestes en taille et uni-colorées en vert, placardées sur les murs. Je profitais aussi, à cette époque comme plus tard, d'une profession, chercheur en physique théorique, me laissant beaucoup de latitude pour répartir mon temps entre recherche, actions locales et vie familiale. Là encore, il ne s'agissait pas pour moi de devenir « professionnel de la politique » mais d'enrichir mutuellement les divers aspects de ma vie : encore ce souci de « cohérence personnelle » dont j'ai parlé plus haut.

Arrivé à ce moment de ma vie politique, il me faut aussi parler du ressenti en tant que personne en campagne : durant celle-ci, surtout lorsqu'il s'agit d'un scrutin uninominal où l'on est dans la lumière - même relative, il ne s'agit pas d'élection nationale ! - il y a une certaine griserie, une certaine fièvre. Il s'agit d'une compétition, bien sûr entre idées mais aussi entre personnes, dont l'objectif est de gagner, d'être élu … même si par devers soi, lorsqu'on représente un courant d'idées encore minoritaires, on sait qu'on ne sera pas le premier ! On se met en scène, et en images (je pense aux affiches). Lorsque les résultats commencent à tomber, la réalité revient brutalement, et même si le résultat n'est pas déshonorant, on est très souvent déçu, blessé. Et les lendemains sont difficiles lorsqu'on n'est plus dans la lumière et la compétition. C'est peut-être une sorte de dépression post-accouchement ? La chaleur de l'entourage compte, mais je ne me suis jamais, comme tant de politiques, « cuirassé » vis à vis de ces déceptions, et néanmoins j'ai eu envie, malgré tout, d'y retourner. Il y a sans doute là une forme d'addiction et c'est pour cela que j'ai toujours tenu au collectif local, seul garant de ce que ce sont les idées qui sont mises en avant, et aussi collectif essentiel en soutien souvent amical, tout au moins dans mon expérience de non-professionnel. Dans d'autres expériences plus partisanes dont je parlerai plus loin, les coups tordus et les chausses trappes ont pu être douloureuses.

L'aventure locale avec « MASSY-*autrement* » ne s'arrête pas en 1985, mais il me faut consacrer un temps à la période de 85-86, marquée par une implication devenant régionale voire nationale, plus ou moins en lien avec les partis verts.

Chapitre 2

Première coopération avec les Verts Essonne et élargissement de mon action : les échéances régionales et nationales de 1986

Face à la débâcle annoncée de la gauche pour les élections législatives de 1986, François Mitterrand - qui n'a jamais eu de position de principe sur les modes de scrutin- décide en 1985 d'introduire la représentation proportionnelle de liste, sur la base départementale, de façon à minorer la victoire des partis de droite en permettant l'élection de députés du Front National de J.M. Le Pen. Le même jour ont aussi lieu les élections régionales, les premières depuis les lois de décentralisation, et le gouvernement choisit le même mode de scrutin, proportionnel à un tour sur listes départementales.

En Essonne ce sont ainsi 10 députés à élire et, le même jour, 20 conseillers régionaux. Avec la proportionnelle, 5% des voix suffisent pour avoir un élu régional originaire de l'Essonne, et 8 à 10% pour élire un député.

Le parti national « Les Verts », créé de fait début 1984, sur une structuration régionale, décide de participer à ces scrutins. En Essonne, ses adhérents sont peu nombreux et recherchent des candidats d'ouverture, notamment impliqués dans les mouvements environnementaux.

Les tentatives de faire des listes communes avec des représentants de la mouvance « alternative », PSU de Jean-Claude Lescornet, à l'initiative aux Ulis d'une liste municipale d'alternative de gauche, et avec lequel nous avons travaillé dans les années suivant la municipale de 1983, mouvements politiques locaux, notamment dans la vallée de l'Orge autour de Jean-Loup Englander mais aussi à Massy avec « MASSY-*autrement* » … n'aboutissent pas à un large rassemblement.

Néanmoins, comme président de « MASSY-*autrement* » je suis impliqué dans ces efforts qui aboutissent à des listes écologistes du nom de « *L'Essonne autrement* ». L'association se sent concernée par la dimension régionale et plusieurs adhérents seront présents sur la liste. Quant à l'élection législative, ayant lieu le même jour et sur le même mode de scrutin, il nous parait incohérent de ne pas en être, même si l'association ne souhaite pas apparaître comme telle, et plusieurs d'entre nous décident de s'y impliquer.

C'est ainsi que les 3 principaux animateurs des 2 campagnes, de fait communes, seront Alain Coste et Francis Chalot, respectivement membres des Verts Essonne et d'un collectif de la Valée de la Juine, et moi-même. Alain conduit la liste Régionale avec des chances d'être élu (moi-même et Philippe Bernardin figurent sur la liste), je suis pour ma part en tête de la liste Législative (pour « MASSY-*autrement* », outre moi-même, sont présents Yves Bozelec et Philippe Roussel). Les candidats sont des militants locaux, répartis sur tout le département, et présentent un programme appuyé sur le programme régional et national des Verts, mais avec des illustrations locales.

La campagne est difficile compte tenu de notre petit nombre et de notre peu de moyens financiers. Par exemple, avec mes amis de Massy, nous avons en charge l'affichage sur les panneaux électoraux de près du tiers du département, d'Athis Mons à Le Val Saint Germain en passant par la vallée de Chevreuse … Je me souviens d'un samedi passé avec Philippe Bernardin à rechercher les panneaux électoraux dans les petites communes de l'Essonne !

Nous pensions que le couplage des deux scrutins, avec un vote plus local, le Conseil Régional, où le vote écologiste pouvait être significatif, tirerait vers le haut le résultat des législatives. Cependant, pour ce premier – et seul – scrutin à la proportionnelle intégrale, nous n'avons pas atteint notre but : aucun écologiste n'entra ni à l'Assemblée Nationale ni même au Conseil Régional Ile de France : les listes écologistes réalisent seulement 3,39% des voix au scrutin régional pour l'Ile de France (5,77% à Massy) et 2,29% aux législatives en Essonne (3,17% à Massy)[6]. Claude Germon, tête de liste socialiste, est réélu député de l'Essonne.

Cette expérience m'a fait connaître les arcanes des partis politiques, notamment en Essonne. Elle m'a surtout montré la difficulté pour les militants et organisations d'aller au-delà de leur boutique et de leur étiquette, de se rassembler sur un programme et surtout autour d'hommes et de femmes ayant des pratiques sincères et transparentes : ce qui s'était avéré possible en 1983 à l'échelle communale, à Massy comme dans d'autres communes, bloquait lorsqu'on passait à une échelle plus grande.

Un autre facteur est aussi la préférence fréquente à vouloir être le chef (la tête de liste) d'un petit groupe, avec l'espoir d'être élu – ou tout au moins d'être le premier parmi les petits -, plutôt que de se fondre dans un mouvement un peu plus grand dans lequel on n'est plus le premier. Mes expériences politiques ultérieures m'ont souvent conforté dans ce constat – en partie valable pour moi-même - j'y reviendrai.

En tout état de cause, au printemps 1986, cette expérience m'a conforté dans le souhait de contribuer à « changer la vie » des habitants *là où je le pourrais*, c'est à dire dans ma commune : mon arrivée au Conseil municipal de Massy, suite à la démission de Robert Gadessaud après 3 années passées comme élu municipal d'opposition, m'y a aidé.

---

[6] On le voit, l'effet d'implantation personnelle ou des particularités locales joue peu pour les législatives.

Chapitre 3

1986-1989 : Au conseil municipal,
sur les bancs de l'opposition de gauche et écologiste

En octobre 1986, après cette phase électorale régionale et nationale, somme toute un peu déprimante pour moi - et lourde financièrement, puisque nos dépenses ne furent pas remboursées -, et dans le contexte alors inédit de la cohabitation, je pense m'être un peu « replié » sur le local où l'action me paraissait possible et où, comme dit plus haut, j'avais rejoint le Conseil municipal et ses commissions d'élus. Je m'y suis investi assez fortement, d'autant plus que, peut-être à cause de l'approche de la quarantaine et du « regard en arrière » souvent fait dans cette période, ma vie personnelle subissait des turbulences qui me conduisirent début 1988 à me séparer de ma compagne, mais donc, avec souffrance, aussi de mes filles. Je restais bien sûr à Massy pour rester proche d'elles ainsi que du lieu de ma vie associative et politique.

Professionnellement, j'avais dans cette période une collaboration étroite avec des collègues italiens à Gènes et au CERN à Genève où je passais 4 mois à l'automne 88, revenant fréquemment pour voir mes enfants et participer aux principales activités municipales comme aux conversations pré-municipales de 1989.

J'avais rejoint le conseil municipal avec la volonté d'y accentuer le côté propositionnel de « MASSY-*autrement* ». Ainsi, en février 1987, nous finissions notre déclaration générale, lors du vote de budget primitif, par ces phrases : « *depuis 4 ans, nous avons toujours souhaité être constructifs, nous nous sommes malheureusement heurtés à des blocages inhérents à notre* « *étiquetage opposition* ». *Les propositions que nous avons faites ou que nous allons faire aujourd'hui se veulent les prémices d'une véritable collaboration ayant pour seule objectif de transformer cette ville en une ville où il fait bon vivre* ». C'est peu de dire que ce discours peinera à être entendu, même si, après coup, certaines de nos propositions seront, au moins partiellement, reprises.

1) Actif à la commission urbanisme face aux projets urbains à Massy

Membre de la commission municipale de l'Urbanisme, j'y participais activement en y faisant nombre d'observations. En effet, entre 86 et 89 nous avons eu à revoir l'aménagement de la ZAC[7] du centre-ville suite à l'abandon du projet de construction d'une nouvelle Mairie Place Schoelcher ; à étudier le projet de la ZAC Place de France au cœur du Grand Ensemble avec la construction du centre culturel (opéra + médiathèque) et d'un immeuble de bureaux dont nous avons pu faire diminuer la hauteur ; à amender le projet de ZAC du Pileu, 400 logements en limite Massy-Palaiseau-Igny, qui posait un problème de densité des constructions et de présence de lignes à haute tension ; à contrôler la création de la SEM-Massy… J'atteste du caractère constructif de ces réunions présidées par l'adjoint à l'urbanisme, Hubert Boucris, même si les avis de la commission n'étaient pris en compte que sur des aspects relativement mineurs. Bien entendu, un gros morceau sera le débat sur les projets municipaux sur le secteur Vilmorin : en plus du désaccord sur l'ampleur des projets avancés par le Maire, ainsi que sur

---

[7] Zone d'Aménagement Concerté : en fait un périmètre dans lequel les règles d'urbanisme peuvent être dérogatoires ou adaptées au projet.

les aspects résultant d'une démarche de desserte de type autoroutière (nombreux tracts de MASSY-autrement dès fin 84 ..), face au jeu des intérêts privés dont je prenais connaissance et qui risquaient de rendre bien difficile toute intervention associative, comme celle que je menais avec l'association « *Demain, vivre à Massy-Palaiseau* », il me paraissait essentiel de garantir une maitrise publique de l'aménagement de la zone. Vue l'ampleur des sommes qui seraient à mobiliser pour prendre le contrôle du foncier, il me semblait qu'il fallait mobiliser d'autres outils. J'ai ainsi été amené à suggérer à la commission d'urbanisme que la Ville demande à l'Etat de placer tout le secteur sous le régime de la ZAD (Zone d'Aménagement Différé) qui avait l'avantage de figer la valeur du terrain à ce qu'elle était deux ans avant la décision. Ce sera fait par arrêté préfectoral du 29 mai 1987. Cela n'a pas pu casser totalement la spéculation qui était en cours puisque les terrains étaient alors contrôlés par une SCI opaque, la SCI Sergent Clémenceau, et changeaient donc de mains, notamment via des sociétés financières françaises et étrangères. Néanmoins cette décision a ultérieurement servi de base aux négociations qui ont permis à la SEM-Massy d'acquérir les terrains à un coût raisonnable. Entre temps, comme nous le réclamions dans nos tracts et aux côtés des associations de riverains, notamment « *Demain, Vivre A Massy-Palaiseau* » *(DVAMP),* créée en mai 1986 et dont j'étais l'un des animateurs, la commission urbanisme du 11 Juillet 1988 voyait la présentation d'un projet TGV-Vilmorin complétement remodelé, les accès autoroutiers initialement promus par le Maire de Massy étant complétement modifiés et le pont routier enjambant l'ensemble du faisceau ferré abandonné.

2) *Interventions sur d'autres sujets et en séance du Conseil municipal*

Naturellement c'est lors des votes du budget annuel que s'exprimaient de façon plus synthétique nos critiques et propositions. Un trait commun, constamment repris, avait trait aux méthodes d'élaboration des décisions, budgétaires et autres. Très peu d'efforts de concertation avec associations et habitants, ni de présentation claire de choix pouvant être soumis à débats et consultations de la population. Toujours cette question de la mise en œuvre d'une démocratie locale qui avait fondé la création de « MASSY-*autrement* ».

Par exemple, au sujet des politiques sociales où les aides ponctuelles du CCAS, importantes, étaient la règle, nous avancions, nous appuyant sur l'exemple de la commune de Besancon et sur des finances locales en forte croissance du fait de la politique active de tertiarisation sur l'ancienne zone industrielle, l'idée de mettre en place un « revenu minimum garanti » pour les 200 ménages massicois vivant en deçà du seuil de pauvreté. Suivant nos demandes, un « *Fonds de précarité* » sera néanmoins créé en 1987 et progressivement mieux doté et une assistante sociale supplémentaire recrutée, mais en restant le plus souvent dans une logique d'assistance et de secours ponctuel : la notion d'insertion ne se généralisera à Massy qu'avec la mise en place du RMI. De même nous réclamions plus de places en crèche et du personnel suffisant pour que les haltes garderie soient ouvertes toute la semaine.

En prolongement des débats en commission urbanisme, d'autres interventions de notre part se faisaient en séance budgétaire lors de l'examen du chapitre très conséquent « Urbanisme et habitation ». Nous relevions le décalage très important entre le premier thème mobilisant des millions de francs en acquisitions foncières et en études (études ne comprenant toujours qu'un seul scénario, voire comme pour la place de France un scénario « alternatif » repoussoir car sans salle de spectacles !) et la faiblesse des sommes consacrées, par exemple, à la rénovation du Grand Ensemble de Massy. Nous insistions sur l'urgence de la rénovation complète des espaces extérieurs aux bâtiments, appartenant à la commune mais souffrant de la comparaison avec les travaux très importants réalisés pour l'aménagement de la ZAC de la Place de France avec son centre culturel ; ou encore pour des aides et actions visant l'état déplorable des logements sociaux très nombreux à Massy, voire leur coût pour certaines familles. Nos propositions en matière d'habitat, visant par exemple une diminution ciblée du prix des terrains de la future zone du Pileu destinés aux logements sociaux en contrepartie de loyers plus adaptés, au moins pour partie d'entre eux, seront affinées et mises en œuvre lorsque je serai dans le mandat suivant en charge de ces questions.

3) *Le fonctionnement de l'association et la préparation du renouvellement du Conseil municipal en Juin 1989*

L'association, présidée alors par Philippe Roussel, maintenait sa mobilisation et son travail collectif, notamment en appui de ses deux élus d'opposition et en vue de leurs interventions et votes lors des séances du Conseil municipal. Nous avions obtenu de la mairie la mise à disposition d'un local pour nos archives et nos réunions, conformément aux textes réglementaires, ce qui facilitait notre travail collectif. Compte tenu de notre approche pragmatique et propositionnelle, loin d'une opposition systématique qui les aurait sans doute arrangés, la perception de « MASSY-*autrement* » par l'équipe du Maire était devenue moins négative. De plus, la bataille politique interne au PS massicois contre M.-N. Lienemann s'était émoussée avec la victoire de celle-ci à l'élection législative de juin 1988 consécutive à la réélection de F. Mitterrand. En effet, lors de ce scrutin au suffrage majoritaire rétabli par Jacques Chirac, si Claude Germon avait été réélu député (sur une circonscription regroupant Massy, Palaiseau, Chilly-Mazarin, Morangis et Wissous), Marie Noëlle s'était déportée avec succès sur la circonscription voisine nouvellement créée d'Athis-Mons, Juvisy, Paray Vieille Poste et Savigny et visait clairement la municipalité d'Athis-Mons tenue alors par René l'Helgen pour l'échéance de 1989.

Vue de l'extérieur du PS, l'atmosphère de guerre interne semblait donc du passé et, fin 1988, J.-L. Mélenchon (sénateur de l'Essonne depuis septembre 1986) nous approchait au nom des socialistes pour conclure un accord municipal pour le premier tour des prochaines municipales de mars 1989. Compte tenu de nos importants désaccords sur la politique d'urbanisme menée par la municipalité sortante, nous tenions à ce qu'un éventuel accord en fasse état de façon à ne pas être engagés pour nos votes sur ces sujets. D'autre part nous souhaitions une représentation au Conseil municipal et pour les postes d'adjoint conforme à notre poids électoral de façon à pouvoir réellement peser sur les politiques locales. Après une réponse assez méprisante de Claude Germon, Jean-Luc Mélenchon prenait la main, sans doute pour affaiblir le poids des socialistes proches du maire dans le cadre de la guéguerre interne menée par leurs tendances respectives (Mélenchon et Dray ont créé « La gauche socialiste » en 1988). Nous arrivons à un accord sur la base de 3 élus au conseil, dont un maire-adjoint et un conseiller municipal délégué. Nous seraient confiées les délégations au logement et à l'emploi-formation.

Dans ce contexte plus consensuel, notre expression lors du vote du budget primitif pour 1989 fût logiquement plus positive : d'ailleurs, en cette année 1988, pré-électorale, des innovations avaient été mises en place avec des réunions publiques par quartiers pour présenter le projet de budget, la création d'un fonds important intitulé « *vie quotidienne* » pour les petits travaux exécutés sur demande directe des habitants, le lancement de la réalisation de nombreuses places de crèche supplémentaires et d'un programme ambitieux de rénovations des espaces extérieurs, en commençant par les plus dégradés.

Quant à la municipale de mars 1989, elle n'aura qu'un seul tour puisque seules deux listes sont en présence : l'opposition de droite avec Vincent Delahaye (38,23% et 8 élus) et la liste de rassemblement avec Claude Germon (61,77% et 35 élus). 3 élus (Annie Berthon-Wartner, moi-même et Philippe Bernardin) représentent « MASSY-*autrement* », un quatrième, Bijan Saghai, figure à la 37ème place et pourrait devenir conseiller en cours de mandat par le jeu des démissions.

Chapitre 4

1989-1995 : en responsabilité
comme délégué au Logement et à l'Habitat

Contrairement à ce qui était prévu, ma collègue Annie Berthon-Wartner - qui devait être Conseillère municipale déléguée à l'emploi-formation et moi Adjoint au maire en charge du Logement - me demande de permuter afin qu'elle puisse professionnellement demander un temps partiel, complété par l'indemnité légale (à l'époque, les délégués ne pouvaient pas recevoir d'indemnité) et nous nous retrouvons, elle en charge du secteur Emploi-Formation avec notamment la PAIO (qui deviendra rapidement Mission Locale) et moi en responsabilité au logement, précédemment occupé par un élu communiste, Christian Drouillat.

C'est avec un grand intérêt que je prends ces fonctions, aidé par la fonctionnaire responsable du bureau du Logement, Micheline Santiquet. Deux autres administratives, Marie-Thérèse Bonetti et Muriel Pineau composent le service, hiérarchiquement placé sous l'autorité de Nicole Crépeau, assistante sociale chef du service action sociale–logement. Notre travail principal, selon l'arrêté de délégation du Maire, est la gestion des attributions des logements sur le contingent municipal, soient environ seulement 70 par an pour alors plus de 1000 dossiers de demande en attente. Je suis aussi en charge des relations avec le bureau du logement de la préfecture, les bailleurs sociaux et les associations de locataires.

Au vu des critiques que nous avions apporté précédemment, tant sur l'état déplorable d'une bonne partie des 6500 logements sociaux de divers statuts (HLM ou totalement financés par le 1% patronal) que compte alors Massy, que sur l'inaction de la Mairie en comparaison de ce qui avait été fait sur la partie Antonienne du Grand Ensemble dans le cadre d'une opération HVS (Habitat et vie Sociale) ou encore face aux conflits nombreux entre les associations de locataires et leurs bailleurs, j'ai l'intention d'investir fortement ces aspects.

J'ai aussi l'intention de me mêler de la politique d'urbanisme dans son volet construction de logements et je découvre notamment, au cours d'un WE passé en mairie pour découvrir l'ensemble des dossiers, un projet très ambitieux de démolition-reconstruction d'une grande partie des 1090 logements appartenant à l'OPIEVOY (Office Public Interdépartemental Essonne, Val d'Oise, Yvelines) au Grand Ensemble de Massy.

Face à ces chantiers, compte tenu de leurs implications politiques significatives, il me semble indispensable de formaliser une stratégie-programme d'action pour les 6 années du mandat, de la présenter au Maire et au bureau municipal (l'ensemble des Adjoints et délégués) qui se réunit hebdomadairement, et de la faire valider.

1) *un plan d'action en 3 points : attributions, médiations, réhabilitations*

- ### *Gérer les attributions de logements, casse-cou !*

Je dois mettre très vite les pendules à l'heure avec le Maire : je veux que les attributions de logement sur le contingent municipal se fassent rigoureusement à partir des dossiers individuels, côtés selon un barème public, dossiers remplis le plus objectivement possible à l'accueil en Mairie dont les fonctionnaires devront être mieux formés et sensibilisés à une écoute bienveillante et impartiale, et ensuite traités informatiquement ; les priorités particulières du Maire, ressortant souvent de ses permanences hebdomadaires ou les urgences évidentes seront traitées sur des attributions supplémentaires obtenues grâce à les bonnes relations du service avec les bailleurs ou avec la préfecture. Comme on le sait, la question du logement est souvent considérée comme fourmillant de passe-droits ! J'ai heureusement pu convaincre le Maire du bien-fondé de cette méthode, indispensable aussi vis à vis des fonctionnaires municipaux formés au sens du service public ; cette non-interférence politique, plutôt nouvelle, a bientôt été portée à mon crédit. Au cours de mon mandat et lors des entretiens avec les demandeurs, je serai souvent amené à leur dire qu'il n'était pas utile d'aller se plaindre directement au Maire et j'ai eu, heureusement en de rares occasions, à demander à certaines personnes de sortir de mon bureau lorsqu'elles m'expliquaient qu'il fallait sans doute prendre une carte …

Un épisode concret de la vie d'un élu au logement m'a touché dès les premières semaines de ma prise de responsabilités : une famille, comprenant une jeune fille handicapée en fauteuil roulant, logée en étage dans une tour de Massy, avait alerté les médias d'un refus de notre part de la reloger dans un logement accessible. Le cabinet du maire s'étant défaussé sur moi, j'ai reçu la journaliste de la télévision - je ne me souviens pas de la chaine - pour lui expliquer en premier lieu que sur Massy il n'existait alors pratiquement pas de logements directement accessibles car il y avait toujours quelques marches pour accéder aux bâtiments, voire pas d'ascenseur ou alors aux portes trop étroites, ensuite, dans les quelques bâtiments accessibles aux handicapés, on trouvait rarement le grand logement nécessaire, compte tenu de la composition familiale et que, cerise sur le gâteau si l'on peut dire !, les logements que nous pouvions attribuer – après accord du bailleur – étaient bien peu nombreux chaque année. Ce « baptême du feu », face à une situation désolante pour la jeune fille fût difficile et me poussa à inciter à la réalisation d'une accessibilité handicapés lors des travaux de réhabilitation qui allaient se succéder dans les années suivantes.

Globalement, cette expérience de responsable des propositions de logement, certes enrichissante par les contacts humains qu'elle entrainait, fût souvent source de souffrance et de malaise pour moi. Je touchais là, et j'en reparlerai à propos de la création de l'AISH, à l'enjeu essentiel pour une famille du Toit, et à la pénurie en logements abordables pour une bonne partie de la population.

De nombreuses années après, si je rencontrais des personnes me disant : *« Bonjour monsieur Bonneau, c'est vous qui m'avez relogé ! »*, il y en avait aussi de plus agressives : *« c'est vous qui m'avez refusé un logement ! »*.

Cette volonté d'équité, de transparence, était dictée par plusieurs motivations : représentant d'une composante minoritaire de la majorité, il importait de me faire respecter comme successeur d'un élu communiste, dans un fief socialiste ; ma morale personnelle, façonnée par mon éducation ; ma rationalité scientifique rêvant que les attributions se fassent scientifiquement, chose bien difficile dans un contexte de pénurie et face à certaines urgences humaines !

- ***Jouer les médiateurs entre locataires et propriétaires, pas toujours aisé !***

Concernant les conflits plus aigus entre associations de locataires et bailleurs, deux m'ont mobilisé immédiatement. L'un, la réhabilitation, aux travaux programmés, d'un bâtiment de 60 logements appartenant au bailleur social « La Sablière » filiale de la SNCF, se heurtant à l'association dont les adhérents considéraient, qu'ayant payé depuis toujours leur loyer, ils n'avaient pas à financer les travaux de réhabilitation via de futures augmentations. Cet argumentaire, maintes fois entendu par la suite, me paraissait juste, mais d'un autre côté, depuis l'abandon en 1977 du gros des aides à la pierre au profit des aides personnalisées (AL et APL) et les blocages des loyers, le financement de travaux très importants, au-delà des grosses réparations normalement budgétées, nécessitait des emprunts dont le remboursement ne pouvait se faire totalement sur les loyers en cours. De plus, ces emprunts étant garantis auprès des banques par la Ville, avec en contrepartie pour elle des « droits d'attribution » municipaux passant automatiquement à 20% du patrimoine, ce qui évidemment était fortement recherché par les élus, ceux-ci étaient donc soucieux de donner rapidement leur feu vert.

Pour moi, il y a donc nécessairement place pour une négociation, prenant en compte l'évolution individuelle de la charge locative, loyer plus charges, en tenant compte de la baisse du coût du chauffage suite à l'isolation du bâtiment, du régime d'aides apportées par l'APL, mais aussi de la capacité financière des sociétés à mobiliser des fonds propres pour diminuer le montant des emprunts et donc de leurs annuités. Là aussi, face à l'argument simple et apparemment imparable du *« on a payé, on a le droit à ... »*, ma culture était plutôt celle de la complexité, de l'écoute des arguments des parties prenantes, et donc du compromis nécessaire.

Je dois aussi ajouter que certains politiques, soucieux de s'attacher des électeurs, ne manquaient pas d'exacerber les positions de façon parfois démagogique. Des militants socialistes, souvent proches de J.-L. Mélenchon, avaient ainsi participé à la création d'amicales de locataires locales et à leur regroupement au niveau massicois, en partie pour s'opposer à la CNL plutôt animée par les sympathisants communistes, et surtout pour recruter des militants pour leur courant du PS, pratique dans laquelle Mélenchon excellait (rappelons que c'est précisément pour cela que Germon l'avait fait venir à Massy, pour contrer l'influence de M.-N. Lienemann dans la section socialiste en faisant rentrer de nouveaux adhérents disciplinés).

Dans ce cadre, un autre souvenir m'a marqué dès ce printemps 1989, quand je m'introduisis comme médiateur dans un conflit touchant un patrimoine d'environ 250 logements, non HLM au sens strict car à la construction totalement financée par les contributions patronales (le 1% logement d'alors). Les dirigeants de l'association étaient heureusement prêts à écouter l'ensemble des éléments et en face, un responsable de la société, d'un niveau suffisamment élevé, avait accepté à ma demande d'être directement présent lui-même dans la négociation : nous pûmes avancer assez vite et conclure en quelques semaines un protocole d'accord pour ce groupe immobilier. Ce rôle constructif de médiateur et le plaisir de trouver des individualités sortant de leur vision politique ou administrative, m'apporteront à plusieurs reprises des satisfactions personnelles, et sans doute était-ce une de mes compétences de savoir me positionner ainsi ?

- ***Mobiliser des outils et des financements pour changer l'habitat social à Massy, un challenge !***

Une dimension essentielle de mon programme d'action était la réhabilitation de la majeure partie du parc social de la ville, soient plusieurs milliers de logements datant pour une grosse partie des années 60 (le Grand Ensemble de Massy-Antony), pour l'autre des années 70 (la ZUP[8] de Villaine), propriétés d'une quinzaine de bailleurs, mais aussi en élargissant la vision

---

[8] Zone à Urbaniser en Priorité : dispositif dérogatoire très utilisé dans les années 70 pour la construction de grands ensembles de logements et d'équipements publics.

de la réhabilitation du bâti à la rénovation du quartier, c'est à dire en fait à la façon d'y vivre (circulations, parkings, équipements publics de quartier).

A travers mes lectures et la prise de connaissance des dossiers en mairie, je découvre ce qu'on appelait alors le DSQ (Développement Social des Quartiers) et la Politique de la Ville. Comme évoqué plus haut, nous avions observé les années précédentes le résultat concret de l'opération Habitat et Vie Sociale (HVS) sur une partie antonienne du Grand Ensemble de Massy-Antony, avec certains bailleurs communs, notamment la SEMIDEP propriété de la Ville de Paris. Je découvre donc très vite que les pouvoirs publics départementaux ou nationaux ne connaissent pas le Grand Ensemble de Massy, pourtant contemporain de celui de Sarcelles, mais avec des problèmes sociaux beaucoup moins aigus - du fait notamment de la maitrise municipale complète des espaces extérieurs et de l'aisance des finances de la Ville résultant de l'implantation par l'Etat d'une importante zone d'activités industrielles aux Petits Champs Ronds, à côté de la gare de Massy-Palaiseau, simultanément à l'opération de construction de milliers de logements. Donc, pour aider les bailleurs à mobiliser les financements suffisants pour réhabiliter en quelques années plusieurs milliers de logements, il faut aller au-delà de la programmation classique des financements de l'Etat, limitée pour une ville comme Massy à quelques centaines de logements par an pour les opérations PALULOS (Prime à l'Amélioration des Logements à Utilisation Locative et à Occupation Sociale, d'environ quarante mille francs de l'époque par logement, pour des travaux d'un montant compris entre quatre-vingt et cent mille francs), et donc faire de Massy une ville « prototype ».

Le maire de Massy s'emploie à la faire connaître à travers sa volonté d'y implanter une gare de TGV, je propose d'en faire autant pour la question du logement avec un double outil : *une convention Ville-Habitat[9] dans le cadre de la Politique de la Ville, s'appuyant aussi sur la maitrise municipale quasi-complète des espaces extérieurs aux constructions, et une stratégie de construction forte de logements dans le cadre de la mutation de la zone d'activité de Massy-Palaiseau vers sa tertiarisation* ; à cette dernière stratégie, défendue par le maire en s'appuyant sur une future gare TGV renforçant le nœud de transports de Massy-Palaiseau, je rajoutais la mixité des fonctions entre activités non-polluantes et habitat pour en faire de vrais quartiers de ville. Ainsi le principe de constructions de logements, notamment entre le quartier du vieux Massy avec la mairie et le quartier d'habitat des Champs Ronds, en limite de Palaiseau, fût-il officialisé plus tard, le 19 décembre 1991, par une délibération du conseil municipal*[7] retenant comme « d'intérêt général la mixité habitat-emploi » et intégrant ce principe au POS en révision comme aux plans d'aménagement de la Ville et de sa société d'aménagement, la SEM-Massy.

Ma conviction était, qu'au-delà des évidents besoins en logement, la perspective pour les bailleurs — et les services de l'Etat - d'une vision municipale dynamique en constructions futures, naturellement pas seulement en logements sociaux, ne pouvait que les inciter à « *se faire bien voir* » de la municipalité, dans une tactique donnant-donnant : « *tu réhabilites ton parc existant, je te donne des droits à construire de nouveaux programmes !* ».

Inutile de dire que ce programme d'action, exposé avant l'été 1989, suscita quelques réactions de mes collègues. Hubert Boucris, l'adjoint à l'urbanisme trouvant que je marchais sur ses plates-bandes ; le sénateur J.-L. Mélenchon, par ailleurs adjoint à la culture, mais aussi déjà en conflit plus ou moins souterrain avec le maire, trouvant qu'il s'agissait là d'une action

---

[9] Un des dispositifs de la Politique de la Ville de l 'époque.

transversale, très politique puisqu'en médiation associations de locataires-bailleurs[10]. Claude Germon prit seulement acte de ces remarques, sans me désavouer, … et de fait accompagna mes démarches tout au long de ces années, par exemple en m'introduisant au ministère du logement.

Petite anecdote, à ma demande, il avait demandé et obtenu pour nous deux un rendez-vous avec le ministre Louis Besson, mais au dernier moment il décida de ne pas s'y rendre et que j'y aille seul. Le Ministre – ou ses conseillers – me voyant seul, refusa de me recevoir en me renvoyant vers un simple chargé de mission. A mon tour je refusais puisque le rendez-vous était avec le Ministre … et obtins peu de temps après une rencontre avec son bras droit, au cours de laquelle celui-ci découvrit la situation du logement à Massy et la nécessité d'employer des moyens spécifiques, expérimentaux, j'y reviendrai plus loin.

Grand était l'intérêt, voire le plaisir que j'allais prendre à ces actions les 6 années suivantes, tant au niveau intellectuel – je découvrais un domaine nouveau pour moi, le logement, la politique de développement social urbain et les quartiers sensibles, et il me fallait imaginer des actions efficaces – qu'au niveau humain avec des rencontres passionnantes d'habitants, de responsables associatifs ou de sociétés et aussi de personnels engagés dans le service public.

Arrivé là, il me faut insister sur la passion des élus locaux pour leur action concrète de transformation sociale, sans doute usante mais aussi, tout au moins quand la situation locale permet d'agir, gratifiante. Elu dans une commune moyenne, alors de 43 000 habitants, mais avec des possibilités financières réelles et des atouts importants en matière de maitrise foncière, de réseau de transports en commun et autoroutiers, je pouvais déployer mon énergie et ma volonté avec une certaine visibilité, avec un certain impact. Ceci contrastait avec mon activité scientifique professionnelle dans laquelle les publications que je signais, rarement lues ou utilisées par plus d'une centaine de chercheurs dans le monde, apportaient de très petites briques à la Connaissance, et, surtout, dont je ne pouvais que fort difficilement expliquer la nature et l'intérêt à mon entourage quotidien.

J'écris ces pages 30 ans après les faits, confiné pour cause d'épidémie de CoVid-19, un an après le mouvement des « gilets jaunes » au cours duquel les élus ont été décriés, mais dans une moindre mesure les maires. De fait aussi, les marges de manœuvre des élus locaux sont sans doute amoindries par rapport à celles d'il y a 30 ans : la manie des normes, souvent changées à l'initiative de lobbies pour pousser au gaspillage en investissements publics au profit de grosses entreprises (penser par exemple aux modifications ayant obligé toutes le communes à changer tous leurs feux de signalisation tricolores il y a quelque temps …), le renvoi au judiciaire de plus en plus fort et freinant les initiatives (sans doute parce que la démocratie locale n'a pas su s'adapter aux comportements plus individuels des citoyens). A contrario, c'est justement à cette échelle locale que s'inventent de vraies pratiques de démocratie, voir les expériences de Grenoble, Loos en Goële, Les Molières, …
C'est un des objectifs de ce texte, montrer qu'un élu, avec des convictions mais sans dogmatisme idéologique, proche des préoccupations des habitants, sachant consulter et outillé au niveau intellectuel, peut changer la vie quotidienne des habitants.

---

[10] Je rappelle que je n'étais pas membre du parti socialiste ! De plus, sans qu'il souhaite l'expliciter, mon positionnement risquait d'affaiblir le « noyautage » militant qu'en bon trotskyste il avait construit les années précédentes.

Quand je dis « *outillé au niveau intellectuel* » c'est avec l'humilité du scientifique capable de reconnaître qu'il ne sait pas tout, mais qu'il sait comment aller chercher les informations.
Il lui faudra aussi savoir utiliser, en les stimulant, les compétences des services municipaux - dont c'est le métier - et qui peuvent ainsi être valorisés et dynamisés, ou encore des bureaux d'études spécialisés, pour peu qu'ils soient bien choisis et correctement utilisés.

Après ce plan d'actions, qu'en a t-il été sur le terrain ?

2) *Quelques réalisations et échecs*

- ***Mobilisation des partenaires institutionnels, Etat et bailleurs sociaux, en provoquant des chalenges ambitieux***

Je pense en premier lieu à l'OPIEVOY (soit alors 1700 logements à Massy), office public très décrié à mon arrivée : après avoir expliqué qu'il n'était pas question de le laisser détruire plusieurs centaines de logements de son parc massicois, il fallait lui donner des perspectives dynamiques pour redresser son image. Cela passa par un *a parte* avec le Président de l'Office, en marge d'un déjeuner réunissant la Ville (le maire et moi-même) et l'OPIEVOY (le Président et le Directeur Général), conduisant à modifier le profil du futur directeur de l'agence locale de Massy, et donc avec l'arrivée d'Henri Omessa, un professionnel de terrain avec lequel j'ai très bien travaillé et, ce qui ne gâte rien, développé des relations de confiance et d'amitié. Et de ce positionnement exigeant, de la mobilisation au ministère dont j'ai parlé plus haut, est sortie l'expérience innovante de réhabilitation d'un bloc des 1090 logements de l'office au Grand Ensemble dans une logique de maitrise globale des coûts d'investissement et des charges d'entretien ultérieures.
Parallèlement nous avons mené, avec l'association locale des locataires, la réhabilitation des 450 logements d'une cité mal considérée, la Bièvre Poterne, en concertation étroite avec les habitants entre 1990 et 1992.
Je ne peux pas passer sous silence un épisode significatif de cette deuxième opération : lors de la réunion publique de présentation par les architectes des projets sur les deux sous-ensembles de la Bièvre d'une part, de la Poterne d'autre part, avec chacun leur cabinet d'architectes qui avaient laissé libre cours à leurs fantaisies en matière de coloris des façades des bâtiments et des halls, les locataires ont répondu « *on n'en veut pas, on veut des teintes comme les nouvelles résidences du centre-ville !* ». Et mon rôle, à cette réunion et après, fût évidemment de faire modifier le projet et d'accéder à cette volonté des habitants de « *faire des quartiers d'habitat social des quartiers comme les autres !* » selon le slogan d'un rapport de délégué interministériel à la Politique de la Ville.
Sur la grande opération du quartier Grand Ensemble, je dois aussi dire que l'amicale, en partie travaillée par les amis de J.-L. Mélenchon, provoqua un référendum des locataires pour refuser l'augmentation des loyers prévue en accompagnement des travaux lourds, et donc bloquer le feu vert de la Ville via la garantie d'emprunt. Ceci pouvait bien sûr se comprendre – voir plus haut l'argumentation sur le paiement des loyers depuis des années par leurs occupants - et entraina quelques ajustements à l'économie sur le montant des travaux pour réduire un peu la hausse des loyers, mais aussi un retard d'une année dans la réalisation des travaux.

Ma vision sans doute un peu trop « technicienne » de la situation – un peu « sûr d'avoir raison » - se heurtait, d'une part au vécu des locataires ce qui me mettait en faute, je n'avais pas assez mesuré leur ressenti, mais d'autre part aussi aux manipulations politiques de fait, parfois peu soucieuses de l'intérêt des habitants.

La carte de vœux de la Municipalité en 1994*[8] reproduira des images de ces deux opérations sous l'intitulé « *construire un monde meilleur, 1994, changer l'habitat, c'est changer la vie* ».

Je pense bien sûr aussi à ce qui était alors SCIC-Gestion, gérant une grande partie des logements de la Caisse des Dépots (environ 2000 à Massy à cette époque), avec la création d'une agence départementale à Massy dans le cadre des perspectives ouvertes par l'ambition de la Ville et l'arrivée d'un nouveau directeur, André Mabille. Se plaçant en première ligne pour nos projets, tant sur le Grand Ensemble au niveau global, en accompagnant la municipalité sur le projet de requalification des espaces extérieurs, qu'au niveau des opérations spécifiques pour les plus démunis, avec acquisition-amélioration et gestion de plusieurs opérations à ma demande et présentation en 1993 au Préfet de l'époque, Rémy Pautrat, d'un ensemble d'opérations sur Massy, ce directeur et sa société furent des alliés précieux.

Je pense particulièrement à son rôle de mise en challenge de l'OPIEVOY pour être à la hauteur de nos exigences, tant au niveau de leur patrimoine que de leur implication dans la vision urbaine ambitieuse de l'évolution de la ville : ce fut, après la MOUS (Maitrise d'œuvre Urbaine et Sociale) financée et animée par la ville sous ma responsabilité pour améliorer le fonctionnement du Grand Ensemble, la création en 1994-1995 d'ADAGE (Association pour le Développement et l'Amélioration du Grand Ensemble, qui sera rebaptisée ADAGIO lors du changement de nom du quartier), regroupant, aux côtés de la ville, les bailleurs du Grand Ensemble dont SCIC Gestion et OPIEVOY pour améliorer le fonctionnement de proximité du quartier et préparer son évolution urbaine.

Ce fût aussi l'engagement de SCIC Gestion aux côtés de la Ville, de l'OPIEVOY et du club de prévention du quartier Villaine à l'origine, avec Ghyslaine Guézard éducatrice, d'un projet de Régie de Quartier, « *Massy-Partenaires-Services* », qui pourra démarrer en mai 1992 sur la base de marchés d'espaces verts confiés par la ville, d'entretien des parties communes et d'interventions en petits travaux confiés par les deux bailleurs : un bon exemple de leur stimulation réciproque ! M'y étant impliqué durablement, comme élu puis comme associatif, j'y reviendrai.

Ce fût aussi l'opération très ambitieuse de requalification lourde (250 000 francs de l'époque par logement à comparer aux réhabilitations PALULOS habituelles d'environ 90 000 francs dont 40 000 francs environ pris en charge par l'Etat) de 500 logements du quartier Villaine : ces logements de type « intermédiaire » se virent dotés de balcons, leurs menuiseries métalliques entièrement remplacées, les installations électriques et de plomberie entièrement refaites.

Ce fût encore l'engagement très fort pris en mars 1995 en Mairie de Massy par Jean-Michel Guenod, Président de SCIC Gestion, et ses équipes, en matière de gestion de proximité, de travaux, d'attention à éviter la paupérisation des quartiers d'habitat social, de limitation des projets de vente de ses logements et d'inscription dans des programmes de construction de qualité sur le secteur de l'ancienne zone d'activités. Sur ce dernier item, un concours d'urbanisme avait déjà eu lieu pour un ensemble de logements intermédiaires à proximité de la future gare TGV, inaugurée en 1992 ... mais une des premières décisions de Vincent Delahaye, nouveau maire de Massy après l'élection municipale de juin 1985, fut d'annuler ce projet, malgré le coût important du dédommagement à apporter à la SCIC.

Je pense aussi à la mobilisation complexe des 15 bailleurs sociaux de la ville « face » à ma volonté, dans le cadre de la loi logement dite « loi Besson », de réaliser un « *Protocole d'Occupation du Parc Social* » (POPS) pour garantir l'accès au logement des publics défavorisés - du fait de l'insuffisance de leurs revenus ou à cause de leur origine ethnique-, mais de le faire dans une vision de mixité sociale, afin que les mêmes bâtiments ne continuent pas d'accueillir les publics considérés comme les plus problématiques. En effet, à l'époque on pouvait parler de politique de peuplement, non pour exclure mais au contraire pour permettre d'accueillir tous les publics dans les meilleures conditions de mixité sociale. J'ai beaucoup appris dans ce travail de partenariat, notamment comment je devais faire admettre le poids de ma parole de représentant de la Ville et donc de l'intérêt général. Les bailleurs aussi, sans doute, car ils se sont dans le même temps constitués en « *Collectif des bailleurs de Massy* » pour être collectivement force de proposition ... et de pression, mais c'est bien normal ! Le ministre du Logement, Marcel Debarge, devait venir signer à Massy ce document le 31 mars 1992, mais le conflit très fort survenu à Massy au même moment lors des élections cantonales (voir au chapitre 5, section 1) conduisit le maire de Massy à annuler cette signature et donc la venue du Ministre. Le mois suivant, il avait été remplacé par Marie-Noëlle Lienemann, mais celle-ci n'était pas la bienvenue compte tenu de son opposition forte à la majorité mitterandiste, pendant et après le congrès de Rennes du PS, et ce fût donc le Préfet Rémy Pautrat, homme de grandes convictions, qui vint apporter la signature de l'Etat.

Je pense encore à un outil de mise en oeuvre de politiques plus sociales vis à vis des plus démunis en matière de logement transitoire ou d'accès au logement, construit en partenariat Ville, structures sociales municipales et départementales, bailleurs SCIC et OPIEVOY et associations caritatives massicoises réunis par la création en 1991 d'une association que je préside encore aujourd'hui, l'AISH (Association pour l'Insertion Sociale par l'Habitat). Le partenariat Ville-Bailleurs-Etat permit de monter des projets d'achat-réhabilitation pour de l'habitat adapté, notamment en utilisant des propriétés temporairement préemptées par la Ville en vue d'opérations d'urbanisme, et plus tard pour mettre en place une structure d'hébergement collectif provisoire ... mais qui durera 20 ans ! L'AISH intervenait aussi en accompagnement des ménages démunis dans le cadre de la loi Besson et eût à gérer, en relais du Secours Catholique, la première structure d'hébergement temporaire mise en place à l'hiver 1994 avec la sous-préfecture de Palaiseau, au foyer AFI (Association des Foyers Internationaux) au Grand Ensemble de Massy, vidé en vue de sa restructuration. A ce point il me faut témoigner de l'engagement très vif du sous-préfet de Palaiseau d'alors, Pierre Pouessel, qui se mobilisa très intensément sur cette action. Avec le préfet Rémy Pautrat dont j'ai parlé précédemment, ce furent deux grands commis de l'Etat qui ne manquaient ni de convictions ni d'efficacité.

Au total, j'ai pu constater le chemin parcouru durant ces années en matière de travail collectif – le collectif des bailleurs de Massy s'étant peu après le changement municipal et mon départ transformé en collectif des bailleurs de l'Essonne -, et j'ai réellement apprécié ce rôle d'animation de projets.

- ***Mobilisation de matière grise : la recherche-action***

Scientifique en politique, je veux, à ce stade, consacrer un moment à la dimension intellectuelle de mon approche de l'action locale. J'ai mentionné plus haut la nécessité, afin de faire connaître la ville de Massy sur le plan de son fonctionnement social et de l'inscrire dans les dispositifs de la Politique de la Ville, d'élaborer avec l'Etat une « Convention ville-habitat ». Le préalable était la réalisation d'un diagnostic social et urbain des quartiers de Massy. Pour ce faire, je consultais deux bureaux d'études spécialisés : l'IAURIF (Institut d'aménagement et d'urbanisme de la région Ile de France) et le CREPAH (Centre de Réalisation et d'Etude pour la Planification, l'Aménagement et l'Habitat). C'est ainsi que je fis connaissance avec le monde des experts, proche de celui de la Recherche que je connaissais, mais tourné vers l'action et dont la matière n'était pas les particules élémentaires mais les habitants et le fonctionnement d'un quartier, d'une ville (plus tard d'une Région avec les travaux sur le schéma directeur d'aménagement de la région Ile de France, le SDRIF, entre 2004 et 2008, voir la deuxième partie de ce texte), outil appelé alors « recherche-action ». Parmi ces experts, Gérard Lacoste et Christine Corbillé de l'IAURIF me firent une excellente impression dans leur proposition méthodologique – je devais les retrouver quinze ans plus tard lorsque je fus conseiller régional - mais celle du CREPAH, portée par Béatrix Mora, me parût plus adaptée au terrain massicois et à son très important parc social. J'ai ainsi travaillé avec elle à l'élaboration du diagnostic puis de la convention, puis elle a été interface entre moi et les bailleurs sociaux de Massy pour l'élaboration du POPS évoqué ci-dessus. Je dois dire que ces mois de travail et de réflexions communes furent très stimulants intellectuellement – pour moi comme pour ma chef de service Nicole Crépeau -, parfois un peu tendus car sa personnalité était forte et elle revendiquait, malgré la « commande municipale », l'autonomie d'analyse de la chercheuse, mais dans un cadre de confiance réciproque quasi amical.
Dans cette même période de participation à la municipalité de Massy, par l'intermédiaire de notre interlocutrice au ministère de la Ville, Marie-Dominique Calça, je fis aussi connaissance avec le bureau d'études GERACT (ingénierie ergonomique et sociale) animé par Guy Pottier et Marie-Christine Pons dans le cadre de ses actions d'audit : en effet, Claude Germon, dans le cadre de sa réflexion sur le long terme de Massy, fût sensibilisé à la nécessité de réinterroger les rôles des élus et des services municipaux et le fonctionnement de ceux-ci et je le mis en contact avec Guy Pottier. Il fût bien expliqué au personnel municipal qu'il ne s'agissait pas d'un « audit » destiné à rationaliser la masse salariale de la commune, mais d'un travail sur le fonctionnement à adapter aux nouveaux enjeux de la ville en pleine mutation. J'étais pour ma part convaincu de l'intérêt d'une telle démarche, mais sans doute le seul élu à l'être réellement et à participer à la remise en question intrinsèque à une telle démarche. De plus, dans cette seconde partie du mandat municipal, comme je l'analyserai au chapitre suivant, le maire était en partie démotivé par les alea juridico-financiers du financement politique autour de la SAGES et la lutte ouverte avec J.-L. Mélenchon et ses amis. L'implication des services fût inégale, montrant bien l'importance dans cette micro société un peu particulière qu'est une mairie, qui associe élus et professionnels, de la clarté et de l'implication des élus et principalement du maire. Personnellement ce travail d'analyse du fonctionnement de la

collectivité me sera utile, d'une part pour bien clarifier[11] mon rôle d'élu en interface avec une administration, d'autre part pour mieux analyser les questions de transversalité entre services - travaillant le plus souvent en silos. Ce dernier point transpirera dans le programme municipal que nous écrirons en vue de l'élection de 1995 ... et dans l'incompréhension par l'équipe Germon-Mélenchon, lors des négociations d'entre deux tours, de l'importance que nous attachions à ces aspects.

- ***Mobilisation des personnels en les formant mieux et en les valorisant***

Cela a été la satisfaction, au niveau des services d'accueil, souvent vécus comme une punition (être dans les étages, dans les services paraît plus gratifiant et moins en première ligne face à l'attente, voire l'agressivité, des demandeurs de logement), notamment en les confortant sur l'impartialité de leur élu référent et en travaillant avec eux le barème conduisant à la priorisation des dossiers, ...
Cela a été aussi pour des agents du service public d'être tirés vers le haut par les exigences de l'élu. Pour des agents subalternes, les inciter à se former pour aller vers des responsabilités plus grandes. Je pense aux efforts soutenus de Marie-Thérèse Bonetti, agente administrative d'un bas niveau de formation de base et plutôt proche de la retraite, pour assimiler des informations et concepts nouveaux pour elle. Je pense à Muriel Pineau, jeune agente administrative, débutante dans la fonction publique au service logement, désireuse de gravir les échelons, qui est maintenant directrice générale adjointe à la mairie de Massy. Pour certains partenaires institutionnels ou pour Nicole Crépeau, ma chef de service d'alors, attendre de leur part des propositions innovantes et efficaces. Pour elle, je pense par exemple aux rencontres préalables à la mise en place de la convention Ville-Habitat, au pilotage de la MOUS sur le Grand Ensemble, à la mise en place du POPS ou encore à l'incitation qu'elle avait faite en ma direction, à partir de sa responsabilité du Service social, pour la création de l'AISH.

Les témoignages de fonctionnaires municipaux, des services départementaux et de l'Etat après le changement d'équipe municipale et mon départ des responsabilités d'élu en charge du logement, concernant l'intérêt qu'ils avaient trouvé à ces différentes mises en mouvement, ont été nombreux et chaleureux lors des occasions ultérieures de rencontres.
Je retrouverai après 2015 de tels retours d'agents du service public au sujet de mon passage en responsabilités au département de l'Essonne.

Si je prolonge cette réflexion, j'atteste que la question de la transformation ou de l'évolution des pratiques d'une institution repose à la fois sur la clarté des orientations et des attentes des décideurs – l'échec de la mission du GERACT en est à contrario une bonne illustration -, sur leur niveau d'exigences élevé mais adapté aux potentialités des personnes et sur le caractère bienveillant des rapports hiérarchiques.
J'atteste aussi que dans mes mandats, municipal (1989-1995), régional (2004-2010) ou départemental (2011-2015), cette mise en mouvement des services m'a été utile et, j'ai la prétention de le croire, leur a procuré des satisfactions réelles.
J'ai pu aussi mesurer la nécessité absolue pour un élu d'arriver à convaincre de ses orientations et à faire inscrire leur mise en œuvre dans les méthodes de conduite du service

---

[11] Clarifier dans le sens être conscient des écueils à éviter ... même si dans la suite de ma vie d'élu j'y tomberai parfois !

public s'il souhaite que ces évolutions continuent d'être mises en œuvre après lui. Mais aussi la fragilité de tels changements vis à vis des soubresauts politiques : le découragement et la démobilisation viennent vite !

- ***Un moment très dur : l'explosion de l'immeuble du Square d'Auvergne le 4 Octobre 1990***

Ce matin-là, à 6h du matin, une explosion de gaz dans un appartement du Square d'Auvergne à Massy détruit presque entièrement deux des 5 cages d'escalier, et oblige à évacuer les 37 logements du bâtiment, propriété de la société « HLM Résidences ». Averti par mon collègue Philippe Bernardin, plus matinal que moi, je suis sur les lieux quelques temps après, mais bien sûr les pompiers*[9] sont à pied d'œuvre, déblayant difficilement les décombres car la partie centrale de la construction, en plaques de béton préfabriquées, s'est effondrée comme un château de cartes. Il leur faudra 24 heures de travail pour vérifier que plus personne ne git sous les décombres et on comptera 7 morts et 8 blessés. Le premier adjoint est là, le maire étant aux Etats-Unis (il reviendra dès le lendemain), je ne suis pas utile sur place mais il va falloir reloger de nombreuses familles : c'est ma responsabilité et je me rends à mon bureau en mairie pour mobiliser des logements et mettre en place l'accueil des familles. Pendant plusieurs semaines je serai mobilisé pour animer les réunions des locataires restés dans le bâtiment et ceux des immeubles voisins. A peine arrivé à mon bureau, sans que j'aie eu besoin de les appeler, Henri Omessa et André Mabille, représentant les deux principaux bailleurs de Massy, sont là avec des propositions de logement, sur Massy et au voisinage. La machine municipale se met en marche avec efficacité, les familles sont accueillies et leur situation familiale et financière analysée, et dès l'après-midi des logements peuvent être attribués.

Ce n'est pas une expérience que je souhaite de vivre à qui que ce soit.

- ***Une reconnaissance qui ne se traduira pas dans les urnes***

Comme je le détaillerai plus loin, cette présence de terrain, régulière et active, si elle me fit bien connaître des massicois qui se plaignaient souvent de ne pas voir le maire et nombre d'adjoints sur le terrain concret, ne me permit néanmoins peu de succès électoraux à la hauteur escomptée au cours de ces années 90. Ceci n'est pas sans interroger la fonction d'Adjoint : dans cette période rude pour le PS et le maire de Massy (il sera battu à l'élection législative de mars 1993), malgré cette présence et les résultats obtenus en matière d'habitat, je n'ai pas su apparaître comme une alternative, malgré une attention croissante des français aux thèmes écologistes. Les positions simplistes et démagogiques[12] de l'opposant Vincent Delahaye tirant à boulets rouges sur les projets et l'action du Maire (« *l'opéra gouffre* », « *la mégalomanie du maire avec la Gare de TGV* », …) s'avéreront plus efficaces au niveau électoral. Ceci appuie l'idée qu'il est difficile d'être crédible lorsqu'on est minoritaire dans une majorité au pouvoir, et pas dans l'opposition systématique, ou encore, aspect significatif à cette époque, que l'on n'est pas le représentant d'un grand parti national.

---

[12] On dirait aujourd'hui « populiste ».

Chapitre 5

La question démocratique et les élections locales :

1992-1993-1995

Pendant ces 6 années de mandat municipal, j'ai une vie intense entre mon activité professionnelle et cette délégation au Logement, mais aussi avec des moments personnels souvent douloureux dans la vie post-séparation - avec l'obligation de me battre pour pouvoir voir mes enfants plus qu'un petit WE tous les quinze jours -, et surtout de les sentir tiraillées par les tensions entre leur mère et moi.

Il faut ajouter que je n'étais pas seulement impliqué dans la question « logement », dans la mesure où « MASSY-*autrement* » intervenait sur tous les champs, notamment lors des séances du conseil municipal, et conduisait par l'intermédiaire de ma collègue Adjointe à l'emploi-formation, la mise en place de la mission locale de Massy et des communes environnantes, ainsi que l'implantation d'une Maison de la Formation rue du Noyer Lambert.

Par exemple, à l'été 1990, la candidature de Massy comme lieu d'implantation d'un futur Grand Stade de la Région Ile de France est mise en avant par le Maire. Après une visite de la municipalité sur le lieu envisagé à La Bonde, nous appelons, sur la base d'un argumentaire détaillé, sportif, urbanistique et surtout financier, à voter Non au référendum décidé par le Conseil municipal le 26 septembre pour le 21 octobre. Une séance spéciale du Conseil municipal le 15 octobre débute par l'audition et les questions posées par élus et associations sportives au préfet Jean Glavany, chargé de ce dossier par Michel Rocard, alors premier ministre. Nous développons en détail nos arguments. L'opposition annonce voter contre, de fait par simple opposition de principe, mais à ces 11 voix et aux voix communistes se joignent un certain nombre de voix socialistes, le sénateur et maire Adjoint Jean-Luc Mélenchon ayant décidé de sortir du bois. Claude Germon est mis en minorité et le referendum annulé. Le Grand Stade se fera, on le sait, au cœur de Saint Denis, en bordure du RER, dans une commune pour laquelle il jouera un rôle de catalyseur de développement.

Je pense aussi à une mission, que nous avions souhaité, d'audit des services municipaux et d'appui à la clarification et à la hiérarchisation des objectifs des élus pour les dix années suivantes, décidée en mai 91, conduite par le bureau d'étude GERACT, mais finalement de façon assez décevante, les élus ne s'étant que peu impliqués (voir le chapitre précédent).

Nous gardions le contact avec les adhérents de l'association et les sympathisants à travers un bulletin régulier « Toujours … », publié en gros chaque trimestre (15 numéros entre fin 89 et mai 1995), et répercutant nos actions et interventions au niveau municipal, ainsi que des actions autonomes de l'association.

Cette vision nécessairement plus large que ma délégation au logement, l'importance croissante attachée aux questions écologistes (cf. la campagne de 1986 avec Les Verts évoquée au chapitre 2), mes lectures d'auteurs comme Gorz, Dumont …, tout cela me rapprochait des mouvements politiques nationaux. Comme dit précédemment à propos de la séquence électorale de 1986, la place particulière de la commune de Massy interdit d'avoir une vision strictement locale : en ce sens, nous nous sentions concernés par le renouvellement prévu pour 1992 des conseillers généraux PS élus à Massy en 1985 ainsi que des conseils régionaux élus en 1986. Nous souhaitions porter les thèmes écologistes, démocratiques et sociaux de « MASSY-*autrement* », thèmes que nous retrouvions dans les partis écologistes et pas du tout dans les partis de gauche, encore englués dans les logiques productivistes et destructrices de l'environnement, y compris à Massy.

1) Vers les élections départementales et régionales de 1992

De plus, étant inclus dans la liste municipale commune en mars 1989, nous n'avions pas, à part la cantonale de 1985 – mais sur la seule moitié Ouest de la ville – et la partielle de juin 1989 sur la partie Est après le départ de M.-N. Lienemann, présenté nos idées aux suffrages des massicois. A mi-parcours du mandat municipal, il nous paraissait souhaitable de vérifier l'impact de nos thèmes, en particulier dans le domaine de l'écologie.

A cette époque les deux principaux partis écologistes sont « Les Verts », créés en janvier 1984, mais en 1991 partisans du ni droite-ni gauche, et « Génération Ecologie » semble-t-il suscité par François Mitterrand en mai 1990 pour diviser le courant écologiste montant. Comme je l'ai expliqué, nous avions côtoyé de près les militants Verts en 1986, mais en 1990, lors de nos contacts avec les Verts Essonne, les animateurs avaient changé et leur positionnement était très opposé à la collaboration avec les partis de gauche, même distante telle que nous la pratiquions à Massy (pour rappel : notre liberté d'expression et de vote, notamment sur tous les aspects touchant à l'urbanisme, était actée par l'accord passé en 1989). Cette position nous poussait donc dans les bras de Génération Ecologie. C'est ainsi que notre association décida de présenter des candidats dans les deux cantons de Massy, et de demander le soutien de « Génération Ecologie », dont je connaissais aussi la future tête de liste pour l'élection Régionale, André Holleaux, Conseiller d'Etat, fondateur de l'UDADNE (Union des associations pour la défense de la nature en Essonne), fédération qui avait appuyé nos actions sur les protections phoniques vis à vis du passage du TGV Atlantique dans la banlieue Sud et en vue de la réalisation de la coulée verte, ou encore contre les projets routiers démesurés autour des terrains ex Vilmorin et des gares de Massy-Palaiseau (voir précédemment au chapitre 3, section 1).

Philippe Bernardin, conseiller municipal représentera « MASSY-*autrement* » dans le canton Est (où Marie-Pierre Oprandi, adjointe du maire Claude Germon, a été élue en 1989 dans la cantonale partielle faisant suite à la démission de Marie-Noëlle Lienemann, elle-même élue députée de la 7ème circonscription en 1988 puis Maire d'Athis-Mons en mars 1989) et moi-même dans le canton Ouest (où Jean-Luc Mélenchon avait été élu en 1985 avant d'être aussi élu sénateur en 1986). Philippe Roussel, notre président, était en 5ème place sur la section essonnienne de la liste régionale sur laquelle figurait un autre adhérent de « MASSY-*autrement* », Yves Bozelec*[10].

Dans notre campagne de premier tour, nous nous efforcions d'articuler les échelons régionaux, départementaux et locaux en montrant par des exemples qu'ils étaient imbriqués :
- en matière de logement, les financements de l'Etat et de la Région pour des opérations sur la ville sont en fait répartis au niveau départemental ;
- en matière d'environnement aussi, puisque par exemple la Coulée Verte de Paris à Massy pour laquelle j'avais œuvré au sein de la Fédération des associations contre les nuisances du TGV Atlantique et pour la Coulée Verte a été financée à 50% par l'Etat, 30% par la Région, 15% par les Départements et 5% par les Communes ;

- en matière d'insertion sociale et professionnelle, l'Etat verse le RMI et cofinance avec la Région les actions de formation tandis que le Département avec ses travailleurs sociaux travaille sur les contrats d'insertion dont les Communes assurent le suivi ….

De même nous articulions la défense locale de l'environnement (plateau de Saclay menacé, croissance trop forte des constructions à Massy …) et les règles d'aménagement du territoire fixées par le Conseil Régional. Pour ce qui concerne les transports du quotidien, cette imbrication est l'évidence même.

Mais il faut se rappeler le contexte politique tendu à gauche en 1992, à Massy pour simplifier entre les Germonistes et les Mélenchonistes, et au niveau national où le Parti Communiste ne participait plus au gouvernement depuis 1984 ; de plus, le gouvernement Rocard, malgré une bonne image populaire, bien que détériorée début 91, notamment avec la guerre du Golfe, avait été débarqué par Mitterrand en mai 91 pour être remplacé par Edith Cresson. La montée des écologistes dans l'opinion contribuait à la baisse de l'image des socialistes – et réciproquement. Ce contexte faisait du renouvellement des sièges PS au département, alors largement dominé par les élus RPR-UDF, une échéance délicate. Néanmoins, soucieux de pouvoir rassembler au second tour socialistes, communistes et écologistes déjà rassemblés au niveau municipal, les sortants ne nous attaquaient pas directement. Les Verts Essonne ayant, comme je l'ai expliqué précédemment, refusé de nous soutenir, et nous attaquant par presse interposée comme pseudo-écologistes créés par Claude Germon, ils « parachutèrent » à Massy des candidats (issus du secteur de Crosne) pour éparpiller le score écologiste, annoncé comme important dans tous les sondages nationaux. Et pourtant, ils ne présentèrent pas de candidats dans tous les cantons renouvelables de l'Essonne, et je subodore que le manœuvrier Mélenchon ne fut pas inactif à cette fin. Ceux-ci ne firent pas de campagne à Massy, ville dans laquelle ils n'avaient aucune implantation. Néanmoins, le 22 mars, au soir du premier tour, ils avaient réussi leur coup en diminuant nos scores potentiels.

Ils recueillaient, dans le canton Est, 718 voix (soit 9,82%) et Philippe Bernardin 854 voix (soit 11,68%) et donc un total écologiste de 1572 voix (soit 21,5%), M.-P. Oprandi, la candidate PS sortante, 1833 voix (soit 25,08%) le communiste 665 voix (soit 9,10%), le FN 1107 voix (soit 15,15%) et la candidate RPR 2132 voix (soit 29,17%). Le jeu semblait ouvert pour le second tour, à condition que le rassemblement se fasse bien.

Dans le canton Ouest, les scores étaient plus favorables à la gauche, avec 3,9% de moins à droite pour le candidat centriste Vincent Delahaye (1678 voix et 25,98%) et 2,1% de moins pour le candidat du FN. En face, un peu moins de 10% pour les candidats du PCF (9,54%) et des Verts (8,97%), 16,88% des voix pour moi-même (1090 voix) soit un total de 25,85% de voix écologistes (1669 voix) et seulement 25,60% pour le sortant PS (1653 voix). La situation paraissait claire, mais mon score, dépassant 10% des 10345 inscrits me permettait de rester présent au second tour et d'imposer une triangulaire.

Pour ce canton, la comparaison des premiers tours de 1985 et 1992 s'avère intéressante :

- le score de la droite, majoritairement RPR en 1985 avec Henry Quaghebeur à 22,4% (l'UDF représentée par J.-M. Gauthier atteignait 10,5%) mais, représentée en 1992 par l'UDF Vincent Delahaye, baissait de 6,9 points, le FN lui montant de 3 points : on peut penser que le choix d'un candidat UDF n'était pas optimal pour l'électorat massicois, majoritairement RPR comme les diverses élections législatives le montreront ;

- le PCF, alors représenté par le premier adjoint Charles Guyonneau, recueillait 15,2% des voix en 1985 et baissait donc de 5,7 points ;

- le PS avec l'élu sortant J.-L. Mélenchon baissait lui de 1,9 point, voire de 4,5 points en comptant le score du MRG de 1985 ;
- comme écologiste identifié à gauche je gagnais 6 points et Les Verts, non représentés directement en 1985, atteignaient près de 9% des voix, en cohérence avec leur score aux régionales du même jour, 9,1%. Pour ma part, si j'avais rassemblé les voix de Génération Ecologie aux régionales (13,4%), j'avais sans doute mordu sur l'électorat de gauche et une partie de l'électorat centriste.

La comparaison des résultats des deux cantons montrait aussi, comme les précédents scrutins, une participation légèrement plus faible à l'Est et un vote plus droitier. Le bon score du candidat Vert, à l'époque du ni-ni, face à un écologiste étiqueté à gauche puisqu'à « MASSY-*autrement* » nous nous en réclamions, en atteste aussi.

A l'Ouest, mon score très honorable (j'avais accru de 469 voix et 5,98% mon score de 1985 malgré la présence d'une candidate verte) me décevait néanmoins un peu compte tenu du travail de terrain très important au niveau de ma délégation. Comme dans le canton Est, la présence d'une candidate des Verts avait évidemment diminué les scores potentiels de Philippe Bernardin et de moi-même. Sans doute aussi, l'élection cantonale, tenue le même jour que l'élection régionale, prenait d'autant plus un caractère plus national que local et l'étiquette du Parti Socialiste (cf. le score très correct de Marie-Pierre sur le canton Est) restait assez déterminante, malgré un contexte national défavorable pour ce parti en 1992.

Pour compléter le contexte local, nous avions été rejoints dans ces années 90 par de nouveaux adhérents, n'ayant pas, comme la majorité d'entre nous, d'appartenance passée à un parti politique, soucieux de la pureté de nos positions, refusant les « magouilles » et souhaitant respecter le choix des électeurs car ne nous considérant pas comme propriétaires de leurs voix. Dans ce contexte où on pouvait considérer que plus de 20% de la population massicoise s'était prononcé pour nos idées, il nous paraissait logique de ne pas les trahir.
De plus, le changement de majorité au Conseil Général, de droite vers la gauche, n'était pas du tout envisageable au vu des résultats du premier tour sur les cantons renouvelables, et par conséquent l'enjeu n'était pas départemental : à contrario, nous arguions du fait qu'élus au département nous pourrions jouer un rôle de critique et de propositions, comme nous le faisions au conseil municipal de Massy depuis 1983, alors que le candidat socialiste était peu impliqué sur le terrain local, accaparé par son mandat de Sénateur et la construction de sa tendance au sein du PS.
Le soir de la proclamation des résultats du premier tour, je laissais donc ouverte notre position, mais nos échanges entre nous étaient quasiment unanimement en faveur d'un maintien.
A noter aussi, la satisfaction du bon score écologiste aux élections régionales du même 22 mars (malgré deux listes en Ile de France, Les Verts et Génération Ecologie), avec un total de plus de 18% des voix et 38 conseillers régionaux élus (23 à Génération écologie, 15 pour Les Verts) et 22,56% à Massy (13,42% pour GE et 9,14% pour Les Verts) contre 20,29% pour le PS.

Dès le lendemain du premier tour, je contactais les Verts 91 pensant que, fidèles à leur orientation d'autonomie, ils pourraient me soutenir dans une triangulaire impliquant un sénateur socialiste et un membre de l'UDF soutenu par le RPR. De façon surprenante, leur refus fût net, et même orienté contre ma présence, de petites affichettes collées entre les deux tours sur mes panneaux électoraux en attesteront.

Le lendemain, je ne manquais pas d'être félicité en mairie pour mon résultat, plusieurs élus socialistes m'encourageant à demander un rôle plus important au sein de la municipalité en « échange » de mon soutien au sortant PS, et me dissuadant de me maintenir. Aucune démarche des sortants socialistes, pourtant adjoints en Mairie, mais seulement en fin d'après-midi, le maire m'invitait à débattre avec lui et Marie-Pierre Oprandi, J.-L. Mélenchon étant sans doute pris par des questions plus importantes... Comme je l'ai dit, je n'étais pas mandaté pour une négociation mais, compte tenu du score écologiste important sur la ville, et de l'absence d'enjeu au niveau du Conseil Général, je suggérais qu'un soutien fort de notre part de la sortante PS en relative difficulté sur le canton Est mériterait le retrait du candidat PS en ma faveur sur le canton Ouest, et jouerait en la faveur de la meilleure représentation de la diversité politique de Massy. Cet argument rejoignait notre critique d'un PS se voulant hégémonique à gauche, réalité malheureusement durable, à Massy comme ailleurs, jusqu'à son effondrement récent.

Il faut dire que cet entretien était curieux, Germon annonçait, plutôt mollement, que si on restait en l'état, la droite allait gagner les deux cantons (ce qui paraissait mathématiquement plausible dans un contexte de rejet du PS) et évoquait qu'après ce serait le tour de la mairie. Tous s'abritaient essentiellement sur la tradition à gauche du retrait en faveur du candidat le mieux placé et ma « solution », mollement défendue par moi-même il faut le reconnaître, fut écartée. A posteriori, je regrette que le risque de perte de la Mairie, effectif 3 ans plus tard, n'ait pas été mieux débattu et argumenté : à « MASSY-*autrement* » nous n'étions pas experts en stratégie politique, surtout à chaud comme cela, et nous n'avions pas du tout apprécié le simulacre de négociations d'entre les deux tours en mars 1983.

Par contre je m'inscris en faux sur l'accusation colportée par les amis de Jean-Luc : à aucun moment avant ce soir-là nous n'avions eu des contacts avec Claude Germon sur cette question des cantonales. Nous avions montré notre indépendance d'esprit depuis dix ans, et, même à l'automne 1990, lors du débat relatif à l'implantation du Grand Stade de football à Massy, voulu par Germon, c'est nous qui avions mené la bataille et développé les arguments pendant le débat préalable en présence du Préfet Jean Glavany, chargé du dossier par le premier ministre Rocard, et c'est par surprise, seulement au moment du vote, que Mélenchon et deux de ses acolytes, rompant la discipline du groupe socialiste, ont fait basculer la majorité. Je regrette que Lilian Alemagna, que j'ai reçu en 2011 quand il préparait son livre « *Mélenchon le plébéien* », ait maintenu cette version politicienne et finalement méprisante pour moi et mes amis, du seul affrontement, effectivement bien réel, Germon-Mélenchon.

Elément significatif pour la suite, Pierre Juquin, ancien député communiste de l'Essonne, qui avait quitté le PCF pour adhérer aux Verts, me produisit un chaleureux mot de soutien.

Sur ces bases, la campagne du second tour*[11] fût violente contre nous : comme dit plus haut, des affichettes « Les Verts » furent apposées sur mes panneaux électoraux indiquant que j'étais manipulé par Germon et donc qu'il ne fallait surtout pas voter pour moi (pour nous elles étaient bien évidemment apposées par les partisans de Mélenchon) ; refus de J.-L. Mélenchon de participer au débat à 3 organisé par la télévision locale[13] (je crois m'être plutôt bien tiré du débat avec V. Delahaye) ; pneus de ma voiture crevés, ... jusqu'à la soirée de proclamation des résultats à l' « Espace Liberté » de Massy ... Les deux sortants étaient battus.

---

[13] TeléEssonne produisit des enregistrements VHS, tant du débat que des soirées électorales, que je conserve précieusement !

Dans le canton Est avec 45,4% (2758 voix soit 925 de plus qu'au premier tour, dont sans doute les 665 du PCF) pour Marie-Pierre Oprandi et 54,6% pour Mme Moirin (avec 3317 voix elle récupérait sans doute les 1107 du FN), avec 993 électeurs abstentionnistes en plus et le doublement des bulletins nuls à 502 : il est clair que l'électorat écologiste (1572 voix une semaine avant) ne s'était que fort peu mobilisé en faveur de la candidate socialiste. Pour notre part, fidèles à notre choix de laisser les électeurs décider, nous n'avions pas appelé à voter pour elle.

Dans le canton Ouest, si avec 1252 voix (21,86%) j'augmentais mon score de 5% malgré la campagne menée contre moi , en ne récupérant sans doute que très peu du vote Vert, Jean-Luc Mélenchon était battu, de 73 voix seulement, avec 38,43% (2201 voix soit 548 de plus qu'au premier tour alors que 616 voix s'étaient portées sur la candidate du PCF) et Vincent Delahaye récupérait une partie des voix du FN avec 39,71% (2274 voix soit 598 de plus qu'une semaine avant), avec 761 abstentionnistes supplémentaires mais 30 bulletins nuls de moins (205 en tout), le choix étant resté large au second tour.

Après le dépouillement, nous arrivons à l'Espace Liberté pour la proclamation des résultats après un passage par la télévision locale, et nous y sommes « fraichement » accueillis. Lors des traditionnels discours de remerciements aux électeurs, mon intervention est coupée de cris et d'insultes, je dois la raccourcir en concluant « *messieurs les démocrates bonsoir* », Mélenchon quant à lui faisant état de sa violence naturelle, mieux connue maintenant, avec un « *souvenez vous du couteau dans le dos, c'est Bonneau !* » et nous sortons de la salle sous cris de « *Bonneau traitre* », de crachats et de mouvements de foule surexcitée manquant de nous faire tomber dans le lac de la mairie voisin de la salle !

Cette soirée du 29 mars 1992 marqua un tournant dans ma vision politique, en ce qu'elle traduisait pour moi le maintien, malgré 3 ans de bonne collaboration municipale, de la volonté absolue d'hégémonie socialiste obstacle au bon rassemblement (« *Massy c'est socialiste* » me diront-ils encore en 2003), la violence contenue mais le naturel revenant au galop, le recours aux manipulations (je pense là aux pseudo affichettes *Les Verts* apposées sur mes panneaux), la difficulté du débat d'idées face aux ambitions personnelles ou de partis, une certaine sclérose de la 5éme République due au suffrage majoritaire empêchant le développement de la diversité des points de vue (la proportionnelle n'ayant été considérée comme bonne que dans l'objectif tactique d'amoindrir la victoire du RPR en 1986 .. et d'ailleurs jamais rétablie, même de façon partielle, pour les législatives, après 1988 et la victoire de Mitterand).

Préférant sans doute nous avoir dans sa majorité qu'en francs tireurs, le maire ne retira pas leurs délégations aux élus de notre groupe. Quelques mois plus tard, J.-L. Mélenchon, devenu au congrès de Bordeaux en juillet 92 leader avec Dray et Lienemann de la « Gauche Socialiste », se déclarait en août chantre du oui à Maastricht et en faveur de « la belle alliance » au niveau national de toute la gauche et des écologistes, l'alliance « rouge-rose-verte », et, dans son bulletin massicois « Les cantons de Massy » *[12], il invitait ses partisans à « *jeter la rancune à la rivière* ».

2) *Tensions croissantes et législatives de 1993*

Parallèlement aux actions locales développées dans le cadre de ma délégation au logement, mon implication dans la forme partidaire, à l'époque à Génération Ecologie (GE), était croissante. J'avais adhéré au mouvement après la campagne cantonale ; pour les dossiers locaux j'étais en lien avec les élus régionaux GE de l'Essonne, André Holleaux et Michel Montbrun ; je découvrais ses personnalités nationales, Noël Mamère et Brice Lalonde. Ce dernier n'était plus ministre depuis avril 92 suite au changement de gouvernement qui avait vu l'arrivée de Pierre Bérogovoy en remplacement d'Edith Cresson, première – et à ce jour seule – femme premier ministre, souvent en butte aux sarcasmes plus ou moins sexistes de tous bords. Au gouvernement, où M.-N. Lienemann était entrée comme ministre du Logement, les attaques directes contre le financement des partis politiques et la corruption des élus via les bureaux d'étude Urba pour le PS et Sages pour plusieurs personnalités essonniennes (Claude Germon, Jacques Guyard à Evry, ...) entrainaient une atmosphère de fin de règne socialiste.

Le PS préparait le renouvellement législatif de 1993 avec des sondages catastrophiques dont GE profitait, et Brice Lalonde, à qui le succès montait à la tête, se voyant déjà en tête, parlait de façon condescendante à Laurent Fabius premier secrétaire du PS, mais visait néanmoins un siège de député.

Je ne sais pas qui l'a conseillé, mais GE avait fait réaliser un sondage sur la circonscription englobant Massy, dont Claude Germon était le député, affaibli par les échecs du PS aux cantonales précédentes et les affaires de financement politique via le bureau d'études Sages ; ce sondage laissait penser que Brice Lalonde pouvait y être élu. J'ai alors été approché pour accepter d'être son suppléant, compte tenu de mon implantation locale. Plusieurs amis de « MASSY-*autrement* » avaient d'ailleurs adhéré en même temps que moi à GE. Début 93, j'avais donné mon accord à ce ticket, quand, deux mois à peine avant le scrutin, Brice Lalonde renonça à se présenter, mais, à notre surprise, GE choisissait comme candidate, Amy Dahan-Dalmedico, mathématicienne enseignante en histoire des sciences à Polytechnique et chercheuse au CNRS comme moi. C'est peu de dire que nous n'avons pas apprécié ce changement de dernière minute, m'écartant, et qui, pour nous, faisait de GE un parti comme les autres. Amy, par ailleurs animée de vraies convictions écologistes comme la suite de son parcours l'a montré, a dû venir un dimanche matin à Massy, chez moi, rencontrer les adhérents de Génération Ecologie pour expliquer ce nouveau scénario. Elle nous a expliqué que notre parti craignait, si c'était moi qui devenait le candidat, des ambiguïtés par rapport au sortant Claude Germon auquel, étant un de ses adjoints à la mairie, j'aurais du mal à m'affronter, d'autant plus qu'aux cantonales précédentes certains considéraient que j'en avais été l'allié pour faire tomber J.-L. Mélenchon. Nous avons bien sûr diversement apprécié ces arguments sous entendant je ne sais quelle manipulation possible, et donc pas répondu immédiatement à la demande que je fasse « ticket » avec elle.

Il me faut aussi expliquer qu'en plus de la déception forte face au comportement somme toute très politicien de Génération Ecologie dans un contexte où, une fois écartée la candidature de Brice Lalonde lui-même, la victoire d'un écologiste était purement illusoire, mon contexte personnel était modifié depuis Noël 1992, quand ma fille Annaïs était venue habiter chez moi pour la fin de l'année scolaire. Je n'avais pas trop l'esprit à me battre. Ne restaient alors que deux solutions, accepter d'être candidat suppléant d'Amy Dahan, ou nous tenir en dehors de cette échéance. Souhaitant que l'écologie fasse le meilleur score possible, moi-même ne voulant pas privilégier mon ego personnel, avec mes amis nous avons décidé d'accepter.

La campagne fût brève, Odile Moirin, la candidate RPR, conseillère générale de Massy Est depuis un an, défendait des positions très droitières, proches de celles du FN dont le candidat pouvait faire un gros score grâce aux communes voisines ; le candidat UDF Vincent Delahaye, lui aussi élu depuis un an Conseiller Général (de Massy Ouest) menant une campagne plutôt locale, n'avait de cesse d'attaquer la politique municipale du Maire, Député sortant ; Amy Dahan et moi-même (candidats GE mais de l'Entente des Ecologistes Verts-GE) nous efforçant d'être propositionnels ... Le premier tour fut défavorable au sortant, la candidate RPR avec 20,43% des voix le dépassant de 74 voix seulement, mais aussi l'UDF Delahaye, avec 16,12%, et le FN avec 12,73% : ces derniers lui apporteront les voix nécessaires pour être élue au second tour, avec 54,26% des voix. Amy Dahan et moi-même faisions au premier tour un score honorable avec 10,41% des voix (10,64% à Massy), affaibli par la présence des écologistes de circonstance de « Génération Verte» ne présentant qu'un bulletin de vote vert, sans aucune profession de foi ni campagne, mais recueillant 2,60% des voix (2,46% à Massy). Face à Odile Moirin candidate RPR-UDF pour le second tour, tout en restant fidèles à notre respect de l'électeur et donc à l'absence de « consignes de vote », Amy s'exprima très clairement contre le caractère droitier et sécuritaire de la candidate RPR comme je l'aurai fait moi-même. A noter que sur Massy, C. Germon ne devançait O. Moirin que de 121 voix (sur 14159 suffrages exprimés et 961 bulletins blancs et nuls).

En un an, entre Mars 1992 et Mars 1993, tous les élus de Massy, à l'exception de ceux de la municipalité, étaient passés à droite. Il était donc essentiel de redresser la barre pour que la municipalité ne suive pas le même chemin ! Quant à nous, nous étions surtout frappés par la violence des combats politiciens, n'hésitant pas devant des moyens discutables, et ne mettant pas en premier l'intérêt pour les habitants, leur quartier, leur ville, leur région ... Dès le lendemain du changement de gouvernement avec la mise en place d'Edouard Balladur et de la seconde cohabitation, nous décidons de préparer une liste autonome d'alternative pour les municipales, prévues deux ans plus tard.

3) *Préparation des municipales de 1995*

La situation démocratique à Massy se dégradait. Les grandes réalisations impulsées par Claude Germon, ouverture de la gare d'interconnexion des TGV, inauguration d'un Opéra-Théâtre au cœur du Grand Ensemble de Massy, création contigüe d'une médiathèque de qualité et de 3 salles de cinéma, étaient vilipendées par le nouveau Conseiller général, Vincent Delahaye, Vice-Président aux Sports, et les associations de défense qu'il avait su infiltrer et ceux-ci tiraient à boulets rouges sur tout ce qu'ils présentaient comme la mégalomanie du Maire. Quant aux socialistes locaux, ils étaient sur la défensive et le Sénateur Mélenchon principalement occupé par ses enjeux nationaux.
Les premiers éléments du projet de modification du POS de Massy, préparés par le Maire et son adjoint Hubert Boucris, comportaient des dispositions permettant de modifier fortement les quartiers anciens de Massy qui recélaient de nombreux espaces anciennement agricoles mais restés non urbanisés : de telles dispositions permirent à Delahaye et ses amis de faire courir le bruit que Germon voulait détruire tout ce qui était ancien et construire partout. Opposés depuis 83 au bétonnage de la ville et acteurs de la protection de l'environnement, nous étions naturellement présents dans les associations de défense (chauffage urbain, DVAMP...) et y intervenions pour défendre, à côté des refus, des propositions alternatives. Sur le POS par exemple, avec « MASSY-*autrement* » nous avons présenté de nombreux amendements, en interne à la municipalité comme lors de l'enquête publique pour laquelle le commissaire enquêteur avait rendu un avis favorable, avec des réserves : l'essentiel des demandes de modifications a été retenu mais la majorité municipale préféra faire procéder à

une seconde enquête publique. Certains opposants, sans doute principalement désireux de se débarrasser de C. Germon, niaient toute avancée et avaient obtenu, lors de la seconde enquête publique, un avis négatif du nouveau commissaire enquêteur sur une partie du dossier. Ce qui montre bien au passage le caractère peu sérieux des avis des commissaires enquêteurs, puisque sur un dossier, amélioré pour tenir compte des réserves du premier avis, le second donnait, lui, un avis négatif ! La municipalité passait outre à cet avis négatif, avec notre vote favorable fin juin 1994 compte tenu des améliorations obtenues et de la nécessité d'avoir un nouveau POS pour réaliser certaines opérations. Je pense en particulier à une réhabilitation forte des 155 logements de l'OPIEVOY au centre-ville, les plus anciens de Massy et les seuls de l'Office non encore réhabilités, avec surélévation d'un des bâtiments pour réaliser quelques petits logements, avec création de toitures en harmonie avec le bâti ancien du Centre-ville, et surtout implantation en façade d'un ascenseur dont aucun des bâtiments, pourtant à rez-de-chaussée plus 4 étages, n'était pourvu, avec enfin l'ajout d'un parking enterré. Bloquée par l'annulation du POS à l'été 1995 suite au recours de Delahaye et d'associations de défense, et pas ré-autorisée par la nouvelle équipe municipale, cette amélioration forte n'a pas été réalisée ce qui est bien dommage pour les habitants.

Je pense aussi à la levée de boucliers, de pure opposition, face au projet d'implanter à Massy, à côté de l'usine d'incinération et de chauffage urbain, un centre de stockage et de retraitement des mâchefers résidus d'incinération en vue de leur désactivation pour réutilisation en soubassements de voierie. Pour nous, nous avions un « Oui » de principe, contre-balancé néanmoins par l'expérience de la chaufferie et de l'usine d'incinération : nous demandions donc la mise en place préalable de la CLIS (Commission Locale d'Information et de Surveillance) prévue par la loi « déchets » du 13 juillet 1992.
Dans la même veine du refus de fait du recyclage, les mêmes menaient aussi une bataille contre l'installation d'une usine de retraitement des bétons issus de démolitions pour en faire là aussi des matériaux recyclés de construction. Naturellement toutes les mesures de protection de l'environnement étaient à surveiller (d'où la demande de CLIS) et c'était notre ligne, mais, en vrais écologistes, nous n'avions pas d'opposition de principe, au contraire, à des installations de recyclage et de réemploi, de plus proches des lieux de production de tels déchets.
Dans tous ces aspects, les diverses oppositions politiciennes – y compris certains militants proches du PS – n'avaient pas le souci pédagogique d'argumenter sur l'intérêt collectif de tels projets, en les assortissant bien entendu de conditions strictes concernant leur mise en œuvre, mais simplement d'utiliser les craintes de certains riverains et habitants pour les orienter vers la remise en cause de la municipalité.

Ma réflexion et celle des écologistes sur ces aspects de tension entre des volontés liées à ce qui est pensé comme intérêt général et craintes et méfiances des individus, riverains ou non, est toujours d'actualité (penser aux épisodes « bonnets rouges » des portiques permettant de taxer les transports par camion, ou la réaction des gilets jaunes vis à vis de la taxation du carbone …). Le système des enquêtes publiques, dans lequel les commissaires enquêteurs sont généralement d'anciens ingénieurs de l'équipement, voire des gendarmes, conduit généralement à un examen des observations des citoyens, favorable aux projets. Dans le cas présent, le premier rapport, avis favorable avec réserves, pointait les points à améliorer pour tenir compte de l'avis des particuliers et associations à côté de celui de la Ville, en principe représentante de l'intérêt général. Je suis persuadé que traiter ces questions de pédagogie, d'explication, de débat préalable et contradictoire très en amont de la présentation des projets et surtout d'un argumentaire indépendant démontrant qu'il s'agit bien d'intérêt général et pas de souhaits de lobbies ni de visions passéistes, traiter correctement ces questions est un enjeu essentiel pour penser la démocratie au XXIème siècle.

Sur ces sujets, j'apprécie les travaux de Pierre Rosanvallon et de quelques autres, les apports des partis écologistes et même d'une partie du mouvement socialiste, mais aussi, et peut-être surtout vu ma culture scientifique faite d'articulation théorie-expérience, les nombreux témoignages d'expériences locales réussies çà et là. Je pense aussi aux expériences de démocratie participative menées par certains maires (voir aussi l'encadré en fin du chapitre 4, section 1), aux conférences de citoyens comme il a pu en exister sur les nano-technologies ou celle en cours sur la transition écologique.

La référence à la revue « *Autrement* », faite dès 1982 lors de la création de notre association, témoigne de l'ancienneté de cette question de la démocratie locale à travers mon expérience massicoise.

Fin 92, j'avais pris l'initiative avec Roger Cazabon, ancien responsable PS en 1983 ayant entre temps adhéré aux Verts, et Christian Breuil adhérent PS courant rocardien, de mobiliser des énergies pour réfléchir de façon informelle à un « projet pour la ville », vision transversale que nous avions souhaité de nos vœux tout au long de nos interventions sur le POS, les diverses ZAC, les politiques sociales ... Courant 1994, les adhérents PS se sont éloignés de la démarche mais nous avons poursuivi notre réflexion avec les autres. Nous nous efforcions d'élargir notre cercle à des individualités nouvelles, issues d'une gauche soucieuse de démocratie locale et d'action concrète, afin d'élaborer un programme municipal innovant, en travaillant sur les différents thèmes de l'action locale. Plusieurs personnes, actives dans des domaines aussi variés que la prévention, l'insertion professionnelle, l'animation, la formation dans le domaine social, le logement privé et social, la défense des libertés, travaillaient en harmonie avec les adhérents de la période 83 qui s'étaient déjà renouvelés vers 1992, notamment en matière sportive avec Serge Moronvale ou en matière culturelle avec Yves Pharipou. Tout en conduisant nos travaux de façon collective, il était d'emblée convenu que je conduirai la liste, notamment au vu de mon expérience du mandat finissant (ma collègue Annie Berthon-Wartner, engluée dans des conflits à la Mission locale, éloignée de l'association, n'envisageait pas de repartir en 1995).

Du côté des politiques locaux, J.-L. Mélenchon, sans doute inquiet de la suite, et par cohérence avec sa motion nationale « *pour la belle alliance rouge-rose-verte* », avait produit dans son journal local en Août 1992 un texte « *Jeter la rancune à la rivière* » *[12] où il se déclarait ouvert à des échanges avec nous. Nous ne cachions pas que nous préparions une liste autonome pour l'échéance proche. Le sénateur socialiste, n'ayant pas renoncé à éliminer Claude Germon (cf. ses attaques directes, ou le plus souvent faites par d'autres, à propos de la Sages, laissant entendre que le Maire s'était personnellement enrichi, ou sa demande d'exclusion du PS pour non-reversement de ses contributions d'élu, ...), tâtait le terrain auprès de nous pour que nous fassions liste commune. Lors d'une rencontre, à la demande provocatrice d'Yves Pharipou qu'il vienne sur notre liste, Jean-Luc répondit « *pourquoi pas !* », mais nous n'y croyions guère.

D'un autre côté, dès 93, j'avais eu des échanges directs avec Claude Germon sur sa situation et ses projets : très atteint par les attaques sur son possible enrichissement personnel lié à la Sages, il avait moins d'énergie, parlait ouvertement de laisser sa place à son premier adjoint, anciennement membre du parti communiste, Charles Guyonneau, un fidèle. Je n'encourageais pas cette perspective, qui me paraissait bien peu dynamique pour une commune de l'importance de Massy, mais, sans que je me place moi-même explicitement en alternative, évoquant mon cas, il ne sût que dire « *je ne pourrais pas vous imposer* », sans creuser plus loin. J'avais essayé d'expliquer que son rôle un peu visionnaire, ses ambitions parfois mégalomaniaques pour sa ville péchaient parce qu'à côté la faiblesse de l'implication de ses adjoints sur le terrain accentuait son éloignement des soucis de la population. Par contraste, la présence quasi quotidienne de Vincent Delahaye, y compris en tant que Vice-Président aux sports, présent et participant même aux évènements sportifs sur la ville, en donnait une image plus prosaïque, proche des gens, à leur niveau.

Il est sûr que, malgré nos désaccords sur l'ampleur de certains projets urbains, nous avions travaillé en confiance ces années, et mes interlocuteurs extérieurs, institutionnels ou autres, savaient que je pouvais réellement parler au nom de la Ville sur mes domaines de délégation. Il appréciait que je sois un adjoint de terrain, actif et imaginatif, alors que ce n'était pas le cas de plusieurs des adjoints socialistes.

Plus trivialement aussi, je n'étais pas de son parti, donc pour lui pas un rival potentiel comme M.-N. Lienemann l'avait été ou comme il imaginait que J.-L. Mélenchon pouvait l'être encore[14]. Je crois avoir expliqué que pour ce dernier, le terrain local n'était qu'un moyen pour s'imposer dans son parti puis au niveau national : d'abord devenir premier secrétaire du PS de l'Essonne dès 1981 en s'appuyant sur Germon - qui lui fournira locaux et moyens à Massy jusqu'en 1995 -, puis sénateur de l'Essonne en 1985, puis rapidement influent au niveau national, même en tant que minoritaire, avec la création avec Julien Dray de la Gauche Socialiste en 1988. L'échéance cantonale de 1998 le montrera parfaitement, la campagne locale victorieuse étant nécessaire à sa future arrivée au gouvernement de Jospin[15]. Je vois son tournant écolo des années 2000 comme un outil pour conforter sa vision politique de 1992, alors minoritaire au PS, sur l'alliance Rouge, Rose, Verte en faisant de lui le porteur du paradigme de la gauche du XXIème siècle, l'écologie[16].

Cependant, peut être tel l'apprenti sorcier dépassé par ses créatures, excitant ses troupes contre Germon, mais n'allant pas au bout - par exemple en revendiquant frontalement la tête de liste municipale car, de fait, être maire ne l'a jamais tenté -, plusieurs de ses proches voulaient eux aller à la bagarre. Un trio composé de Francis Matéos, directeur d'un club de prévention, « grande gueule » responsable de l'association de locataires de l'OPIEVOY au Grand Ensemble qui avait organisé le référendum contre le premier projet de réhabilitation (voir plus haut), Hubert Boucris, maire-adjoint à l'urbanisme blessé par la conduite solitaire et personnelle de Germon pour les grands projets urbains, rejoints par Stéphane Pocrain (dont

---

[14] Germon ne déclarera sa candidature pour 1995 que lorsque Mélenchon se sera fait désigner premier des socialistes par le PS local ; Germon et certains de ses proches avaient été exclus du PS quelque temps auparavant sur demande du sénateur, car ils ne reversaient pas au parti leurs cotisations d'élus, préférant les conserver pour la campagne municipale à venir.

[15] Il dira d'ailleurs, je crois en 2001 lors de la campagne municipale, « *je dois quand même à Bonneau d'être ministre* », reconnaissant le caractère décisif de l'aide apportée en 1998 par mon appui pour le second tour victorieux.

[16] Au cours d'un défilé commémoratif à Massy, là aussi au début des années 2000, il m'expliquera en substance que pour lui « *l'écologie est le support du paradigme de gauche dont a besoin le XXIème siècle* ». A ce moment, je crois plus à une affirmation tactique qu'à un renversement de ses fondamentaux idéologiques, peut-être effectif après 2010 ?

on entendra parler les années suivantes, aux Verts ou à la télé …) , fils d'un dirigeant associatif très connu à Massy, notamment dans les milieux Haitiens et Antillais, ce trio lança une campagne d'affiches provocatrices au nom d'un groupe « Changer Massy », décidé à aller de façon séparée aux municipales.

Ceci ne nous rendait pas confiants dans une éventualité d'accord entre nous et J.-L. Mélenchon … D'ailleurs, après quelques atermoiements, celui-ci décida d'accepter la proposition de Claude Germon d'être le directeur de sa campagne municipale. Il est certain qu'organiser, Jean-Luc sait faire !

Dans notre réflexion programmatique, nous tenions à éviter la vision habituelle « en silo » avec des adjoints chargés d'un domaine, jaloux de ce qu'on « ne marche pas sur leurs plate-bandes », et du coup ne se permettant pas de débattre des actions des collègues. Il était évident pour tous que le bon fonctionnement d'un quartier, dans une ville très découpée par les axes de transports ferrés et par l'histoire de sa construction, nécessitait que les acteurs se parlent et agissent de façon coordonnée. Nous avions essayé de formaliser une structuration, d'une part en fonctions transversales - en mettant notamment en place une délégation à la Ville et à l'action sociale intervenant dans les domaines de la prévention spécialisée, du péri-scolaire, des centres de quartiers, des centres sociaux, de l'insertion sociale et professionnelle, de l'animation culturelle et sportive … et en regroupant urbanisme et environnement sous une seule responsabilité -, et, d'autre part, en fonctions de service - démographie, accueil, travaux, voirie, finances, personnels, …- sans attribuer pour autant à ces dernières un rôle subalterne puisque la mise en œuvre des politiques transversales dépendrait totalement de leur qualité*[13].

Parallèlement il nous fallait faire connaître nos initiatives auprès des habitants, mobiliser les 39 candidates et candidats nécessaires, le tout dans un contexte difficile à plusieurs aspects.

Les municipales étaient fixées en juin, compte tenu de l'élection présidentielle d'avril-mai, qui voit l'élection de Jacques Chirac le 7 mai. Le scrutin municipal se profile avec 5 listes : la liste UDF-RPR de Vincent Delahaye, appuyée par des militants associatifs comme je l'ai exposé plus haut ainsi que par les milieux catholiques de Massy ; la liste d'union de la gauche PS-PCF conduite par Claude Germon mais avec l'éviction de fait de l'ancien adjoint PS à l'urbanisme, Hubert Boucris, co-fondateur de « Changer Massy » même s'il n'apparaissait plus sur leur documents suite à sa mise en examen dans l'affaire de la Sagés, mais aussi celle de l'ancien adjoint PSU à l'environnement Jackie Renaudineau ; la liste « MASSY-*autrement* » que je conduisais avec Marie Charon ; la liste « Changer Massy » de Francis Matéos et Tarek Ben Hiba (à la faveur de son hospitalisation ils avaient évincé leur compère S. Pocrain dont nous avions, sans doute trop tôt tactiquement !, dénoncé la double inscription sur les listes électorales d'Antony et de Massy, et qui, éliminé, s'était empressé de soutenir le Maire sortant) ; enfin la liste soutenue par le « Parti des Travailleurs » avec Fabrice Olsak.

« Changer Massy » copie de nombreux éléments de notre programme, bénéficie de la notoriété de Francis Matéos sur le Grand Ensemble, et nous attaque directement au niveau de notre participation à la municipalité sortante, voire pour la défaite de la gauche aux élections cantonales de 1992, sans oublier les déboires de notre collègue à la présidence de la mission locale. Ils critiquent violemment la municipalité sortante avec des accents que l'on qualifierait aujourd'hui de « populistes », la mégalomanie supposée de Claude Germon au sujet de la gare TGV (ils avaient déjà commencé de façon alors anonyme avec des tracts lors

de son inauguration, peignant ce dernier comme représentant l'aristocratie face au bon peuple, cantonné derrière les barrières) ou avec l'Opéra, rejoignant les accents démagogiques de l'équipe de Vincent Delahaye et Nicolas Samsoen.
Ces derniers s'appuient sur leur présence dans les actions associatives et surtout n'affichent absolument pas leur appartenance politique, mais s'abritent derrière leur slogan « *Massy pour Vous* ».

Quant à la liste « L'avenir tous ensemble », elle s'appuie sur son bilan et alerte sur le risque que tout soit balayé avec une alternance. Dans ses tracts Jean-Luc Mélenchon, soudain fervent soutien de l'action de C. Germon, n'hésite pas à rappeler 1992 pour présenter notre liste autonome comme « *une manœuvre politicienne pour les municipales* » : il est certain qu'en matière de manœuvre politicienne, il est orfèvre !
Le premier tour du 11 juin est décevant pour nous qui avec 9,20% n'atteignons même pas les 10% des voix, clairement handicapés par la liste « Changer Massy » qui réalise 4,65%. Vincent Delahaye n'est qu'à 43,05% (Jacques Chirac était à 45,56% le 7 Mai), le maire sortant à 40,23% et le total des listes se réclamant de la gauche atteint donc 57%. La loi nous permet de fusionner avec la liste du Maire sortant, mais pas de nous maintenir, ce que, de toutes façons, nous n'envisagions pas. Le lundi nous entamons des discussions programmatiques qui seront difficiles (comme évoqué plus haut à propos de l'audit municipal conduit par le GERACT, notre concept de transversalité passe mal et de plus envisage des sortes de super-adjoints, comme au gouvernement les ministres accompagnés de secrétaires d'Etat), et nous demandons le cinquième des potentiels élus et adjoints. Mais, en position de faiblesse car condamnés à fusionner pour ne pas faire élire la droite, nous n'obtenons que quatre places éligibles sur environ trente pour l'équipe gagnante en cas de victoire.

La campagne de second tour est très brève et très violente, avec des tracts d'Hubert Boucris ou de Jackie Renaudineau, évincés par Claude Germon avant le premier tour, attaquant violemment celui-ci, et distribués par l'équipe de Delahaye jusqu'à la veille du scrutin.
Pour ma part, je suis confiant : à l'occasion de l'assemblée générale de la SEM-Massy tenue entre les deux tours, lors du déjeuner, je rassure la secrétaire. Même si je sais que les reports ne se feront pas bien, la liste de Delahaye n'a rassemblé que 43% des voix. Il s'agit de mobiliser les abstentionnistes … mais les résultats me donneront tort, plus de 10% d'électeurs du premier tour ne viendront pas et au moins 10% seront de nouveaux électeurs : le dégagisme était ce jour-là en marche et à 104 voix près (6628 contre 6524 et 432 bulletins blanc ou nuls), ce 18 Juin 1995, la Mairie change de bord.
Les élus de la nouvelle opposition sont neuf : dans l'ordre de la liste Claude Germon, Michèle Deyris, Jean-Luc Mélenchon, Jean Vanbesien, moi-même, Nicole Deroche, Rino Biancherin, Jean-Pierre Guedj, Marie-Pierre Oprandi.

4) *Conséquences et essai d'analyse de la séquence 1992-1995*

En quatre ans, tous les niveaux électifs recouvrant Massy étaient passés à droite (avant 92 ils étaient tous à gauche, sauf la Région Ile de France).
Cette défaite municipale fut pour moi un énorme choc que je n'avais à aucun moment anticipé comme une réelle possibilité ! Me retrouver à nouveau dans l'opposition, et ce avec des élus avec lesquels pour beaucoup je n'étais pas en phase, face à un maire arrivé au pouvoir, d'une part par démagogie et mensonges – mais avec une vraie présence de terrain et auprès des

associations -, mais d'autre part et surtout suite aux déchirements internes de la gauche massicoise, quelle amertume !

Je porte une partie de la responsabilité de ces déchirements : si j'ai exposé précédemment l'histoire des conflits internes à la gauche des quinze années précédentes, j'ai aussi exposé comment en 1992 nous n'étions pas conscients de l'effet « *dominos* » d'une défaite de la gauche aux cantonales et de l'affichage de ses divisions – et j'en veux aux « sachants » qui n'ont pas su bien nous l'expliquer et nous en convaincre.

Comment comprendre ces défaites successives ?

En France, à cette époque pré-Macron, on n'arrive pas aux responsabilités nationales sans d'abord un ancrage de terrain, principalement municipal, et une fonction dans un parti. D'ailleurs, très souvent les parlementaires eux-mêmes, avec le cumul des mandats, sont au parlement plus pour faire avancer les dossiers de la commune dont ils sont maires que pour organiser l'intérêt général en dispositions législatives[17].

Si je prends comme exemples les politiques massicois que j'ai le mieux connus, Germon, Lienemann, Mélenchon, Delahaye, Guedj … et moi-même, ils ont tous eu besoin d'une assise locale, mais de façon différente :

- Lienemann et Delahaye ont commencé par le municipal, au niveau élu comme dans leur organisation (pas un parti à proprement parler pour Delahaye), et ont souhaité arriver aux fonctions de maire (quitte à se déporter sur Athis-Mons pour la première) en s'appuyant sur une élection survenue dans l'intermédiaire sur le même terrain local mais à un échelon plus large que municipal (Député de la 7ème circonscription de l'Essonne pour l'une, Conseiller général de Massy pour l'autre) et tous les deux ont fini leur carrière en arrivant au Sénat grâce au caractère incontournable qu'ils ont peu à peu pris dans leurs partis respectifs.

- Germon, Mélenchon, Guedj et moi-même avons débuté par des fonctions non électives : Germon comme secrétaire national à la CGT - ce qui l'a imposé comme maire de Massy dans le cadre des accords PS-PCF liés au programme commun -, Mélenchon comme directeur de cabinet de Germon, Guedj comme attaché parlementaire de Mélenchon, moi-même comme militant de collectifs locaux. Ensuite, si Germon comme moi-même se sont passionnés pour la fonction municipale et l'action de transformation de l'existant - ce qui nous a rapproché -, les autres l'ont fait pour la fonction tribunicienne dans le parti, pour le débat d'idées, sans réelle passion pour l'action locale et le contact humain avec des habitants. La suite de nos itinéraires respectifs l'a confirmé.

C'est le tragique de ces conflits : le conflit Germon-Lienemann s'est « bien » réglé, tout au moins pour Massy, par le départ de Marie-Noëlle pour assumer son ambition d'alors ; le conflit Germon-Mélenchon est à mon avis construit en partie sur un quiproquo : si Mélenchon était resté cantonné à ce qui le passionnait, le pouvoir dans un parti national et son mandat de sénateur obtenu dès 1986[18], malgré leurs divergences de vues politiques, ils auraient pu

---

[17] Je me souviens de la jubilation de C. Germon, professionnellement agent des impôts et donc bien informé sur le dédale de la fiscalité locale, nous racontant comment il était resté une nuit en séance lors d'un débat très technique pour faire passer un amendement « sur mesure » qui exonérait Massy d'une contribution fiscale…

[18] Il faut noter qu'au niveau essonnien, n'ayant pas de majorité absolue au sein du PS, il savait être rassembleur – dans la mesure où il restait le chef !

négocier un compromis sur Massy : Jean Luc a bien été à une période un grand défenseur de Rocard et du traité de Maastricht ! le cas Guedj *versus* Germon est un peu différent mais Jérôme a gagné en 1998 sa fonction d'élu départemental - et immédiatement de Vice-Président en charge des solidarités - de par sa proximité avec Jean-Luc qui a demandé à M.-P. Oprandi, battue comme lui en 1992, de ne pas se représenter. Il s'est ensuite un peu « résigné » à conduire la liste municipale en 2001, avec un mauvais résultat, dû en partie à son comportement un peu lointain des gens - à la différence de V. Delahaye -, plus à l'aise qu'il était dans l'organisation de la campagne et des négociations préalables, dans l'écriture d'un programme ou encore dans un discours de meeting, et trop lié à Mélenchon pour refuser qu'il soit sur la liste - alors que celui-ci était déjà Sénateur et Président délégué au Conseil général -, provoquant ainsi Germon à présenter une liste qui, en faisant apparaître la gauche divisée, facilita la victoire du sortant au second tour. D'ailleurs Jérôme Guedj n'a pas voulu conduire lui-même la liste aux municipales suivantes de 2008, la confiant à Marie-Pierre Oprandi.

Quant à mon - ou plutôt à mes conflits - avec Germon et Mélenchon, ils ne me paraissent pas du même ordre que les précédents puisque nous n'avons jamais été dans le même parti : idéologiquement, le désintérêt des deux pour les questions environnementales et leur absence de vision transversale environnement-social me séparait autant de l'un que de l'autre ; par contre le côté praticien du terrain pour l'un, homme d'appareil pour l'autre, les différenciait pour moi et fondait en grande partie mon affrontement avec le second ; en termes de rivalités, du « petit » au « gros », je me suis affronté à Jean-Luc car il ne pouvait supporter de partager[19], et avec Germon en 1995 - mais là je n'avais pas su tirer parti de son découragement relatif, consécutif au déclenchement des « affaires », pour être acteur direct d'un « deal » personnel (du PS à « MASSY-*autrement* » c'était trop disproportionné, *« je ne pourrais pas vous imposer »* me disait-il), et surtout un tel « deal » n'était pas ma culture, mais l'histoire ne repasse pas les plats.

---

[19] Dès 85, puis en 89 avec le départ du Conseil Général de Lienemann, aux municipales de 2001 pour une échéance où son candidat n'était pas le plus adapté, ou encore le « *Massy c'est socialiste* » quand je plaidais en 2003-2004, dans le cadre d'un accord départemental Verts-PS, pour être candidat commun sur Massy-Ouest (puisqu'il ne se représentait pas), Guedj l'étant sur Massy-Est.

Chapitre 6

1995-2001

J'ai expliqué combien la défaite de Juin 1995 avait été traumatisante pour moi qui ne m'y attendais vraiment pas. Le conseil municipal d'installation, le samedi 24 juin, me voyait au bord des larmes, tant il me paraissait injuste de voir Vincent Delahaye ceindre l'écharpe de maire et Claude Germon cantonné à être le premier des opposants. La réunion se tenait à la salle des mariages habituelle, petite, Delahaye ayant finalement écarté la suggestion - ironique – de Germon de faire cette séance solennelle d'installation à l'Opéra Théâtre … que celui-ci avait tant décrié ! Je l'ai dit, nous étions 9 sur les bancs de l'opposition : par ordre sur la liste battue, Claude Germon, Michèle Deyris, Jean-Luc Mélenchon, Jean Vanbesien, moi-même, Nicole Deroche, Rino Biancherin, Jean-Pierre Guedj et Marie-Pierre Oprandi. Le recours en annulation formé par Claude Germon n'aboutira pas malgré le très faible écart en nombre de voix puisque seules 104 voix sur 13152 exprimées séparaient les deux listes ce 18 Juin 1995.

Pas vraiment à l'aise avec mes collègues, je fus content qu'arrive la coupure estivale et qu'à la rentrée Vincent Delahaye accepte que je puisse constituer un groupe à moi tout seul à côté du groupe PS (Guedj, Mélenchon et Oprandi), PCF (Deyris et Vanbesien) et Socialisme et Démocratie (Biancherin, Deroche et Germon). Sa promesse électorale d'ouvrir dans le magazine une page d'expression des groupes politiques ayant été mise en œuvre – ce que Germon avait toujours refusé -, cela me permettait de faire entendre le son de « MASSY-*autrement* », en plus de mes interventions en séance du conseil municipal.

L'été 1995 fût un peu déprimant pour moi : heureusement, Geneviève Gillet, ma compagne depuis quelques années, le passa en grande partie avec moi et nous fîmes un beau voyage en Corse après notre séjour dans la maison de mes parents à Embrun. J'aurais d'ailleurs voulu changer un peu de vie après cette déception en emménageant avec elle, bien sûr à Massy, car jusque-là nous vivions à 30 kms de distance … Elle préféra garder une certaine autonomie mais pour ma part, pour tourner une page, je souhaitais quitter l'appartement que je louais depuis 1988 avenue Carnot, face à la gare de RER B, pour en acheter un. Très rapidement j'en trouvais un, dans le même ensemble immobilier, plus grand mais nécessitant des travaux. Ce fût d'ailleurs agréable d'utiliser une partie de mon énergie à cette installation dont je confiais certains travaux à la Régie de Quartier « *Massy Partenaires Services* » que nous avions créée trois ans auparavant … et dont j'étais membre du bureau aux côtés de mon ami Roger Cazabon. Cette année 95-96 a vu aussi ma fille Annaïs revenir vivre avec moi, très absorbée par son année de terminale. Elle préféra ensuite aller à Antony en cité universitaire pendant qu'elle était en prépa au lycée Lakanal de Sceaux, mais en décembre 96, mon fils Matthieu, après l'installation de sa mère à Biarritz, restant à Paris pour ses études de droit, vint habiter chez moi. C'était la première fois que nous vivions sous le même toit puisqu'avec sa mère nous nous étions séparés un mois après sa naissance. Noëlie, elle, vivait alors avec sa mère dans notre ancienne maison, allée des Peupliers jusqu'à son baccalauréat obtenu en juin 1998 : elle emménagea alors seule – sa mère ayant refait sa vie à Caen puis en Charente et notre pavillon ayant été vendu, par hasard à Francine et Jean-François Noël, militants socialistes de Palaiseau qui deviendront très actifs sur la ville de Massy - dans un appartement de la même résidence de l'Epine Montain, et les trois enfants se retrouvaient chez moi un week-end sur deux, Geneviève passant le gros de la semaine avec moi et rentrant le week-end dans sa propre maison de Villecresnes retrouver sa fille Martine, en prépa à Henri IV à Paris. Après le décès, relativement subit, de mon père en décembre 1996, j'allais assez fréquemment à Paris voir ma mère ou passer un moment avec elle à l'extérieur. Nous nous retrouvions tous l'été une quinzaine de jours à Embrun dans sa maison. Professionnellement, à côté de mon travail de recherche au CNRS, j'assurais ces années-là des heures d'enseignement de mathématiques à l'université de Jussieu pour les étudiants en début de cursus scientifique, me permettant d'essayer d'intéresser des jeunes aux nombreux domaines dans lesquels les mathématiques sont indispensables.

Pendant les années de ce mandat d'opposition, j'investis fortement en bénévole associatif la Régie de Quartier ouverte en 1992 puis l'Entreprise d'Insertion « *A.P.I.-Services* » créée avec Roger Cazabon fin 1997 et j'évoquerai ces actions dans « *l'Interlude* ».
Je participe toujours au travail de l'association « MASSY-*autrement* » et à diverses commissions municipales. Enfin, participant à un groupe d'élus écologistes de l'Essonne, je décide d'adhérer aux « Verts » afin d'élargir mes points de vue et d'échanger avec des collègues, qu'ils soient dans des majorités municipales ou dans l'opposition. Par exemple à Palaiseau, à côté de Massy, ville que le PCF avait perdue en 1995 au profit de la droite, un ancien adhérent qui y avait déménagé s'était engagé dans la vie politique locale en participant à la création de « *Palaiseau autrement* », association centrée sur les actions locales avec de grandes similitudes avec la nôtre, et à partir de juin 1995, avec une élue municipale d'opposition issue de leur groupe, Dominique Labiche avec laquelle nous échangions sur certains sujets communs. Le mandat 1995-2001 est de fait rythmé par les élections législatives de 1997, le renouvellement des deux conseillers généraux de Massy en 1998 puis bien sûr la préparation des municipales de 2001. Je présenterai donc ma présence au conseil municipal et dans ces campagnes électorales en deux temps : l'installation et le « *détricotage* » partiel jusqu'en 1998 ; la période qui suit la défaite cantonale de Delahaye et qui prépare le renouvellement des municipales de 2001.

1) *A nouveau conseiller municipal d'opposition*

- ***Première séquence 1995-1998 : installation de Vincent Delahaye et « détricotage »***

Ma situation était bien différente de celle des années 86-89 ! Certes j'essayais de rester constructif et participais aux commissions municipales (urbanisme-environnement, social, sport-jeunesse) et à un groupe de travail sur les ordures ménagères et leur tri.
Dans cette première séquence du nouveau mandat, je découvrais des élus pour la quasi-totalité peu au courant des affaires municipales, dont certains plus politiques s'attachaient à montrer qu'ils détricotaient la politique de la précédente municipalité, tandis que d'autres, sincèrement intéressés par l'action municipale, pouvaient être à l'écoute de nos avis, même si, en séance de conseil municipal, Vincent Delahaye et quelques élus proches étaient pratiquement les seuls à parler.

Ce « détricotage » pouvait être brutal : arrêt proclamé – pour quelques années seulement d'ailleurs, la sagesse finira par revenir, ou plutôt la loi du marché s'imposera ! – de la mixité des fonctions activités-logements, j'y reviendrai ; déclarations sur l'arrêt de la construction d'une partie de logements sociaux dans les nouvelles opérations et transformation des quelques petits projets locatifs en cours en opérations privées (triangle Longjumeau-Henri Gilbert) ; absence de vision d'ensemble de l'évolution de la ville.

Mais le plus souvent il était lent, non revendiqué comme tel, mais conduisait à des actions qui n'avaient plus le sens d'une politique structurelle. Par exemple :
- l'action sociale municipale, qui avait beaucoup évolué entre 1989 et 1995 par suite de la création du RMI, avec sa logique d'insertion, et sous l'impulsion de Nicole Crépeau, nouvelle chef de service action sociale-logement durant ce mandat, qui avait vu la création de centres sociaux, le renforcement à 3 des assistantes sociales municipales, la mise en place d'actions collectives, notamment avec les femmes, était petit à petit re-transformée en action caritative, sans politique d'ensemble, notamment pour les plus démunis ;
- la politique « lecture » se réduisait peu à peu au seul soutien aux bibliothèques ;
- la politique d'entretien et de réhabilitation des espaces extérieurs devenait sélective – car limitée à certains quartiers du centre-ville ou de Villaine dans le canton Ouest dont le maire était l'élu … tout en préparant sa réélection en 1998 -, mais le plan complet d'accompagnement de la réhabilitation des espaces verts du Grand Ensemble était bloqué, malgré l'obtention des financements régionaux sur la base des dossiers déposés par la municipalité précédente.

Pour d'autres politiques, la continuité prévalait : soutien aux associations, action culturelle maintenue, même à l'Opéra … maintenant encensé …, soutien aux écoles.

Pour certaines au contraire il y avait des progrès, au moins au début : ouverture du magazine municipal aux groupes de l'opposition (la loi y obligera plus tard), investissements sportifs très significatifs (maison du Rugby, reconstruction de la piscine au Grand Ensemble …) ; le tout avec une présence extérieure du maire très forte – en comparaison de celle de Claude Germon.

Un détail amusant sur cette continuité : fin 97, ne supportant pas le terme « Grand Ensemble » qui faisait sans doute trop populaire, le Maire, plutôt que d'en améliorer l'environnement et l'entretien ou de lancer des actions pour revitaliser le centre commercial de la Place de France qui périclitait de plus en plus, choisit de lancer une consultation pour donner un nouveau nom au quartier. L'annonce du résultat dans l'hebdomadaire municipal vaut son pesant d'or, moins de 3 ans après le dénigrement des folies de Germon !
« *Massy Opéra, Massy Europe, Quartier de France, Les Hauts de Massy, tel est le quarté gagnant d'appellations sorti des urnes retenu pour donner un nom au Grand Ensemble. Parmi le nombre, plus de mille, la variété ou la fantaisie des réponses proposées, ces quatre noms ont donc bénéficié de la préférence du jury qui se faisait le porte-voix des Massicois. L'explication de ce choix semble claire et surtout logique. L'Opéra illuminait le quartier de son prestige, les rues de Dublin, de Genève [sic] et consorts ajoutés à la vocation européenne de la Ville, la Place de France, cœur de la cité et enfin les immeubles du Grand Ensemble surplombant la commune ont motivé les raisons de cette sélection* »[20].

---

[20] C'est moi qui souligne les expressions les plus surprenantes ! sans parler de la rue de Genève qui est dans un secteur pavillonnaire en dehors du Grand Ensemble !

Dès son élection, en matière d'urbanisme, Vincent Delahaye avait relancé un nouveau concours d'urbanisme pour l'aménagement du secteur Vilmorin et une révision du POS de la ville (datant de 1985), le précédent ayant été annulé par le tribunal administratif.

Malgré ses critiques d'alors, ce nouveau projet de POS n'était, pas plus que l'annulé préparé par la municipalité précédente, soutenu par un vrai « Projet de Ville », et de nombreux points étaient problématiques, justifiant nos demandes de modifications lors de l'enquête publique. Il poursuivait les ZAC diverses lancées précédemment (Pileu, Pérou, …) mais par contre il dénonçait certaines orientations précédentes - dont j'avais été initiateur - visant à mieux relier le centre-ville au secteur de la gare RER B et de l'ensemble des Champs-Ronds limitrophe de Palaiseau (secteur couvert par la ZAC Carnot) en y imposant la mixité activités tertiaires et logements. Curieusement, la délibération du 19 décembre 1991*[7] portant « *déclaration d'intérêt général du principe de la mixité emploi-habitat dans la zone industrielle des Petits Champs Ronds* » n'avait pas été abrogée !). Il annulait cependant une belle opération de logements avec un dédit de plus d'un million de francs.

Sur le secteur Vilmorin, le dossier de ZAC comportait des dispositions à notre avis illégales concernant le stationnement puisque, tout en affirmant, pour l'affichage vis à vis des associations qui l'avaient soutenu, qu'il fallait réaliser 2 places de parking par logement, il prévoyait que toutes les places situées sur rue, le long des trottoirs, pouvaient être comptées pour atteindre cet objectif ! Après des interventions infructueuses en Commission et lors de l'enquête publique, nous saisîmes en avril 1997 le Tribunal administratif, mais sans autre effet que d'être condamnés à payer 5 000 francs à la ville ! 15 ans après la fin des travaux de cette ZAC, les habitants se plaignent de ne pouvoir accueillir leurs visiteurs …

Après avoir lancé deux audits financiers, orientés du fait du choix de cabinets spécialisés dirigés par des amis politiques, et fait apparaître de nombreuses charges « cachées » dans les opérations d'aménagement – sans même mettre en face la valeur du foncier acquis au moyen de ces emprunts décriés !-, la municipalité, en augmentant les impôts locaux de 8% alors qu'ils étaient stables depuis quinze ans, se donnait des facilités pour passer les années 96-97, prévues[21] comme devant être difficiles à cause des départs de très grosses entreprises avant de nouvelles contributions assurées pour 98, et avoir ensuite de bonnes marges budgétaires. Au cours de ce mandat, j'ai plusieurs fois dénoncé les cadeaux faits aux promoteurs : annoncer publiquement, avant même d'avoir négocié, que les charges foncières[22] payées précédemment étaient surévaluées, et auraient à être remboursées, plaçait la ville en position de faiblesse ! Je parlerai plus loin d'un exemple de construction sur le site de l'ancien foyer international - connu à Massy sous le nom de l'AFI - où la faible contrepartie du promoteur à une dérogation bradait le bien public. Plus tard, lors de la révision du POS et sa transformation en PLU en 2004, donner la liberté aux propriétaires de terrains, dans la totalité des 150 hectares de la zone d'activité des Champs Ronds, de construire des logements (sur 6 à 7 niveaux) plus faciles à commercialiser dans ces années 1990-2000 que les bureaux, au lieu de donner cette possibilité par tranches, par secteurs, au fur et à mesure que le marché sur Massy

---

[21] Il y a un décalage de deux ans entre l'installation d'une entreprise et sa contribution aux finances de la ville sous forme de taxe professionnelle.

[22] Charges foncières : il s'agit du prix payé par le constructeur pour chaque m² construit et non pour chaque m² de terrain (comme dit dans le texte, la valeur d'un terrain dépend de ce que la collectivité autorise à construire à travers les documents d'urbanisme, POS/PLU, ZAC …

s'améliorerait et donc que les contreparties pour la ville pouvaient être accrues, était un autre cadeau (rappelons que la valeur d'un terrain dépend essentiellement de ce qu'on peut y construire et que c'est la collectivité publique, comptable de l'intérêt général, et élue pour cela, qui détient les clés de ces droits à construire). Après avoir critiqué la mixité emploi-habitat que nous avions voulue en 1991 (avec en perspective environ 3000 nouveaux logements en 25 ans, à l'horizon 2015), Vincent Delahaye et Nicolas Samsoen, son adjoint à l'urbanisme et futur successeur, bradèrent ainsi en partie les intérêts financiers de la collectivité et firent donc peser sur les finances de la commune le coût d'équipements indispensables à la vie du nouveau quartier … qui lui verra pourtant plus de 4000 nouveaux logements nouveaux construits en 15 ans …

Tout au long de ce mandat, d'autres sujets justifiaient mes propositions et interventions, ainsi que celles de « MASSY-*autrement* » : réparer le toit de la piscine de Villaine*[14], améliorer les espaces extérieurs des quartiers d'habitation, soutenir les clubs de prévention et les maisons de quartier gérées par des associations comprenant les habitants, mieux associer les habitants aux choix et pas seulement bien les informer lors de réunions publiques, …. La presse locale rendait compte assez régulièrement de nos interventions, ce qui contrebalançait un peu l'information municipale et les tracts de « *Massy pour vous* », le nom de l'association soutenant la majorité.

En résumé, on pourrait caractériser la gestion de la ville par la profession de son maire, expert-comptable de formation, attentif aux chiffres de l'année, mais sans vision pluri-annuelle et anticipatrice, et − comme Germon en fin de mandature - sans entourage solide et de confiance : en 3 ans il changera 3 fois de directeur de cabinet ainsi que de directeur général des services, il démobilisera une bonne partie du personnel communal pourtant épris de service public.

En 1998, après sa défaite et celle de son premier adjoint aux élections cantonales, il annonce aborder la deuxième moitié de son mandat avec une équipe redynamisée, et son choix de reprendre une partie de son activité professionnelle à cause de la perte de son indemnité de Vice-Président du Conseil général. En fait, les tensions internes à son équipe sont vives depuis un certain temps : lors du vote du budget, le 12 février 1998, 13 des 30 élus de la majorité sont absents ; plusieurs adjoints démissionnèrent (Sport, Logement) et un élu de la majorité, Monsieur Pédoia, qui l'avait quittée un an avant, en conflit avec les modes de gestion du Maire, avait lui aussi fini par démissionner. Le Maire regroupa alors certaines commissions et confia à son premier adjoint une délégation générale - ce qui paraît bien normal mais n'était donc pas le cas ! - , et à son adjoint Nicolas Samsoen une super délégation au scolaire, à la Politique de la Ville, à la jeunesse et aux centres de quartiers… Que l'on me comprenne bien : nous étions malgré tout mal placés pour faire de telles remarques compte tenu des guerres internes à gauche à Massy ! Et au fond, la constitution d'une « super délégation » du type « animation sociale des quartiers », proche de ce que « MASSY-*autrement* » proposait dans notre campagne de 1995, ne me choquait pas, même si le contour aurait pu se discuter. Cependant j'étais abasourdi que, 3 ans seulement après l'installation de son équipe, la confusion soit si grande, sans parler du comportement personnel incorrect du Maire, annulant le matin même une réunion du Conseil pour « *indisponibilité personnelle* » alors qu'il assistait à une manifestation à l'Opéra de Massy et aurait pu faire présider le conseil par son premier adjoint …

On touche, au travers de ces conflits, au paradoxe de la démocratie communale : le pouvoir est très concentré dans les mains du Maire qui seul donne les délégations et dispose de l'essentiel de l'exécutif. Par exemple il a délégation du conseil municipal pour de nombreuses décisions, y compris la souscription d'emprunts dans le cadre des volumes décidés lors du vote du budget, et à la fin de l'ordre du jour de chaque séance de conseil municipal on trouve une liste de dizaines de décisions prises par le maire dans les mois précédents. Cependant, si le maire refuse de faire quelque chose, l'assemblée ne peut pas l'y contraindre, elle peut simplement, par son opposition, l'empêcher de faire - comme en 1990 le conseil avait bloqué la volonté de C. Germon de demander l'implantation à Massy du Grand Stade de football. Mais, comme dans tous les niveaux de collectivités locales, l'exécutif (le maire et les adjoints, le Président et ses Vice-Présidents) fait aussi partie du législatif, à la différence de la tradition française au niveau national, le contrôle de son action y est pour le moins léger.

- ***Seconde séquence : 1998-2001***

Après la douche de 1998, après avoir recomposé son équipe politique et administrative, le maire était lancé pour les deux années et demie de mandat qui lui restaient, avant le renouvellement de mars 2001. Le 29 octobre 1998, 6 partis et associations de la gauche et des écologistes massicois (dont bien sûr « MASSY-*autrement* » et « Les Verts ») avaient publié un communiqué annonçant le lancement d'une démarche commune d'élaboration d'un projet de Ville en vue de ces municipales, j'y reviendrai.
La proximité du scrutin municipal, avec des résultats mauvais pour lui aux échéances de 1997 et 1998, comme pour les partis de droite aux européennes de 1999, tout poussait Vincent Delahaye à des dépenses multiples, non contrôlées, qui faisaient déraper les budgets de fonctionnement – en profitant de la marge antérieurement constituée par l'augmentation de 8% de la fiscalité en début de mandat (20 millions de francs supplémentaires chaque année) – et l'obligeait à une lecture biaisée de l'explosion de la dette communale (+32% en 5 ans) : il mélangeait, un comble de la part d'un expert-comptable, les dettes résultant de travaux ou d'investissements - induisant d'ailleurs en général des dépenses de fonctionnement accrues - à celles consécutives aux emprunts de l'équipe précédente relatifs à la gare TGV ou à la maitrise des terrains Vilmorin, La Bonde ou aux Champs Ronds, c'est à dire des emprunts avec en face des biens générateurs de ressources ultérieures - redevance SNCF et accroissement de taxe professionnelle induit par la gare et le TGV à Massy, revente des droits à construire sur les terrains ainsi maitrisés par la collectivité.
Un exemple de dérapage sera fourni par la reconstruction de la piscine du centre omni-sport de Massy : en juillet 98 nous votons une enveloppe de 34,37 millions de francs TTC, portée en août 99 à 49,75 millions puis à 57,8 millions en septembre 2000 pour finir en février 2001, à un mois du renouvellement municipal par le vote final des travaux pour 82,59 millions de francs !
Au conseil municipal et dans les commissions, j'ai continué d'intervenir sur de nombreux sujets, que ce soit sur les questions budgétaires lors des votes annuels, sur les questions liées au personnel municipal ou sur des sujets d'urbanisme. Je participais aussi à un groupe de travail large sur le fonctionnement du quartier de Villaine animé par Nicolas Samsoen dans le cadre de sa délégation large sur la jeunesse. Cette continuation du travail que j'avais initié avec les associations et structures en termes d'animation sociale des quartiers me motivait, mais il n'en sortira pas grand-chose de concret … et, au contraire, dans le mandat suivant, la

municipalité voudra même fermer la bibliothèque Hélène Oudoux dans le uartier du nouveau Villaine…

Sur les questions urbanisme, mes interventions étaient très souvent liées au fait que nous les découvrions en séance ou par « indiscrétion » car, trop souvent, le maire et son adjoint à l'urbanisme, Jacques Foret, organisaient de petites réunions d'habitants pour débattre de projets avant de les présenter « ficelés » aux élus. Par exemple, en janvier 1999, il fit voter sans débat préalable 6,5 millions de francs pour l'aménagement d'un carrefour, rue du Noyer-Lambert… heureusement - et même si le maire ne le reconnaîtra pas - ce projet sera abandonné, et même pas réinscrit au budget 2000 ; ou encore, il tint des réunions de commerçants sur le devenir du centre commercial des Franciades, avec un projet présenté ensuite dans le magazine municipal sans concertation avec les élus.

Ainsi, au conseil municipal du 8 Juillet 1999, j'ai été amené à intervenir de façon précise et argumentée sur plusieurs délibérations et en posant une question orale : une des délibérations créait une servitude de cour commune avec la société « Capri » qui construisait un ensemble immobilier à la place de l'ancien foyer international connu des anciens massicois sous le nom de l'AFI, de façon à ce que la copropriété puisse bénéficier d'ouvertures en limite de propriété - et non à 8 mètres de distance conformément à la règle commune - sur la grande pelouse de l'AFI, valorisant fortement la future construction, et donc la marge du promoteur privé, pour une compensation pour la Ville ridicule, bradant ainsi une fois de plus le bien commun, le tout en ayant refusé que le projet soit présenté et débattu avec les élus de la commission d'urbanisme.

Deux autres délibérations portaient sur les modalités financières d'une convention autorisant Leroy-Merlin à déposer un permis de construire prévoyant rien moins que son doublement, tout en utilisant un terrain municipal : mais la contre-partie financière à la réalisation par la commune des accès routiers à renforcer était très insuffisante, d'autant plus qu'en face de cette grande surface, Cora avait demandé quelques mois auparavant à doubler son parking en créant 800 places supplémentaires en superstructure … et que, cerise sur le gâteau, nous apprenions par la bande - l'adjoint à l'urbanisme n'en sachant rien - que le Maire travaillait à l'implantation d'un cinéma multiplexe dans le même secteur ! Preuve que le sujet avait mal été étudié et qu'il aurait mieux valu le traiter en détail en commission, le maire a retiré ces deux délibérations du vote !

Ma question orale demandait *« à quoi servent les élus municipaux, et notamment ceux de la commission d'urbanisme ? »* En effet, on a vu la légèreté du traitement du doublement de Leroy-Merlin, quant au projet Cora, je l'avais découvert « par hasard » en regardant sur les tableaux d'affichage de la mairie la liste des permis de construire déposés, et c'est par une indiscrétion que j'avais appris le travail en cours du maire sur un multiplexe … alors qu'il avait fait voter quelques temps auparavant une motion contre un projet similaire à Villebon sur Yvette. Enfin, une étude commerciale sur le devenir des Franciades, commandée au cabinet Galopeau par l'ADAGE[23], nous avait été présentée en 1996 mais ensuite, plus aucune information ni débat … Dans sa réponse, Vincent Delahaye insistait sur « *son souci constant de concertation* » tout en reconnaissant que, seulement « *lorsque les idées sont mures, les débattre avec les élus et la population* ». Je croyais rêver !

---

[23] Association pour le Développement et l'Aménagement du Grand-Ensemble, créée à mon initiative en 1994 (voir chapitre 4, section 2).

L'année suivante, j'ai aussi critiqué la présentation et le vote, fin 2000, quelques mois seulement avant le renouvellement municipal, de documents d'orientation pluri-annuels : le programme Local de l'habitat en octobre, en novembre un contrat de 3 ans avec l'Etat pour la programmation de la construction de bureaux et de logements, enfin, à la séance du 14 décembre, le contrat de Ville Antony-Massy-Palaiseau qui décrit les actions à conduire sur les 6 prochaines années - il est vrai de façon bien floue, sans réelle stratégie. Sur tous ces documents, plutôt pas grand-chose à dire sauf qu'ils ne traduisaient pas l'ambition d'un vrai projet pour Massy et les communes voisines.

Mais quand même, leur contenu aurait justement pu faire l'objet des débats de la campagne électorale des municipales qui allait commencer !

C'est un leit-motiv de ma part, accompagner la démocratie délibérative par le débat très en amont sur les besoins de la population et de la commune, sur les projets possibles pour y répondre, avec plusieurs propositions et des incidences budgétaires, en associant la population, les élus, tous les élus volontaires, à ce travail, et seulement après, mener le débat au conseil municipal.

Dès notre lettre ouverte à Claude Germon en février 1982, commune à plusieurs associations massicoises, sur l'absence de débat sur l'usine d'incinération, la chaufferie, l'aménagement du centre ancien ou l'extension de Radar - nom à l'époque de la grande surface qui deviendra Cora - nous insistions sur ces points.

Tout au long des années 83-95 ce sera notre demande régulière de pratiques réellement démocratiques, au-delà des seuls discours et des réunions d'information ; Delahaye et ses amis critiquaient Germon sur cette absence de débat préalable mais une fois aux commandes ils ont oublié ! Cette question des élus qui « savent », qui ont « mandat », qui sont les seuls « représentants » de l'intérêt général est de plus en plus cruciale dans une société où les sujets sont souvent assez complexes et même techniques (penser au nucléaire ou encore à la transition écologique et sociale), mais où l'individu cherche à être reconnu pour lui-même et non comme membre d'une classe sociale ou d'un groupe : le récent conflit des « gilets jaunes » l'a bien fait ressortir !

Ces réflexions prolongent celles du chapitre 5, section 3, relatives aux mécanismes de concertation en amont et de démocratie locale indispensables pour débattre avec des habitants de l'intérêt général d'un projet auquel ils seraient à priori défavorables.

2) La réflexion et l'action de MASSY-autrement suite au basculement municipal de 1995, à nos adhésions aux Verts et à l'occasion des échéances électorales

- **Première séquence : 1995-1998, les échéances électorales des législatives de 1997 et des cantonales de 1998**

Comme je l'ai présenté précédemment, à l'automne et à l'hiver 1995, nous avions cherché à analyser plus objectivement le basculement municipal et à en débattre avec les groupes massicois et les partis de la nouvelle opposition municipale. Nous avons eu ainsi début 1996 des rencontres collectives avec le groupe des élus de l'opposition sans la section PS - Claude Germon s'était excusé - puis de façon bilatérale avec la section PS de Massy avec J.-L. Mélenchon à sa tête mais aussi avec « Changer Massy ». Nous avons à chaque fois débattu des raisons de l'échec et des possibilités et conditions d'un travail commun, et constaté la rupture forte entre le PS et les élus proches de Germon qui en avaient été exclus.

D'autre part, suite aux contacts des années précédentes, un travail avec les Verts Essonne s'est poursuivi, et j'y ai moi-même adhéré en octobre 1996.

C'est ainsi que, suite à la dissolution surprise par Jacques Chirac de l'assemblée nationale élue en Mars 1993, « Les Verts » m'ont demandé de les représenter à l'élection législative de Mai 97 dans la 6ème circonscription dont Odile Moirin, RPR, était député sortante. Avec mon suppléant d'Igny, Gérard Bécu, du Parti Ecologiste, je pensais représenter l'ensemble des forces écologistes, mais Stéphane Pocrain se présenta aussi au nom de « Convergences écologie solidarité », la scission de gauche en 1994 de Génération Ecologie de Brice Lalonde, animée par Noël Mamère. Malgré cette division, je réalisais un score inégalé depuis[24] de 6,63 % des voix à Massy (5,46% sur la circonscription ; 1,92% pour Stéphane Pocrain) et, soutenant François Lamy pour le second tour, celui-ci réalisa 58,00% des voix sur Massy face à Odile Moirin.

Ce score national de second tour sur Massy, avec la droite à 42%, confirmait ses scores antérieurs, à l'exception de la municipale, et montrait bien l'effet délétère qu'avaient eu les divisions et les attaques internes à la gauche massicoise et, comme analysé dans la troisième partie (section 3), la nature de plus en plus découplée des scrutins municipaux et nationaux.

Au niveau national cette élection ouvrit les 5 années de la gauche plurielle en cohabitation, quasiment l'alliance rouge-rose-verte du sénateur Mélenchon !

Au vu de ce contexte, avec « MASSY-*autrement* » nous pensions que les élections cantonales suivantes, les 15 et 22 mars 1998, allaient permettre à la fois d'effacer 1992 et d'assurer une représentation plurielle à Massy. Je posais donc ma candidature sur le canton Ouest, avec le soutien des Verts, en recherchant un large soutien local, avec un comité de soutien rassemblant des personnalités – dont Rino Biancherin, élu municipal et ancien adjoint au scolaire - et de nombreux militants et responsables associatifs ; l'association ne se présentant pas sur l'autre canton où Stéphane Pocrain représentera les écologistes maintenant rassemblés au niveau national sous la bannière des Verts.

Soucieux d'effacer sa défaite de 1992, le sénateur Mélenchon maintint sa candidature sur « son canton », comme il le dira à plusieurs reprises. Il utilisa largement son poids de parlementaire pour mobiliser des forces de police sur le terrain dans des opérations « coup de poing » contre les dealers, hélas sans lendemain, mais qui sur le moment contre-balançaient son image de politique loin du terrain. Depuis deux années environ, « Le petit massicois », journal local des socialistes, avec la plume acérée du sénateur, asticotait vivement Delahaye et son équipe, un peu sur le mode de dénigrement style « Canard enchainé ».

Après une campagne active et forte sur le terrain*[15], avec beaucoup de porte à porte pour présenter nos idées pour le département, avec une bonne écoute, j'eus une fois de plus la déception d'un score honorable de 11,9% des voix (715 à comparer aux 1090 de 1992), J.-L. Mélenchon rassemblant 30,9% des voix, le sortant Vincent Delahaye candidat unique RPR/UDF 35,1%, le F 9,7%, le PCF étant à 7%. Je pensais que la différence entre le score du PS et le mien serait plus faible, compte tenu de ma présence active, reconnue comme telle, auprès des habitants – pourtant peu dupes de la durabilité des interventions « coup de poing » de la police vis à vis des trafiquants de drogue dans le secteur Emile Zola - et dans des associations de prévention et d'insertion, avant la campagne. Bien entendu, à la différence des campagnes précédentes de 1985 et 1992, je n'attaquais pas le candidat du PS et, étant en

---

[24] Pour mémoire, en 1993 nous obtenions 10,41% dans la circonscription (10,64% à Massy) puis la baisse fût ensuite continue.

campagne départementale, je visais la politique départementale portée par le Maire de Massy, par exemple le lancement d'une usine d'incinération pharaonique à Vert Le Grand et le doublement de celle de Massy, ou encore le projet de poursuivre la nationale 188 sur 4 voies de Massy jusqu'à la Francilienne en la mettant au gabarit autoroutier. Ceci permit que le vote du second tour se passe dans de bonnes conditions pour la gauche rassemblée à Massy comme au gouvernement, le sénateur ayant tenu à ce que j'apporte mon soutien personnel et celui de « MASSY-*autrement* », au-delà du soutien assuré du parti Les Verts. L'enjeu était fort : en effet, au-delà du maire à mettre ainsi en minorité, la probabilité était forte – et se vérifia - qu'à la faveur de cette séquence départementale, la gauche prenne les commandes du département après les frasques de Dugoin et de certains de ses amis (et le rapport bidon de Mme Tibéri sur la Francophonie).

Sur le canton Est, où Odile Moirin ne se représentait pas, ayant quitté la région après son échec aux législatives, les Verts recueillirent 7,2% des voix face aux 29,2% d'Henry Quaghebeur, premier adjoint pour le RPR et l'UDF, aux 35,5% du candidat PS, Jérome Guedj et aux 14,9% du FN. Le second tour vit l'élection de J. Guedj par 55,9% des voix et celle de Mélenchon par 52,9%. Une fois de plus, il apparaissait qu'à une élection autre que la municipale, la gauche était largement majoritaire. Ce point méritera une analyse (voir en fin de la troisième partie de ce texte).

Ce même 15 mars avaient lieu les élections régionales, à un tour seulement, à la proportionnelle intégrale. En Ile de France, la liste commune de la gauche et des verts arriva en tête mais sans majorité absolue. Il n'y eut pas, à la différence d'autres régions, d'élection d'un président de droite avec le soutien du FN et Jean Paul Huchon fût élu à la tête de la Région. A Massy la liste RPR-UDF ne rassembla que 24,4% des voix, la liste de rassemblement de la gauche et des Verts 42,7%, le FN atteignant 14,1%. Diverses listes écologistes recueillirent entre 6% et 7,8% des voix, traduisant la persistance d'une volonté d'autonomie des électeurs écolos.

On le voit, au niveau politique, l'élection municipale de juin 95 apparaît alors comme une parenthèse et, ayant repris la circonscription et le département, la gauche eut tendance à penser que 2001, date des prochaines municipales, verrait la fermeture de cette parenthèse.

- ***Seconde séquence : 1998-2001, les échéances électorales européennes de 1999 et les municipales de 2001***

Après ces échéances de 97 et 98, plutôt positives, avec une assemblée nationale, un Conseil général et un Conseil régional tenus par les partis de gauche, et un gouvernement de la gauche plurielle, l'avenir nous paraissait ouvert à Massy.

« MASSY-*autrement* » gardait bien sûr son expression publique, rendant compte par ses tracts des dossiers du conseil municipal et de la gestion incohérente et démagogique de l'équipe du maire dont j'ai parlé plus haut, et bien entendu de son travail de fond en vue des municipales proches. Courant 1999, Rino Biancherin, conseiller municipal avait rejoint « MASSY-*autrement* ».

Au passage, le 13 juin 1999 se tenaient les élections européennes qui virent un beau succès de la liste écologiste des Verts conduite par Dany Cohn-Bendit, avec 9,72% des voix au niveau national (et 13,7% à Massy).

Pour « Les Verts », j'animais le groupe des adhérents de Massy-Palaiseau et environs : nous abordions ensemble les élections municipales de mars 2001. Nous avions des élus Verts dans les municipalités à Igny, Chilly et Morangis, dans l'opposition à Massy, Palaiseau et Villebon. Nous manifestions lors de l'inauguration de l'extension du centre commercial « Villebon 2 » le 9 mai 2001 et nous avions un travail commun soutenu avec les groupes de la Vallée de Chevreuse, notamment sur le sujet de l'intercommunalité qui se profilait et sur des positions et actions communes par rapport aux projets d'urbanisation sur le Plateau de Saclay. Nous publiâmes ainsi fin 2001, une « Charte de territoire » sur le Val de Bièvre et Val d'Yvette, et tout le nord-ouest Essonne. Le relais que nous fournissait Marie-Pierre Digard, élue au conseil régional en mars 1998 et habitante d'Orsay, avec la transmission des dossiers officiels sur ces sujets d'importance régionale puisque nous étions au cœur d'un « Centre d'Envergure Européen » sur lequel nous portions un regard critique, était appréciable sur ces sujets ! Fort de nos propres réflexions sur la vision urbaine de l'évolution de Massy - je l'évoquerai un peu plus loin -, nous étions assez moteurs dans ces réflexions plus larges, qui rejoignaient des réflexions similaires dans d'autres secteurs du département. Rapidement, membre actif du conseil départemental des Verts, j'en vis les qualités et les imperfections, trop souvent les rivalités personnelles, ce qui m'amènera après les municipales à essayer, avec succès au moins pour un temps, de fédérer les Verts actifs autour d'une proposition de fonctionnement plus démocratique et efficace, et à devenir responsable départemental après notre congrès départemental de juin 2001.

Comme je l'ai dit précédemment, le 29 octobre 1998, par un communiqué commun, 6 partis et associations de la gauche et des écologistes massicois exprimaient leur accord pour travailler sur les orientations d'un projet de Ville à présenter ensemble aux massicois en 2001. La réalité était un peu moins dynamique, car certains souhaitaient que le travail se fasse entre militants mandatés, alors qu'avec « *Changer Massy* » nous souhaitions y associer largement sympathisants et population. De plus, à l'été 99, les conseillers généraux PS de Massy avaient publié unilatéralement une belle plaquette de 8 pages « *Tous ensemble, relançons Massy* », avec un focus positif sur « *Massy Centre d'Envergure Européen* », et leurs propositions pour l'avenir de Massy, toujours marquées par leur culture productiviste et centrée sur le « développement économique », sans questions sur le « pour qui, pour quoi et dans quel but ? », en oubliant la question centrale pour nous du « mieux vivre des citoyens dans leur ville ».
A trois donc, avec « Changer Massy » et « Les Verts » de Massy - dont tous étaient adhérents de « MASSY-*autrement* » -, nous avions organisé le 5 juin 99 une réunion publique de travail sur le thème « *Quel urbanisme pour améliorer la qualité de vie à Massy* » avec les interventions de l'urbaniste Michel Cantal-Dupart, professeur au CNAM, et de Hamida Ben Sadia chargée de mission Politique de la Ville à Créteil, et publié fin octobre un document de 4 pages présentant nos axes de réflexion*[16] pour l'avenir de Massy. Puis, le 18 novembre, toujours à trois, nous avions travaillé sur les thèmes du sport, de la culture, du fonctionnement de la vie associative et de la démocratie locale.
Ces actions à trois, un peu provocatrices par rapport aux autres signataires du communiqué, entrainèrent la reprise des contacts à 6 organisations, après un an d'arrêt : plusieurs rencontres, cette fois ouvertes aux militants, se sont tenues à partir du 18 janvier 2000.
Cependant, les divergences sur l'avenir urbain de Massy, telles qu'elles ressortaient des positions des écologistes et de celles affichées par les conseillers généraux socialistes[25], n'étaient pas clarifiées et demeureront présentes pour les années suivantes.

---

[25] Dont Jérôme Guedj, choisi en mars 2000 pour conduire la liste municipale de rassemblement, J.-L. Mélenchon ayant lui été propulsé au gouvernement.

A côté de ces échanges sur le programme à présenter aux habitants, les débats étaient âpres sur la constitution de la liste que nous voyions, un peu trop vite !, élue en mars suivant. Ce qui peut apparaître comme des tractations politiciennes est en fait déterminant, compte tenu du fonctionnement municipal, pour la mise en œuvre ultérieure du programme initialement arrêté ensemble, mais qui ne répond évidemment pas à tous les choix qui auront à se faire au cours des 6 années du mandat.

Par exemple, dans certaines situations comme à l'époque où Claude Germon était maire, le PS représentait la majorité absolue du conseil à lui tout seul : notre position critique sur ses projets ne le gênait donc pas trop puisqu'au moment du vote il gagnait à coup sûr ! Sûr, pas toujours, il arrive des divisions même au sein d'un parti - on se rappelle de l'affaire du Grand Stade de football en 1990 ... A partir de la remise en ordre consécutive aux défaites de 1998, Vincent Delahaye s'est aussi rapidement assuré l'allégeance d'une majorité du conseil en abaissant le poids du RPR (éviction de Jack Paillet et démission de Monsieur Pédoia notamment). Dans notre préparation pour 2001, les partenaires du PS avaient mis en condition *sine qua non* le fait que le PS n'aurait pas la majorité absolue, et de fait, l'accord stipulait que sur 30 élus en cas de victoire et un conseil municipal à 39, le PS aurait 17 sièges et nous 6, comme le PCF).

De même, assurer la transversalité - qui nous paraissait indispensable à la bonne prise en compte d'une vision globale de l'amélioration de la vie quotidienne des habitants -, est loin d'être automatique quand le fonctionnement d'une municipalité est plutôt fait de tuyaux « verticaux » correspondants à chaque maire adjoint ... Que l'on pense par exemple à un ministère chargé du développement durable et de la transition énergétique qui n'ait pas autorité sur les thèmes énergétiques, de transport, d'alimentation ou encore d'économie ... A chaque conflit, l'arbitrage remonte au premier ministre qui, s'il n'est pas très convaincu, ne va pas toujours arbitrer dans la même cohérence. C'est aussi le problème dans une mairie, car comme je l'ai expliqué plus haut, les pouvoirs sont très concentrés dans les mains du maire et éventuellement de son premier adjoint. Ces questions étaient déjà au cœur de nos réflexions programmatiques en vue des municipales de 1995 (chapitre 5, section 3).

Et là interviennent aussi les questions de personnes, toujours délicates, chaque groupe choisissant naturellement ses représentants. Nous n'étions pas forcément très convaincus par le choix de Jérôme Guedj, énarque de l'inspection générale de l'action sociale (IGAS), effectivement très pointu sur les questions sociales qu'il gérait au département avec innovation et détermination depuis 1998. Très jeune (28 ans), peu connu à Massy, sans expérience de mandat local avant sa Vice-Présidence du Département à partir de 1998, nous craignions que le côté terre à terre, proche des gens, qui avait contribué au succès de Delahaye, ne soit pas son point fort et qu'il manque de crédibilité pour contester sa place au maire sortant ; ou encore que le « quasi-apostolat » du mandat de maire, disponible auprès des citoyens presque 24 heures sur 24, ne soit ni sa vocation ni de son âge ! D'ailleurs, il s'en est sans doute lui-même convaincu ultérieurement car il ne briguera plus cette position lors des trois campagnes municipales suivantes de 2008, 2014 et 2020. Pour l'avoir vu fonctionner de près entre 2011 et 2015 lorsque j'étais un de ses Vice-Présidents au Département de l'Essonne, je peux attester de son haut niveau technique, de sa bonne perception des enjeux globaux, de la clarté de son expression orale. Mais comme personne très proche de lui pendant cette campagne de 2001, je dois aussi attester d'une certaine distance d'avec les gens, de sa difficulté à être à l'heure et à gérer le temps autrement qu'en « charrette » comme disent les architectes, c'est à dire faire et décider seulement au pied du mur, à la dernière minute, mettant ainsi inutilement sous haute pression ses collaborateurs et limitant le travail collectif entre égaux.

Et, comme ce trait de caractère était délicat à expliciter, en 2000-2001 j'avais personnellement fortement insisté pour qu'il me prenne comme premier adjoint, pour équilibrer nos qualités et défauts respectifs, compenser sa fougue par mon côté plus posé et méthodique de scientifique. Mais on touche là à l'esprit de parti : le premier adjoint, pouvant remplacer le maire, doit être du même parti. Donc Jérôme avait choisi Marie-Pierre Oprandi, conseillère générale du canton Est de juin 1989 à mars 1992, adjointe en charge du personnel municipal avec Claude Germon, depuis 1995 conseillère municipale solide et humainement appréciée de ses collègues, mais sans doute pas en capacité d'avoir un point de vue différent de celui de Jérôme : or je suis persuadé que la complémentarité, la différence de points de vue, l'indépendance d'esprit sont nécessaires dans un binôme de tête - à condition bien sûr que la loyauté soit la règle finale.

Toujours est-il que nous allâmes à la campagne avec espoir, énergie et détermination ; pour ma part je passais beaucoup de temps en binôme avec Jérôme pour écrire les textes, finaliser le maquettage du programme en temps utile, organiser les détails logistiques. Mais très vite un os apparût : Claude Germon, dont la rancœur à l'égard de Mélenchon n'avait pas faibli, fit savoir qu'il comptait constituer une autre liste – et les amis de Delahaye ne manquèrent pas de l'annoncer haut et fort -, et il la présenta ! J'avais bien suggéré à Jérôme que Mélenchon, d'ailleurs alors ministre, ne figure pas sur la liste, mais il n'avait sans doute pas la liberté d'esprit pour le décider. Cette annonce troubla bien évidemment les massicois qui retrouvaient là les conflits mortifères de la période précédente, qu'ils pensaient du passé, d'autant plus que pendant ces 6 années il n'y avait plus eu d'attaques publiques entre Germon – qui n'était plus membre du PS - et le sénateur. Le PS local ne manquait pas de faire référence aux réalisations de l'équipe de gauche avec Germon, Opéra, Gare TGV, fiscalité faible ... Notre liste, dénommée « *Tous ensemble, relançons Massy* » renvoyait plutôt une image positive de l'action passée de Claude Germon et de son équipe.

Dès lors, alors même que Delahaye, certes était maire mais avait été élu contre Germon et les bisbilles de la gauche, il apparaissait probable que le rassemblement de second tour pourrait se faire !

En fait le résultat du premier tour, le 11 mars, fût pire que ce que nous attendions : Delahaye faillit être réélu au premier tour (avec 6050 voix il ne lui en manqua que 56) ! Claude Germon avait entrainé avec lui 12,75% des massicois (1557 voix) et Jérôme ne recueillait que 35,15 % avec 4292 voix (la liste traditionnelle du PCI recueillant les 2,55% habituels avec 312 voix). Un tel score pour le maire de droite dans une ville votant, comme dit plusieurs fois, très majoritairement à gauche aux autres scrutins, maire battu lui-même 3 ans auparavant dans le canton Ouest, reflétait naturellement cette fois un succès personnel pour Vincent Delahaye qui avait la majorité absolue sur ce même canton Ouest.

A partir du socle de 35,15% de notre liste, le second tour paraissait perdu, surtout que la négociation avec Claude Germon pour éviter une triangulaire semblait délicate. Pourtant, les années précédentes, Germon disait pis que pendre de la gestion à la petite semaine de son successeur. Et en effet, le rendez-vous du lundi après-midi se passa mal : Germon sûr de lui, fort de ses 12,75%, demandait le quart de la liste et surtout que soient retirés Mélenchon et les siens ! Il voulait bien de Jérôme, appréciant son père, ancien adjoint loyal durant son mandat, et de Marie-Pierre pour des raisons familiales (elle est la mère d'un de ses petits enfants). On le voit, au-delà des critiques sur la gestion de droite, de l'accord avec l'essentiel des propositions de « *Tous ensemble, relançons Massy* », la rancœur dominait.

Nous publiâmes un tract vif*[17] « *Fidèles à nos idées, le 18 mars, avec 3 listes en présence, pour battre Vincent Delahaye, un seul choix, voter Jérôme Guedj* » pour une vraie politique écologiste, avec les photos de Philippe Bernardin, Nicole Crépeau, Marie Charon, Rino Biancherin, Catherine Del Negro, Yves Pharipou et Grégoria Epaillard, toutes et tous acteurs actifs sur le terrain massicois, essentiellement sur le canton Ouest où, il faut le reconnaître, Delahaye avait marqué des points puisque notre score était homogène sur les deux cantons, autour de 35%.

Le second tour fût net et avec une participation renforcée le 18 mars, avec 861 voix exprimées en plus (les abstentions diminuèrent, de 37,28% à 33,34%) : si Claude Germon perdit près de la moitié des voix qui s'étaient portées sur sa liste (il n'obtint que 775 voix soient 5,93%), Vincent Delahaye en gagna 930 (et passa en tête avec 53,40% des voix) alors que notre liste, même en en gagnant plus de 1000 plafonnait à 40,67% des voix : la défaite était nette, Delahaye étant réélu, cette fois positivement pour lui, par une majorité absolue des massicois. Le nouveau conseil municipal aura 30 élus de la majorité, 8 à notre liste et 1 à la liste de Claude Germon. En plus de Jérôme Guedj et Marie-Pierre Oprandi, venaient moi-même, Michèle Deyris, Hamed Kribi, Francine Noël, Philippe Bernardin et Dominique Pipard-Thavez soient 5 élus PS, 2 élus MASSY-*autrement* et 1 élu PCF.

Nous avons essayé d'analyser ces résultats collectivement, et il en est ressorti que nous étions entrés en campagne sur une mauvaise analyse et l'avions mal conduite : nos critiques de Vincent Delahaye portaient plutôt sur le long terme et soulignaient les aspects de continuité de sa politique : du coup, à quoi bon changer ? La communication de l'opposition socialiste dans les années précédentes, centrée sur Le Petit Massicois et son côté persifleur, « Canard enchainé » n'était peut-être pas adaptée à une campagne locale. La non-anticipation d'une éventuelle liste de Claude Germon et du besoin d'une « neutralisation » en amont était une erreur. Une élection municipale est locale, pas « politique », alors qu'elle a été un peu conduite comme la cantonale de 1998, alors qu'elle nécessite une présence régulière très en amont et des réunions publiques nombreuses pour faire connaître les personnes et l'équipe, or celles-ci n'ont réellement commencé que 2 mois avant. La liste elle-même n'était pas forcément très attractive : peu de personnes bien implantées, beaucoup de fonction publique, un rassemblement de partis, une tête de liste pas assez connue et perçue comme distante, froide, une démarche d'équipe pas assez mise en avant.

Et une question importante pour la suite, au vu du score de Delahaye sur le canton Ouest au premier tour : la présence écologiste avec MASSY-autrement et Les Verts n'était sans doute pas assez explicite et forte : peut-être une liste autonome, sans agressivité, aurait plus affaibli Delahaye, notamment sur le canton Ouest, décisif ?

Chapitre 7

2001-2004

A partir de mars 2001, si je suis resté encore au conseil municipal jusque peu après mon arrivée au conseil régional en 2004, au niveau politique, mon action principale s'est faite au sein des Verts Essonne dont j'ai assuré la direction pendant 5 ans. Par ailleurs, je restais impliqué au niveau associatif à la régie de Quartier et à l'entreprise d'insertion API Services (voir plus loin *l'interlude*).

Au niveau personnel, ce nouvel échec fût dur à supporter, mais moins qu'en 1995 : en 2001, je n'étais pas en première ligne et l'échec n'avait pas entrainé un bouleversement municipal. Plus dû à nos dissensions qu'à nos actions, l'échec de 95 me paraissait injuste car il ne relevait pas d'une « victoire » de l'opposition de droite ; par contre, la victoire de Delahaye en 2001 venait de ce que, dans ce contexte de renouvellement, il avait été bon, il avait gagné la compétition en face à face – même si Germon l'avait bien aidé.

Dans les mois qui suivirent, ma compagne Geneviève Gillet et moi-même avons décidé de chercher à acheter une maison ensemble et en avons visité un certain nombre à Massy et dans ses environs, à Palaiseau ou à Villebon, c'est dire si j'envisageais de m'éloigner de la vie politique massicoise. Finalement, c'est quand même à Massy que nous achetons en mai 2002.

1) *Trois nouvelles années comme conseiller municipal d'opposition*

Le résultat de l'élection municipale donnait 30 élus à la majorité, 8 à notre liste et 1 à la liste de Claude Germon. En plus de Jérôme Guedj et Marie-Pierre Oprandi, venaient moi-même, Michèle Deyris, Hamed Kribi, Francine Noël, Philippe Bernardin et Dominique Pipard-Thavez (5 PS, 2 MASSY-*autrement*, 1 PCF). L'ambiance était assez différente, moins tendue car l'équipe de Vincent Delahaye était plus homogène et pour notre part nous étions tous sur la même liste dès le premier tour. J'ajoute que le maire avait, de par sa réélection large, gagné en assurance, sans doute en sérénité. Pour ma part, j'étais membre de la commission urbanisme, environnement, intercommunalité présidée par l'adjoint à l'urbanisme, Nicolas Samsoen, de la commission de la culture et vie associative présidée par Christiane Solignac et de la commission des finances présidée par le maire ; avec mon collègue Philippe Bernardin présent à la commission des affaires scolaires et à celle des sports, nous couvrions donc 5 des 9 commissions municipales.

Avec Philippe, nous avons continué à être actifs dans les commissions, à intervenir au conseil municipal, à rédiger chaque mois une tribune pour le magazine de la Ville et à participer aux actions locales.

Avec l'association et « Les Verts » de Massy, nous avons entamé un travail sur l'intercommunalité, la nouvelle révision du POS et des ZAC de la ville en nous appuyant sur les travaux réalisés avec « Les Verts » des communes voisines et du conseil régional. Je reviendrais sur ces débats liés au PLU, finalement approuvé (pas par nous !) en 2004.

Toujours de façon très concrète, nous réfléchissions sur les déplacements à Massy, notamment en organisant une réunion publique le 6 décembre 2001*[18] avec Denis Baupin, adjoint Vert au maire de Paris en charge des transports ; puis au printemps 2002 nous produisions une plaquette présentant un « plan Vélo » et en Mai 2002, à l'occasion des élections législatives, à une trentaine, nous avions fait une balade à vélo depuis Igny jusqu'à

Palaiseau via Massy, … et le maire de Massy a finalement fait étudier nos propositions pour proposer fin 2002 un plan progressif de réalisation – qui n'est hélas pas encore achevé 18 ans après.

Nous avons aussi participé aux côtés des habitants à la bataille sur le devenir de la bibliothèque Hélène Oudoux que le maire voulait déplacer vers le Square du Clos de Villlaine et Vilmorin, affaiblissant ainsi la qualité de vie dans la ZUP de Villaine très appréciée de par ses équipements scolaires ainsi que pour son caractère vert et piétonnier, bataille se terminant finalement par le choix de rénover et d'agrandir la médiathèque existante, et de créer un équipement d'animation de quartier au Square du Clos de Villaine dans le cadre de la reconfiguration des espaces extérieurs, la voie de la sagesse.

En relisant nos tribunes mensuelles de cette période, je relève que nous restons vigilants sur de nombreux autres sujets : débattre du budget bien sûr, avec des dépenses qui dérapent mais sans orientation claire, en particulier en termes de revitalisation des Franciades et du Grand-Ensemble ou en termes de circulations douces. Etre plus pro-actifs pour une intercommunalité qui intègre Palaiseau et le Plateau de Saclay - le maire ayant tellement attendu, nous devrons nous tourner vers Longjumeau et la RN20 -, en nous appuyant sur la réflexion large menée avec Les Verts des communes du Nord-Ouest Essonne qui produisit un document de 4 pages publié en novembre 2001*[19]. Suggérer de valoriser aussi les efforts de jeunes dans les formations plus manuelles, BEP et autres, à côté des jeunes massicois ayant réussi le bac auxquels était donnée une carte gratuite d'entrée aux musées. Plaider, face aux créations supplémentaires de ZAC sur les terres agricoles de La Bonde, pour que des espaces restent naturels et que l'urbanisation de la commune ne soit pas totale en 10 ans. Relancer début 2003 notre proposition d'un agenda 21 communal – proposition qui aboutira début 2005. Proposer que les noms des nouvelles rues de Massy honorent des précédents maires comme Aubert, des personnalités comme Pierre Mendès-France …

Avec les élus de la liste «*Tous ensemble, Relançons Massy*» nous avions décidé de produire tous les trimestres un 4 pages sur notre travail au conseil municipal, et tenu, dès le 4 octobre 2001, une réunion publique d'information. Nos interventions essentielles étaient souvent communes (notamment sur les budgets …). Cependant la dynamique collective de la phase électorale de 2001 s'essouffla rapidement, le PS étant principalement concentré après 2002 sur le mandat cantonal de ses deux élus, en renouvellement en 2004, et axant donc ses actions et sa communication sur leurs apports aux massicois. Cette absence de continuité dans la présence sur le terrain, les socialistes ayant tendance à se réveiller 6 mois avant le scrutin municipal, contribuera aux échecs répétés face à un Delahaye très actif et disposant des moyens municipaux.

A côté des sujets purement locaux, nous intervenions aussi - mais le maire nous en empêchait le plus souvent - sur des sujets plus larges : en juin 2001 pour un soutien financier aux sinistrés de la Somme victimes des inondations (refus du maire) ; motion de solidarité avec le peuple américain en Septembre 2001 ; appel à voter Jacques Chirac face à Jean-Marie Le Pen fin avril 2002[26]; soutien à Ingrid Bétencourt enlevée par les FARC (motion votée à l'initiative de MASSY-autrement) … L'association de soutien au Maire, « *Massy pour vous* », brocardera en novembre 2003 ces démarches : sans être politiciens, nous pensons que nous sommes des élus de la population, avec des opinions politiques, et que nous devons nous faire les haut-

---

[26] Cette motion fut proposée à mon initiative, et votée après débat, mais sans qu'un appel public soit lancé avec les moyens municipaux d'information.

parleurs de nos valeurs au sein de l'assemblée municipale, valeurs d'ailleurs souvent communes à la quasi-totalité des élus locaux !

De fait, à côté de mes fonctions de Secrétaire départemental des Verts-Essonne, dont je parlerai un peu plus loin en même temps que des élections législatives de 2002 et des régionales et cantonales de 2004, une grosse partie de mon énergie se portait sur la révision du POS lancée par la municipalité, accompagnée par le changement complet de stratégie sur l'ex zone industrielle des Champs Ronds. Comme ces sujets illustrent bien la méthode avec laquelle, avec « MASSY-autrement », nous abordions les enjeux municipaux, je détaillerai un peu l'action conduite entre 2001 et 2004 sur cette révision et sur les ZAC crées dans cette période.

Un peu de discours de la méthode !

A ce point, je reviens sur ma formation scientifique et la méthode un peu systématique qu'avec MASSY-autrement nous adoptions pour aborder les problèmes de la ville. Trois étapes me paraissent à chaque fois nécessaires :

- *Prendre le temps* de faire un bon *diagnostic* de la situation, forces, faiblesses, tendances en cours.

- *Définir* alors quelques axes et *objectifs de moyen voire de long terme*, pouvant être ajustés en cas de besoin.

- *Décliner* alors un *calendrier d'actions intermédiaires*, et *évaluer*, vérifier qu'elles produisent des résultats en accord - ou non - avec les objectifs de moyen terme (les échecs aussi sont à analyser).

C'est pour cela que nous regrettions très souvent l'absence de vue d'ensemble de Vincent Delahaye et de son équipe sur des sujets comme (liste non limitative) le devenir du Grand Ensemble (du point de vue urbain, sociologique, environnemental ...), les déplacements, le stationnement et la place corrélative de la voiture (travailler sur les différentes échelles, sur les pollutions et la sécurité, voire sur la santé ...), la place de Massy dans son environnement urbain local, proche (rayon de 20 kilomètres par exemple), plus lointain (articulation avec Paris et la petite couronne) ...

C'est pour cela que nous avions en sous-titre de notre liste en 1995 : « *Pour un projet de Ville* » ! C'est pour cela que j'ai consacré tant d'énergie, avec hélas peu de résultats, à essayer que les projets de POS en 1997 puis en 2003 - c'est à dire les modalités d'occupation du sol et des éventuelles constructions - soient sous-tendus par un tel projet de Ville et donc accompagnés d'un plan de déplacements, d'un plan Vert, d'un plan Local de l'Habitat e.t.c ...

On retrouve là la logique des « agendas 21 ».

Certes il ne s'agissait pas, en cherchant trop longtemps des solutions parfaites, complètes, de se priver d'agir ! Esprit scientifique ne veut pas dire absence d'esprit pragmatique : même dans mon domaine, la Physique Théorique des Hautes Energies, j'ai passé des années à étudier ce qu'on appelle des modèles mathématiques pouvant servir à aborder de façon simplifiée les questions posées par La Théorie Globale que chacun cherche !

De plus le temps électoral, le temps des élus est limité : un mandat de 6 ans est court, si un cap doit être fixé sur un temps de plusieurs mandats, il faut aussi que les habitants voient des avancées pour leur vie quotidienne, et donc il faut un calendrier annuel de réalisations intermédiaires.

Qu'on me comprenne bien : il ne s'agit pas de simplement vouloir aller du général au particulier, il s'agit plutôt de bien connaître le particulier (la vie réelle des gens), de choisir démocratiquement en les proposant au vote des orientations politiques générales pouvant être clivantes (transition climatique ou laisser faire, autonomie alimentaire et circuits courts ou développement de la consommation avec les grandes surfaces, élévation du niveau culturel de la population ou simple offre de divertissements, place respective de l'humain, de l'interpersonnel et de l'individu …). Et du croisement des deux, je pense qu'on peut formaliser un programme, sans que tout y soit prévu, il faut savoir s'adapter, évaluer ce qu'on fait, abandonner certaines idées inadaptées…

Beaucoup d'investissement personnel sur l'urbanisme à Massy !

Depuis le début de ma vie d'élu, les questions d'urbanisme, en ce qu'elles conditionnent la vie quotidienne des citoyens, m'ont passionné (voir la place que ces sujets prennent dans ce texte). En mars 1997, avec l'association MASSY-autrement nous avions saisi le tribunal administratif sur le POS de Massy approuvé en conseil municipal le 30 janvier, sur deux aspects : l'un lié au nombre de places de stationnement différencié selon les zones de 1,6 par logement à 2 par logement sans que soit argumentée la différence, l'autre sur des modifications importantes apportées après enquête publique et non mentionnées dans la délibération (zone des 100 mètres de part et d'autre des grands axes routiers, inconstructible dans le document soumis à enquête, subrepticement rendue constructible dans le dossier final). Après avoir trainé, refusé dans un premier temps de reconnaître que les documents avaient bien été modifiés sans information de qui que ce soit, la mairie obtint par jugement du tribunal administratif en date du 2 février 1999 (2 ans de procédure) le rejet de notre recours et notre condamnation à 5000 francs chacun ! Inutile de dire qu'après ce rejet (faisant suite au rejet, que j'ai évoqué précédemment, du recours sur les normes de stationnement dans les ZAC Vilmorin), rejet fort peu argumenté … mais coûteux pour nous ! nous n'avons pas fait appel. Le recours précédemment gagné par Vincent Delahaye et des associations massicoises contre le POS approuvé en 1994, auprès du même tribunal administratif, en un délai record me laisse définitivement peu confiant dans la justice administrative ! Je dois ajouter que ces recours ont été déposés à mon initiative - j'y ai entrainé l'association - dans cette période 95-97 dans laquelle je restais un peu traumatisé par le changement de municipalité, mais cela traduisait aussi notre sentiment d'impuissance au conseil municipal où nous ne pouvions faire prendre en compte nos observations.
Ceci rejoint aussi les difficultés de la démocratie municipale que j'ai évoquées plus haut ainsi que la judiciarisation de plus en plus prégnante des conflits par manque de renouveau de la démocratie locale.

Ce rappel pour signifier que, face à la nouvelle révision du POS de Massy et aux nouvelles perspectives sur le secteur des Champs Ronds décidées, après sa réélection, par le maire - et par son nouvel adjoint à l'urbanisme, Nicolas Samsoen -, j'avais décidé d'être vigilant, de réclamer les documents au fur et à mesure.
Le 16 Novembre 2001, dans un courrier aux habitants de mon quartier des Champs Ronds, invités par le maire à une réunion d'information à laquelle je ne pouvais participer, je rappelais mes positions anciennes : *« je plaide pour que, à l'occasion des mutations des entreprises présentes dans la zone entre l'avenue Carnot et la rue de Paris, la municipalité impulse la création d'un vrai quartier, vivant, associant bureaux, habitations, commerces et équipements*

publics. Une telle mixité permettrait aussi de mieux relier notre quartier des Champs Ronds au reste de Massy. J'ai ainsi manifesté à plusieurs reprises ces dernières années mon désaccord avec le refus du maire de travailler à cette mixité. Je plaide également pour que soit réalisé à terme, parallèlement aux deux avenues Carnot et de Paris, un mail pour les piétons, les cyclistes, les rollers … nous permettant de cheminer vers le vieux Massy d'une façon plus agréable que par l'avenue Carnot, même une fois refaite ».

Parallèlement, les constructions sur le secteur Vilmorin avançaient, et fin 2002 était lancé le dossier d'une ZAC dite n°3, sur 5 hectares et 600 logements de plus. Le dossier définitif était présenté au conseil du 18 septembre 2003. Ce projet Vilmorin, saucissonné en plusieurs ZAC, sous tendu par un concours d'ensemble datant de 1996, pour des travaux devant durer au moins jusqu'à 2010 (de fait une nouvelle ZAC a suivi les 3 premières et les travaux sont toujours en cours, plus de 20 ans après le projet adopté lors du concours initial), péchait fortement par la quasi absence d'équipements publics nécessaires au bon fonctionnement d'un quartier d'au moins 1500 logements. Face à mes interrogations, les réponses étaient qu'une crèche avait été construite en première phase, que les écoles voisines sont assez grandes et seront un peu agrandies et qu'un équipement sera implanté au Square du Clos de Villaine (voir plus haut la question du transfert envisagé de la bibliothèque Hélène Oudoux). Choqué par l'absence dans les dossiers de ZAC d'étude d'ensemble des besoins en équipements pour un nouveau quartier de 5000 habitants à terme, j'interpellai les services de l'Etat, normalement garants des équilibres généraux, mais je ne reçus aucune réponse. Avec la décentralisation de 1982, les préfets n'osaient plus rappeler et faire respecter quelques règles, pourtant dans leurs prérogatives.

Et quasiment en même temps, à la commission d'urbanisme du 13 Novembre 2003 où le projet de PLU devait nous être présenté, étaient inscrit rien moins que le lancement des concertations préalables à la création de plusieurs ZAC sur la totalité des Champs Ronds (120 hectares) ainsi que les projets sur le Grand Ensemble. Une réunion de riverains (dont moi-même) de la rue René Leriche s'était aussi tenue le 10 novembre, suite à l'émoi des propriétaires de 10 pavillons de la rue promis à la démolition par les nouveaux projets (rue comprenant aussi un petit immeuble de deux étages où j'habitais).
A priori, j'aurai pu me féliciter d'une présentation aussi globale, avec un PLU couvrant toute la ville, un « plan de référence » pour les Champs Ronds, l'actualisation du secteur Vilmorin et un zoom sur le Grand Ensemble. Hélas, pas de vrai diagnostic de la situation ni de prospective affichée pour les 10 à 15 ans de durée d'un PLU en dehors de la perspective de « désenclavement » par la création de débouchés routiers supplémentaires accroissant par là même les flux traversant, aux dépens de la tranquillité des habitants, et de construction sur tous les espaces libres, plutôt que de viser une mutation progressive avec maintien des habitants sur leur quartier. Un « plan de référence » pour les Champs Ronds différant notablement du schéma inclus dans le PADD (Plan d'Aménagement et de développement Durable, pièce obligatoire et préalable pour toute élaboration d'un PLU) débattu en juin précédant, et qui, par exemple ne prévoyait pas une importante voie nouvelle et la démolition des 10 pavillons de l'allée Leriche…
L'objectif du maire était de faire approuver tous ces projets au conseil municipal du 18 décembre 2003 : PLU pour mise à l'enquête publique et ouverture des concertations pour les 5 nouvelles ZAC couvrant quand même 120 hectares … Intervenant au nom de l'opposition, j'ai notamment demandé que l'arrêt du PLU pour sa mise à l'enquête publique, un document

d'ensemble fixant les règles de constructibilité sur la totalité de la ville, se fasse après que les concertations préalables sur chacun des secteurs visés par les ZAC se soient tenues. Sans doute conscient des questions délicates soulevées, le Maire a accepté de remettre l'arrêt du PLU au mois de mars, mais sans se prononcer sur le besoin de clarifier le « plan de référence », laissant aux concertations le soin de plaider pour des alternatives ?

Forts de ce premier résultat, nous nous sommes employés lors des concertations préalables à faire entendre quelques arguments dans la lignée de nos argumentaires précédents, il faut le reconnaître, sans grands résultats. Arrêté finalement le 29 avril 2004, soumis alors à un certain nombre d'institutions et de communes voisines, ce projet a été modifié durant l'été en vue de l'enquête publique qui s'est déroulée en septembre-octobre 2004 et les dossiers finaux ont été approuvés fin 2004, sans changements notables par rapport aux projets de l'année précédente.

Pour ma part, parallèlement à ma participation active aux commissions municipales, je m'efforçais de débattre directement des points qui faisaient problème pour « MASSY-*autrement* » avec Nicolas Samsoen, maire-adjoint en charge de l'urbanisme – mais aussi, de juillet 2002 à septembre 2004, conseiller au cabinet du ministre de l'Equipement, des Transports et du Logement Gilles De Robien -. J'ai alors pu mesurer la différence de caractère et de formation entre Delahaye et lui. Si j'étais frappé par le côté « expert-comptable » de Delahaye, sans grande visée globale – tout au moins à ses débuts -, le côté haut fonctionnaire, passé par l'Ecole Normale Supérieure (je l'avais croisé à cette époque sur Massy, alors que j'étais en campagne législative de 1993 comme suppléant de la candidate des écologistes, et lui en campagne pour Vincent Delahaye, candidat de l'UDF) et ingénieur des Ponts et Chaussées, en faisait un « technicien » de l'urbanisme et de l'aménagement (il dirigera plus tard l'EPAMSA, établissement public d'aménagement Seine-Amont autour de Poissy-Mantes-Chanteloup ...). Ce côté technicien, précis, scientifique aurait dû le rapprocher de ma culture personnelle. Mais, comme élu, à sa différence, je n'exerçai pas dans mon domaine professionnel. Du coup, sa certitude d'avoir raison est forte, solide et il ne se laisse pas influencer par des non-spécialistes, alors que Delahaye, s'il commence par se bloquer, peut parfois - sans vouloir le reconnaître - revenir en arrière, reprendre les arguments des autres (on l'a vu par exemple pour la mixité habitat-emploi dans la zone des Champs Ronds, même si là, l'argument financier « *le marché des bureaux n'est pas très porteur à Massy, faisons des logements* » joue aussi). Nous nous sommes vus dans un café rue de Rennes à Paris, j'étais d'ailleurs devenu conseiller régional Ile de France en mars 2004, et j'essayais de lui expliquer qu'il n'était pas de bonne gestion d'une opération aussi importante que celle visant la mutation de la zone des Champs Ronds sur 100 hectares, de donner d'un seul coup des droits à construire très importants par la création simultanée de plusieurs ZAC couvrant la totalité de la zone. En permettant de passer de « boites » industrielles sur un à deux niveaux , plantées au milieu de grands terrains, à la possibilité d'y construire bureaux et logements d'une façon dense, sur 5 à 7 niveaux, sans le faire par secteurs progressivement ouverts à la mutation, on bradait relativement la valeur des terrains les mieux situés pour l'implantation de bureaux et surtout on ne se donnait pas les moyens, pour une opération qui allait de toutes façons s'étaler sur 15 à 20 ans, d'adapter les règles, et la programmation des équipements à une vision évolutive de la ville et de ses besoins[27]. Par exemple les emprises réservées aux voiries

---

[27] C'est ainsi que les groupes scolaires maternels et primaires ne seront pas vraiment anticipés, sauf le premier, rue Ramolfo Garnier, mais programmés en catastrophe, au grand dam des habitants déjà arrivés sur place ; ou encore que, lorsque la nécessité de construire un collège supplémentaire s'imposera, faute de réserves pour équipements publics, il ne se trouvera plus de place dans le secteur !

ont de fait été conçues au début des années 2000, à très grand gabarit, pas vraiment avec les logiques plus récentes de circulations douces et de développement durable. C'est ce qui aurait pu être fait sur Vilmorin où la ZAD de 1987, accompagnant le POS de 1985, a bloqué tout le secteur sur lequel ont été ouvertes ultérieurement et successivement plusieurs ZAC : cependant les ZAC les plus récentes ne sont pas pensées et programmées par les élus du conseil municipal, mais par les promoteurs et les techniciens de la SEM-Massy, et l'opération évolue essentiellement en fonction du marché immobilier, sans prendre en compte les besoins des habitants existants !

Notre échange ne l'a pas fait réfléchir plus avant et la vision du technicien a ainsi conforté la vision financière à courte vue de l'expert-comptable.

2) *Mon implication au niveau départemental et régional avec le secrétariat des Verts Essonne.*

A côté de ma responsabilité au groupe local des Verts de Massy-Palaiseau, je suivais le fonctionnement du Conseil départemental du parti, notamment en vue de la préparation des municipales et départementales de mars 2001, Conseil quasiment paralysé par des conflits de personnes depuis l'AG d'octobre 2000. Il faut préciser que nous avions des assemblées générales chaque année pour renouveler nos instances, et que ce rythme encourageait les uns à remettre régulièrement en cause ce qui était fait par les autres, et donc notre direction changeait d'incarnation chaque année. Nous avions cependant réussi à négocier un accord départemental pour le second tour des élections cantonales de 2001 dans lequel 4 candidats Verts étaient en position de maintien. Dans deux de ces cantons gagnables, un échange de retrait et de soutien était prévu pour permettre l'élection d'un écologiste à Brétigny et d'une socialiste à Palaiseau[28]. Dans les deux autres cantons, moins favorables à la gauche, les candidats Verts seront seuls en lice, les candidats socialistes se retirant au profit des candidats Verts. Ainsi, pour la première fois, un écologiste, Paul Simon de Brétigny, sera conseiller général dans la majorité de gauche, et avec une délégation. Avec 14,5% des voix en moyenne sur les 16 cantons renouvelables, Les Verts s'affirment comme le second parti de la gauche plurielle. 65 Verts sont par ailleurs élus dans les conseils municipaux essonniens dont 27 dans un exécutif.

Pour moi, ces résultats découlent hélas peu d'une stratégie départementale qui aurait permis au département de dépasser certains enjeux locaux ou personnels (cf. la note sur Palaiseau). A mon avis ils étaient très en deçà de ce qu'ils auraient pu être aux départementales en utilisant mieux les situations municipales locales où nous étions très forts pour peser sur un éventuel accord cantonal de premier tour qui nous aurait permis d'avoir plus d'élus au conseil général.

Pour être porteur d'une telle stratégie départementale à l'avenir – et sans doute aussi parce que j'étais un peu orphelin du local suite à l'échec de notre liste municipale à Massy – je décidais d'essayer de fédérer les bonnes volontés sur un texte, non d'orientation politique,

---

[28] A Palaiseau-Igny, j'ai regretté le retrait individuel du candidat Verts Jean-Francis Rimbert (arrivé second derrière la candidate socialiste), sans discussion départementale préalable qui, dans le cadre d'un accord global Verts-PS au niveau départemental, aurait permis l'élection d'un second conseiller général écologiste (d'autant plus facilement que le candidat de droite, Jacques Alain, maire de Palaiseau de 1995 à 2001, oublia de redéposer sa candidature pour le second tour ...).

mais de fonctionnement structuré et articulé des différents étages de notre organisation, à l'occasion de l'AG extraordinaire décidée pour le 13 mai 2001. L'idée du texte était, suite à une contribution similaire à l'AG précédente mais non suivie de décisions formelles, de proposer à l'AG des décisions concrètes, formulées comme des questions pouvant être mises au vote, et pas seulement de grandes orientations souvent consensuelles au niveau des termes. Mon esprit rationnel proposait une articulation transparente, efficace des trois niveaux : au niveau du militant, c'est à dire de la ville, mais souvent un cadre trop étroit ou rassemblant un trop petit nombre de militants pour porter réellement la parole officielle des Verts ; au niveau du Groupe local nécessairement pluri-communal avec au moins 15 adhérents et dont le responsable élu représente son groupe au conseil départemental dont il est membre associé ; au niveau départemental où seuls les membres élus par l'AG ou ceux associés peuvent participer aux réunions du conseil, mais dont les ordres du jours et compte rendus sont envoyés à tous les adhérents, et le temps de parole sur chaque sujet est défini d'avance. Ces changements visaient à ce qu'à chaque niveau de responsabilité, chacun soit obligé d'écouter et de rendre compte aux autres niveaux : une conception souple de hiérarchisation des niveaux.

A la tête de la liste majoritaire, je suis élu secrétaire départemental avec une adjointe Anne Vittecoq, à l'esprit très clair et bien organisé, qualité appréciable pour moi car souvent rare chez les militants Verts, en charge de la communication interne. Dans les mois et les premières années qui suivent, le travail se fait de façon assez consensuelle et plusieurs sujets d'importance départementales sont traités par réunions spécifiques ou tracts. La fermeture du site LU/Danone de Ris Orangis ; une réunion des élus municipaux autour de Paul Simon, conseiller général, et Dominique Turbelin, embauché au conseil comme secrétaire de la commission Environnement-transport ; tracts et rendez-vous avec le Préfet sur les installations « Seveso » en Essonne à l'occasion du drame de l'usine AZF de Toulouse ; un communiqué sur l'insuffisance du plan départemental pour l'élimination des déchets et des actions contre la création d'un troisième four d'incinération pour les déchets industriels banaux (DIB) ; appel à manifestation contre le projet de 3ème aéroport ...

Une gazette des Verts Essonne est créée et réalisée régulièrement pour informer et débattre avec les adhérents. Les assemblées générales suivantes en 2002 puis 2004 me maintiendront dans mes fonctions et j'ai eu durant ces années le plaisir de travailler en bonne intelligence, malgré notre appartenance à des motions départementales différentes, avec une petite équipe au secrétariat exécutif des Verts Essonne.

Un temps important et souvent très sympathique, était celui des « Journées d'été » des Verts : ouvertes à tous les adhérents, s'y succédaient des séances plénières sur des thèmes généraux de l'écologie politique et des échanges sur les orientations du mouvement, des dizaines d'ateliers de toute sortes sur des sujets très pointus (l'espéranto par exemple ...). En 2001, nous étions environ 500 dans un VVF à Lamourra dans le Jura. C'était mes premières journées d'été comme responsable des Verts Essonne et je dois dire que la convivialité*[20] et la chaleur humaine était au rendez-vous. Je n'étais pas à celles de l'année suivante, à Saint-Jean-de-Monts en Vendée, mais en 2003, après une période caniculaire, nous nous sommes retrouvés à Lumigny à côté de Marseille : il faisait vraiment très chaud dans les bâtiments universitaires et nous préparions les échéances européennes de 2004 dans le contexte des débats pour une constitution pour l'Europe.

Au-delà des actions concrètes, comme tout parti politique nous passions beaucoup de temps et d'énergie à la préparation et à la conduite des diverses élections : 2002, présidentielles avec Noël Mamère puis législatives et au passage deux cantonales partielles à Evry et Les Ulis ; mars

2004, cantonales sur la moitié des cantons essonniens et les régionales puis en juin les européennes. Selon les fondamentaux des Verts, à chaque élection son niveau de décision pour les stratégies et candidatures, avec néanmoins le principe de parité. En 2002, après les 5 années de gauche plurielle, un accord national PS-Verts réservait des circonscriptions aux Verts, en Essonne c'était la 5ème d'Orsay-Gif où le vote écolo était fort compte tenu de la sociologie mais plus faible sur la commune, plus populaire et fort peuplée, des Ulis. Stéphane Pocrain, proche de Noël et de la direction nationale sera donc le candidat commun Verts-PS, pour ma part, je retournai sur la 6ème de Massy-Palaiseau avec une militante écologiste de Palaiseau autrement, Christine Maupas. Au premier tour de cette législative nous ne rassemblèrent que 2,75% des voix (3,13% sur Massy). Noël Mamère avait fait un bon score à la présidentielle pour les écologistes, 5,25% mais la réélection de jacques Chirac dans les conditions que l'on sait ne favorisa pas la gauche à ces législatives qui ne garda que 3 de ses 4 sortants, dont François Lamy, maire de Palaiseau depuis 1995 et député depuis 1997. Stéphane Pocrain fut battu au second tour dans la circonscription d'Orsay-Gif. Les deux cantonales partielles, dont celle d'Evry, fixées à la même date que les présidentielles, virent le PS départemental, sous la direction d'Olivier Thomas alors mélenchonien, fermer la porte à une meilleure représentation des Verts au département, malgré nos efforts de persuasion : la logique hégémonique, appuyée sur le mode de scrutin majoritaire, prévalut.

Un souvenir précis : secrétaire départemental, je suis reçu par Manuel Valls, alors maire d'Evry, pour défendre la candidature commune Verts-PS de Danielle Valéro, une de ses adjointes écologiste, sur la cantonale partielle d'Evry faisant suite au décès de Jean-Pierre Vervant, et donc sans sortant socialiste ; ce soutien permettrait de réaliser le souhait commun d'avoir au moins deux conseillers généraux écologistes … Valls, poli mais cassant comme on le connut dix ans plus tard comme premier ministre, m'expliqua qu'il n'en n'était pas question et qu'il souhaitait faire élire au département son alter-ego à la mairie, Francis Chouat ! Foin de la diversité soit-disant recherchée au sein de la gauche au conseil général !

Cet état d'esprit ne nous empêcha pas de tenter malgré tout d'obtenir un accord de premier tour pour les élections cantonales de 2004 - qui se passaient en même temps que les régionales où un accord avait été trouvé avec une liste commune PS-Verts au premier tour. Ces élections cantonales, où de nombreux socialistes étaient sortants, portaient un risque certain pour le maintien du département à gauche et nous arguions qu'un accord était donc souhaitable. Là encore, malgré tous nos efforts d'ouverture, et mon poids de Secrétaire départemental à la recherche d'un accord de premier tour - ce qui n'était pas de façon unanime la position des adhérents -, et alors que nous avions des candidats bien identifiés dans 3 cantons[29], nous échouâmes : le PS derrière Marianne Louis, nouvelle secrétaire départementale, ne proposait que le canton d'Orsay, et encore à la condition expresse que cela soit Marie-Pierre Digard !
Le secrétariat des Verts Essonne aida les candidates et candidats dans les 15 cantons (sur 21 renouvelables, et à Orsay, Gif et Monthléry, en fonction de l'accord régional permettant l'élection au conseil régional de 3 Verts en Essonne, nos candidats prévus sont retirés), notamment en réalisant une belle plaquette programmatique pour le département « *Vers une gestion écologique des territoires : passer du productivisme au développement soutenable* », sous la houlette de Philippe Salvi, et en mutualisant la réalisation des affiches et des

---

[29] Francis Chalot, maire de Janvile-sur-Juine, pour le canton d'Etrechy dont la sortante était déjà sénatrice-maire, Marie-Pierre Digard, d'Orsay, élue régionale sortante pour le canton d'Orsay-Bures, moi-même pour le canton de Massy-Ouest où le sénateur sortant Mélenchon, élu avec mon aide en 1998, ne se représentait pas.

documents de propagande. Les résultats du premier tour des régionales (34,8% pour la liste PS-Verts en Essonne) et des cantonales sont positifs même si tous nos candidats aux cantonales sont éliminés (score moyen de 7% sur les 15 cantons où nous étions présents). Compte tenu du mode de scrutin majoritaire, nous l'avions anticipé et proposé les grandes lignes d'un accord programmatique*[21] aux socialistes de l'Essonne : celui-ci sera discuté et finalisé à la veille du premier tour de scrutin, nous permettant, une fois les résultats connus, de boucler les modalités de soutien de la part des candidats Verts éliminés, et de garantir au niveau de la fusion des listes pour l'élection régionale que trois Verts soient élus en Essonne : Marie-Pierre Digard, Michèle Gaspalou de Gif-sur-Yvette et moi-même.

Petit zoom sur les cantonales et la régionale à Massy les 21 et 28 mars 2004

Je l'ai mentionné plus haut, nous n'avions pas réussi au niveau départemental à conclure un accord de premier tour avec les socialistes, pas plus qu'à Massy j'avais réussi à obtenir des socialistes massicois un accord sur les deux cantons. En 1998, Jérôme Guedj avait été élu sur le canton Est avec l'appui du candidat vert du premier tour, Stéphane Pocrain, Jean-Luc Mélenchon l'étant lui sur le canton Ouest face au maire, grâce au soutien fort que je lui avais apporté avec Les Verts. En 2001, à l'élection municipale, socialistes et Verts avaient travaillé ensemble, de près, renforçant la confiance réciproque. Sur ces bases, Jean-Luc Mélenchon ayant décidé de ne pas se représenter, il semblait logique que Verts et PS, les deux principales composantes de la gauche massicoise, soient candidats chacun sur l'un des deux cantons de Massy. La porte a été fermée très tôt localement, avec l'affirmation péremptoire « Massy c'est socialiste ! », et par conséquent, en l'absence ensuite d'accord départemental global, Les Verts ont présenté Philippe Bernardin sur le canton Est et Claudine Bourhis dans le canton Ouest[30]. Le 21 mars, ils ont obtenu respectivement 6,47% (398 voix) et 7,76% (544 voix), nettement devant les candidats du PCF qui n'atteignaient pas le seuil de 5%. Au second tour, les deux candidats socialistes J. Guedj et M.-P. Oprandi sont élus avec l'appui des candidats Verts et recueillent respectivement à l'est 56,96% face à Edith Daniélou (43,04%), adjointe aux affaires sociales, et à l'ouest 51,74% face à Vincent Delahaye (48,26%) une nouvelle fois battu à une élection autre que la municipale.
Au passage, le vote régional pour Jean-Paul Huchon atteignit 58,9% des voix à Massy, reflétant la stabilité du vote de droite autour de 42% - en dehors des élections municipales -, avec une petite prime quand le maire est en lice. Pour mémoire, aux législatives de 2002, dans la foulée de la réélection de J. Chirac, la candidate de droite Véronique Carantois obtint 44,24% des voix sur Massy, après avoir éliminé l'UDF Delahaye au premier tour.
J'étais donc élu conseiller régional Ile de France et, comme je m'y étais engagé avec mes amis, défavorable au cumul des mandats, je souhaitais démissionner du conseil municipal de Massy, tout en permettant que « MASSY-*autrement*/Les Verts » y soit bien représenté : il fallut pour cela attendre une autre démission d'un élu de notre liste commune « *Relancer Massy* », ce qui rendit possible en octobre 2004 l'arrivée de notre collègue - et pour moi ancienne chef de service « action sociale-logement » du mandat 89-95 - Nicole Crépeau, qui siégera en compagnie de Philippe Bernardin.

---

[30] Rappel : j'étais moi-même candidat en position éligible sur la liste régionale.

Chapitre 8

2004-2008

Ce chapitre est plus bref que le précédent car de fait, pendant cette séquence 2004-2008 couvrant la séquence post cantonales et régionales de 2004 qui avaient vu mon élection au conseil régional Ile de France, je serai très mobilisé par mon mandat régional. J'évoquerai dans une autre partie ce mandat régional couvrant les années 2004 à 2010 et décrirai ici la seconde moitié du mandat municipal commencé en 2001 et la poursuite de mes actions au secrétariat départemental des Verts Essonne.

1) *MASSY-autrement au conseil municipal avec Nicole Crépeau et Philippe Bernardin*

Après ma démission du conseil, Nicole Crépeau put me remplacer et siéger aux côtés de Philippe Bernardin, présent depuis le début de ce mandat. L'association restait active même si le soutien à nos deux conseillers municipaux mobilisait moins nos énergies.

Nous eûmes par exemple à intervenir sur l'usine d'incinération de Massy dont le taux de dioxine, connu début 2005 seulement, alertait les populations et les élus des communes voisines. Je représentais la Région à la Commission Locale d'Information en sous-préfecture de Palaiseau, saisie chaque année d'un rapport sur le fonctionnement des installations, et Nicole et Philippe interpellèrent le Maire, par ailleurs président du Simacur, le syndicat Massy Antony pour le chauffage urbain, qui avait confié l'exploitation des chaufferies et de l'usine à la Curma, filiale de Veolia. Au conseil régional, début septembre 2005 nous avions voté une subvention de 1, 275 Millions d'euros pour la mise aux normes relative aux oxydes d'azote (NOx) devant être achevée pour le 28 décembre 2005 ; et le rapport donnait les chiffres précis pour les dioxines, 70 fois trop élevés pour un des fours d'incinération, 10 fois trop pour l'autre*[22]. Les normes dataient d'un arrêté ministériel du 20 septembre 2002 découlant de la réglementation européenne ... mais la Curma attendit deux ans pour lancer la consultation des entreprises, d'où un début des travaux en octobre 2005 seulement, et donc une fermeture durant 3 mois. Cerise sur le gâteau pour la ville de Massy, l'inauguration des travaux de mise aux normes, avec la ministre de l'écologie Nelly Olin, le 24 octobre 2006, se fit sans y avoir invité la Région pourtant financeur et sans la faire figurer sur le carton d'invitation – cette pratique était d'ailleurs systématique pour Vincent Delahaye, je pense aux travaux de rénovation lourde du Centre Culturel Paul Baillart, à la pose de la première pierre de la nouvelle bibliothèque Hélène Oudoux ... Quant à la ministre, elle fit le panégyrique de l'incinération, sans même parler de limitation du volume de déchets à la source, sans suggérer, comme « MASSY-*autrement* » le faisait systématiquement au conseil municipal, de créer à Massy une déchèterie ... que nous dûmes attendre dix ans pour en voir réalisé un ersatz sous forme de point de dépôt.

Toujours en matière d'environnement, en janvier 2005 le conseil municipal devait donner son avis sur le Plan de Protection de l'Atmosphère pour l'Ile de France : la délibération proposée donnait un avis favorable sans présenter d'observations sur certains points mal traités dans le document (rien sur les particules fines, les gaz à effet de serre, pas de limitation des mouvements d'avions en cas de pic de pollution, rien de prévu en cas d'accident climatique comme la canicule de l'été 2003 ...). Nicole et Philippe demandèrent – et obtinrent – que la délibération soit repoussée afin d'intégrer certaines demandes d'amendements.

Un sujet à la fois local, avec une installation sur Massy-Palaiseau, et évidemment plus large, était la question des campements de Rom et Roumains. Sollicité, le maire de Massy a répondu partiellement en donnant quelques places sur le terrain d'accueil près du cimetière.

En septembre 2005, le conseil municipal de Massy a enfin lancé la démarche d'un agenda 21 local. Mais sans prêter attention à nos suggestions visant par exemple à traiter la question des déchets tout en encourageant leur diminution (démarche préventive), à un tri mieux expliqué aux massicois, à l'installation d'une déchèterie à La Bonde à côté de l'usine d'incinération avec récupération de chaleur, à côté des centres de traitement des mâchefers d'une part, des matériaux de démolition d'autre part, et avec l'objectif de la création d'un éco-pôle dédié au recyclage et aux énergies nouvelles (pourquoi pas des ateliers pour le solaire ou l'éolien ?). Nous trouvions bien dommage de ne pas associer à Massy, pôle tertiaire majeur, l'image d'une ville innovante en matière de développement durable.
En fin de mandat, lors de la création d'une taxe municipale sur les ordures ménagères, nous avancerons, sans succès, l'idée d'une taxation progressive visant à encourager la diminution du volume de déchets à recycler et à détruire, comme il en existe dans plusieurs villes françaises.
Par ailleurs, face à l'augmentation du prix de l'eau et de son traitement, et à l'opacité entourant la gestion privée de ces sujets, Nicole Crépeau et Philippe Bernardin demandèrent en janvier 2008, par le biais du dépôt d'une motion, l'étude de la création d'une régie publique. Le maire refusa d'en débattre, car ce serait le rôle de l'intercommunalité ... mais refusa aussi qu'on donne mandat aux représentants municipaux au conseil communautaire d'y porter ce débat. Comprenne qui pourra !

Naturellement nous intervenions au niveau des débats budgétaires, le plus souvent en commun avec nos collègues socialistes et communistes, ainsi que sur beaucoup d'autres sujets locaux.

Au vu de cette expérience, à l'été 2007 nous débâtîmes de l'opportunité de nous présenter de façon autonome aux municipales suivantes de mars 2008, j'y reviendrai plus loin, et c'est ainsi que nous créâmes avec des personnes nouvelles désireuses de s'impliquer dans la vie politique locale, une liste et une association « *Massy, en Vert et pour Tous* », un beau programme. « MASSY-*autrement* », crée fin 1982, 25 ans auparavant, allait donc disparaître.

2) *Avec les Verts Essonne, vers Europe Ecologie*

Après la période des cantonales et régionales de 2004, Les Verts Essonne avaient établi des relations de fond avec les socialistes au département, puisqu'un accord programmatique[*21] avait été conclu sur la base de notre plaquette programme pour le département. Malheureusement le PS départemental continuait de privilégier le PCF, et par conséquent nous n'eûmes point d'accord départemental pour les sénatoriales de septembre 2004, et Jean-Patric Le Duc conduisit une liste purement écologiste, qui n'obtint pas d'élu.
Les questions des « déchets » avec les sites d'incinération de Villejust et de Massy et en plus la décharge géante de la SEMARDEL à Vert le Grand ; les questions des « transports de

plutonium » entre La Hague et Cadarache, en Essonne via l'autoroute A10 et la Francilienne, Saclay, Brétigny, Evry et Corbeil ; les questions du « soutien aux sans-papiers » notamment par des « *parrainages* » d'élus …, voilà quelques-uns des sujets qui nous mobilisaient.

A l'assemblée générale du 17 octobre 2004, la motion et la liste que je présente pour assurer une continuité et surtout un fonctionnement efficace et transparent, n'obtient qu'une majorité assez courte (11 élus sur 19) et une fois de plus je regrette les oppositions de personnes et l'absence d'investissement dans un travail effectif de certains membres de notre conseil départemental. Lors de l'élection des 9 membres du bureau exécutif, pour être sûr d'avoir des personnes qui travaillent, je plaide pour une prime majoritaire – il s'agit du bureau exécutif - qui attribue le 9ème poste à ma liste pour laquelle je suis sûr d'avoir des personnes qui travaillent efficacement (la proportionnelle donne 5 élus à ma liste et 3 à l'autre ; reste 1 place à répartir qui, selon les règles habituelles des Verts pour leur Conseils, reviendrait à la liste concurrente). Suite au recours déposé contre notre choix, nous dûmes en janvier revenir au ratio 5-4. Cette question du fonctionnement des Verts contribue à mon avis à affaiblir la visibilité du parti écologiste et à décourager les nouvelles adhésions : nous sommes trop souvent dans des arguties juridiques incompréhensibles par tout un chacun.

Une action intéressante au Sénat : considérant que Marcel Dassault, industriel bénéficiant des commandes de l'Etat devait choisir entre son poste de sénateur et ses responsabilités industrielles, nous avons demandé au bureau du Sénat de se prononcer et … le bureau décida de questionner le Conseil Constitutionnel … qui laissa se perdurer ce mélange des fonctions. On était en 2005, les choses ont heureusement bien évolué en la matière.

Au Conseil Général de l'Essonne, suite à notre accord de second tour, nous avions obtenu que les écologistes puissent proposer la candidature d'un fonctionnaire sur un poste existant à la commission présidée par Paul Simon[31]. Henrique Pinto, professeur des écoles, sera ainsi détaché de son administration dans l'administration départementale et pourra ainsi mieux assurer la prise en compte, dans la « commission du développement durable » présidée par Paul, des axes programmatiques arrêtés en mars 2004. Une lettre du conseiller général Verts sera aussi réalisée, contribuant à la meilleure information réciproque entre adhérents et l'élu départemental.

L'année 2005 s'annonçait comme l'année du Traité Constitutionnel Européen : Les Verts ayant décidé de faire un référendum interne pour définir la position du parti, nous avons organisé pour les adhérents un débat avec des Vertes bien au fait de la question, Hélène Flautre, Député européenne, favorable au traité, et Francine Bavay, Vice-Présidente du conseil régional, en contre. De l'avis des nombreux participants, le débat se passa bien, et plus tard, le référendum interne choisit le Oui au traité. On sait quel fut ensuite le choix des français… et ce qu'il en advint !

A côté d'actions départementales et locales sur les déchets, contre la réduction « ad-hoc » de la zone Seveso de Ris-Grigny-Draveil et l'installation d'un super Truffaut, sur le projet de regroupement des hôpitaux Evry-Corbeil avec la création d'un nouvel équipement, sur les OIN créés par l'Etat notamment à Saclay, avec l'organisation d'un débat interne avec Pierre Radane et Yves Cochet sur la fin du pétrole et la co-organisation d'un débat régional sur l'agriculture

---

[31] Dominique Turbelin dont j'ai parlé plus haut, parti en province, avait laissé vacant ce poste.

en Ile de France … nous avions amorcé un diagnostic local par territoire de Groupe local en vue des échéances 2007 (législatives) et 2008 (cantonales sur 21 des 42 cantons essonniens). Pour cela des auditions des Groupes locaux furent organisées et servirent de base à nos discussions départementales avec le PS et le PCF. Nous avions choisi 10 candidats pour les 10 circonscriptions législatives de l'Essonne, organisé une réunion interne d'informations et de débats entre les candidats Verts à la présidentielle de 2007.

Malgré tout ce travail constructif qui affirmait la présence des Verts Essonne sur le terrain et auprès de nos partenaires, l'ambiance entre nous restait tendue. Les Verts, étant structurés sur une logique régionale, c'est lors des congrès régionaux et nationaux que se définissait la ligne politique et les orientations du parti. Du coup, je plaidais pour que nos AG départementales, comme d'ailleurs nos Groupes locaux, ne soient pas « polarisés » par des discussions générales, l'objectif commun étant de mieux travailler, de mieux se faire connaître, de mieux agir avec et par nos élus. Tout au long des 5 années où j'ai exercé les responsabilités principales en Essonne, c'était mon leitmotiv : « *qui est disponible pour travailler concrètement à tout cela ? Constituons une équipe ainsi !* » Mais certains préfèrent les joutes et utilisent le dénigrement quand c'est utile pour leur ego. L'impatience de certains à ce que je laisse le secrétariat exécutif à d'autres, exposée agressivement à l'été 2004 et surtout aux journées d'été de Grenoble en 2005 – qui firent que je les quittais après 24 heures – ne m'empêcha pas, avec la petite équipe efficace, fidèle et même élargie tout au long de ces années, d'animer le mouvement concrètement : nouveau local, débats internes sur nos sujets essentiels, expressions régulières au moyen de tracts imprimés départementalement et mis à disposition des groupes locaux, coordination politique et mutualisation de la propagande électorale pour les échéances législatives et cantonales, …

Ce qui peut apparaître comme un plaidoyer pro domo a un envers : sans doute très exigeant, voire élitiste, en sciences comme dans ma vie politique, je ne pouvais accepter qu'accèdent à la tête de notre mouvement au niveau départemental des personnes peu fiables dans la durée, souvent focalisées sur leurs enjeux ultra-locaux. Ce point de vue, exprimé de façon parfois trop directe en réunion face à mes contradicteurs, me desservit naturellement !
Au cours de l'année 2006, je préparai donc la transition en m'appuyant sur des personnes solides et « testées » les dernières années. Mon ami Marc Sagetat, carré, méthodique, faisait un bon candidat et il s'employa au cours des journées d'été à Coutances à réunir autour de lui une équipe renouvelée. L'idée de beaucoup était qu'on pourrait ainsi avoir un texte unique et un bon programme de travail pour les années 2007-2008 qui verraient les échéances présidentielles, législatives, cantonales et municipales, importantes pour tout parti politique. De fait, à l'assemblée générale du 15 octobre 2006, il y eut deux contributions, très proches comme souvent, mais elles décidèrent de fusionner et de proposer une direction consensuelle autour de Marc Sagetat.
J'eus néanmoins un rôle dans la campagne législative de 2007 en gérant, une fois encore, de façon concrète la mutualisation du matériel électoral sur les 10 circonscriptions de l'Essonne. Sur celle de Massy-Palaiseau, Claudine Bourhis porta les couleurs d'EELV comme elle l'avait fait aux cantonales de 2004 sur le canton Ouest de Massy. A ces législatives, consécutives à l'élection de Nicolas Sarkozy (Dominique Voynet n'avait fait que 1,79% en France et, sur Massy, 349 voix soit 1,74%), Claudine rassembla 1453 voix (3,21%) sur la circonscription et 475 voix sur Massy (3,39%), à comparer à mon score de 2002 : 2,75% des voix sur la

circonscription et 3,13% sur Massy (alors que Noël Mamère avait réuni 5,25% en France et 6,68 à Massy). L'effet local semble avoir joué, même si les chiffres sont faibles.

Je jouais, une fois encore, ce rôle concret de gestion des documents de propagande et de leur financement pour les candidats EELV aux cantonales de 2008 (Massy n'était pas concerné).

A l'assemblée générale du 15 octobre 2008, malgré l'absence de reproches sur la conduite des séquences législatives et départementales, malgré un fonctionnement très consensuel au moins sur l'année 2007 et le début 2008, face aux déceptions des cantonales et municipales de 2008 où nous n'eûmes plus d'élu au Conseil général et moins d'élus dans des majorités municipales, la liste de Marc Sagetat fut battue – toujours pour des questions de personnes - au profit d'une liste co-animée par Hervé Pérard d'Evry et Jean-Patrick Le Duc de Saint Michel sur Orge, qui s'étaient entendus pour être co-secrétaires du département, et alterner au cours du mandat 2009-2010, tout en établissant, en continuité avec mes souhaits des années précédentes, des règles et des modes de fonctionnement en principe efficaces … à condition que chacun joue le jeu et surtout s'investisse dans l'action concrète et quotidienne.

INTERLUDE

Le plaisir et les difficultés de l'action de terrain : AISH, Régie de Quartier, Entreprise d'insertion

Venu du monde associatif avec la création à Massy de différents collectifs et associations environnementales (collectif Larzac, Collectif Nogent, Association pour le cadre de vie et les alternatives, association « MASSY-*autrement* », fédération des associations contre les nuisances du TGV et pour la Coulée verte, …) j'y suis resté fidèle toutes ces années et, dans ce chapitre, je vais parler d'une part de l'AISH, crée en 1990 et dont je suis depuis dix ans de nouveau président, d'autre part de mes expériences dans les structures d'insertion massicoises de 1992 à 2005 : Massy Partenaires Services (MPS) puis API-Service.

Dans la morosité relative de mes mandats d'élu municipal d'opposition, de 1995 à 2004, mes actions associatives apportaient du sens à ma vie.

1) L'AISH

L'AISH que j'avais créée en 1990 (voir première partie, chapitre 4), paramunicipale de fait, était maintenant logiquement présidée formellement par le nouveau maire qui me laissa en assurer une Vice-Présidence, et de fait le travail quotidien. D'ailleurs, autour de l'été 1995, j'eus à gérer avec Marie-Odile Linard, employée l'hiver 1994-1995 par le Secours Catholique pour l'accompagnement de la structure d'hébergement hivernal à l'AFI dont l'AISH avait assuré la suite à la fin de l'hiver, l'installation et l'accompagnement social des ménages dans les 6 chambres du pavillon de la rue Lucien Sergent que j'avais fait acquérir par le CCAS de Massy fin 1994. Naturellement, Edith Danielou, adjointe aux affaires sociales et Jack Paillet, adjoint au logement, faisaient aussi partie du conseil d'administration. La nouvelle chef de service action sociale-logement après le départ pour Athis-Mons de Nicole Crépeau, Agnès Theteen, assurait le lien technique avec les salariées de l'AISH. Les associations caritatives et les bailleurs restaient impliqués. Nous poursuivions donc nos actions, mais le relogement des familles hébergées dans nos structures se faisait de plus en plus difficile, car aucun logement n'était plus proposé sur le contingent communal et les relations de la Mairie avec le service logement de la préfecture n'étaient pas propices à ce que le préfet nous fasse des propositions.

Puis, rapidement, les politiques que j'avais mises en place notamment avec le POPS (voir aussi au chapitre 4), visant entre autres à éviter de concentrer les ménages en difficultés dans les bâtiments déjà chargés, furent petit à petit écartées. Ne pouvant cautionner cela, je fis le choix à l'assemblée générale de juin 1996 de quitter la vice-présidence et le conseil d'administration. Je restais bien sûr en contact avec les salariés, suivais les difficultés financières de l'AISH et participais aux assemblées générales en tant que conseiller municipal puis, à partir de 2004, comme conseiller régional.

En 2005, Marie-Odile Linard - que j'avais embauchée comme assistante sociale en octobre 1993, à mi-temps jusqu'en 1995 lors de la reprise par l'AISH de l'hébergement temporaire précédemment géré par le Secours Catholique, mais qui, après avoir quitté l'AISH en février 2000 était revenue travailler comme directrice en 2003 -, me sollicita pour accompagner le montage d'un projet de CHRS (Centre d'Hébergement et de Réinsertion Sociale) destiné à prendre le relais, tant du pavillon « provisoire » de la rue Lucien Sergent, que de celui situé quasiment en face que j'avais pu louer au nom de l'AISH pour un euro symbolique au propriétaire, le bailleur social « La Sablière », compte tenu de son mauvais état, et, là aussi, de sa démolition programmée. J'ai ainsi participé, d'une part à l'élaboration technico-financière du projet avec la directrice, et d'autre part au comité de pilotage mis en place par l'AISH – comité dont je faisais partie en tant que conseiller régional - les 28 février, 21 novembre 2006 et le 20 mars 2007. En plus - rencontres facilitées par mon statut d'élu régional et mes états de service comme ancien délégué au logement -, j'allais avec la Présidente Monique Bouey à des réunions institutionnelles au Département, à la DASS ou encore avec les communes des deux intercommunalités, Europ'Essonne autour de Massy-Longjumeau et CAPS autour de Palaiseau-Saclay. De façon amusante, je rencontrais là pour la première fois, Martial Le Nancq, alors directeur du FSL, que je retrouverai au Conseil général de l'Essonne en 2001 comme directeur de l'insertion ainsi que de futures interlocutrices dans les services de l'Etat et du département, Madame Giry et Madame Hurcet. Au passage je veux attester que ces rencontres techniques étaient souvent chaleureuses, avec des fonctionnaires motivés, en appui et quasi militants.

Nous eûmes rapidement une réponse claire de la DASS, il n'y aurait pas de création d'un CHRS supplémentaire en Essonne, malgré les besoins. Du coup, la question du financement du fonctionnement se posait différemment et allait reposer principalement sur les communes et les intercommunalités. En effet, devant nous rabattre vers un projet de « Résidence sociale » dont le financement du fonctionnement était beaucoup plus léger, alors que nous gardions en tête un projet avec veilleurs de nuit et pas mal de personnel, il fallait environ 70 000 euros de subvention annuelle … et surtout trouver un terrain ! Malgré les promesses de François Lamy, maire de Palaiseau et président de la CAPS, seul le maire de Massy et président d'Europ'Essonne était désireux d'arriver à une solution, ne serait-ce que pour récupérer le terrain où était implanté le pavillon de la rue Lucien Sergent (devenue rue Raymond Aron). Et pourtant, les documents de programmation des logements sur les intercommunalités (le Plan Local de l'Habitat, PLH) faisaient ressortir l'absence de réponse en termes d'hébergement temporaire sur le secteur, mais de là à proposer des terrains pour construire …
Courant 2006, le maire de Massy, souhaitant que le pavillon soit démoli courant 2007, suggère que nous prenions en location une ou deux cages d'escalier du foyer Sonacotra (devenu ADOMA) de la rue Ampère à Massy. Après visite des lieux avec la directrice, mesdames Bouey, Présidente, Brioit, conseillère municipale déléguée au logement et membre du CA de l'association et Daniélou, maire-adjointe aux affaires sociales et au logement, une réponse négative est donnée par l'AISH. En effet, compte tenu de la destination du foyer : hommes seuls, plutôt retraités, le voisinage avec les ménages accompagnés par l'AISH, souvent composés de femmes seules avec enfant, serait pour le moins problématique. Et, élément plus déterminant, l'emplacement très excentré, loin des commerces et des transports, n'était pas propice à une bonne insertion pour nos ménages.

Plus tard, une opportunité est proposée sur une ZAC nouvelle à Massy, rue Victor Basch, trois bailleurs sociaux sont consultés par la SEM-Massy – heureusement, je me mêle de l'analyse de leurs offres en les recevant à mon bureau de l'EPFIF (voir la deuxième partie de ce texte), offres pour partie pas du tout professionnelles car montées avec des subventionnements inexistants ou gonflés – et l'OPIEVOY est choisi en décembre 2007. Le projet est affiné tout au long de l'année 2008 quand, début novembre, le maire de Massy m'informe téléphoniquement que l'opération ne se fera peut-être pas avec l'AISH comme gestionnaire, que ce serait plutôt Bleu Nuit, une association pour les plus démunis logés par ADOMA, qui ne demanderait aucune subvention de fonctionnement et qui travaillait déjà à la résidence sociale et pluri-générationnelle de la Ville à Vilmorin. Nous n'aurons de confirmation formelle de ce blocage que début février 2009. Ma réaction personnelle vis à vis de la personne du maire, dont la parole ne pouvait donc plus être crue, fut vive et s'exprima fortement lors de l'assemblée générale suivante, en juin 2009. Et le pire c'est que l'opération fût abandonnée par la Sonacotra suite à la liquidation de son association Bleu Nuit… Heureusement, le maire accepta que le pavillon demeure tant qu'une solution n'aurait pas été trouvée.

D'autres pistes furent analysées, dont une intéressante : en juin 2010 j'appris par hasard que l'hôtel des impôts de Massy, rue Appert, était mis en vente par Bercy. Malheureusement, le droit de préemption du maire n'avait pas été exercé et la vente se ferait donc aux enchères ! Connaissant depuis peu Dominique Figeat, devenu président de l'ORF (voir la seconde partie de ce texte) et professionnellement en charge pour l'Etat du programme de cessions de ses propriétés inutilisées en vue de construire du logement social qui faisait cruellement défaut, notamment en Ile de France, je sollicitais son intervention. Parallèlement, après avoir demandé le feu vert du maire de Massy, je sollicitais l'OPIEVOY[32] pour une étude technique et une proposition financière. J'allais aussi à la DDE de l'Essonne pour vérifier que les financements de l'Etat seraient rapidement disponibles pour une telle acquisition-réhabilitation (le coût de transformation du bâtiment, notamment à cause des multiples descentes d'eaux usées nécessaires, était élevé). Mes interlocuteurs étaient à l'écoute et mobilisés mais … la logique de Bercy fût implacable : il s'agirait pour ceux qui voulaient concourir pour l'acquisition, de faire une offre ferme pour le mois de décembre et de consigner la somme correspondante, plusieurs centaines de milliers d'euros, chose tout à fait impossible pour un office d'HLM. L'achat fût donc abandonné et une société privée transforma le bâtiment en résidence étudiante, sans doute grâce aux défiscalisations accordées pour ce type de bien par Bercy ! Belles contradictions de l'Etat et preuve, s'il en était besoin, de l'indépendance de la citadelle Bercy qui avait renvoyé Dominique Figeat dans ses buts !

A la séance du conseil d'administration qui suivit l'assemblée générale de l'AISH en juin 2010, suite à l'abandon imprévu de ses fonctions par la présidente de l'association, j'ai été amené à en prendre la présidence - que j'ai conservée jusqu'à ce jour, les prétendants à la présidence d'une association employant des salariés (9 à l'heure où j'écris) ne se bousculant pas. Je reviendrai à nouveau sur l'AISH lors de la quatrième partie de ce texte consacrée à ma présence au département de l'Essonne.

2) *L'insertion avec MPS puis API-Services et VYME*

En 1995, après mon mandat de délégué à l'habitat et mes candidatures aux élections cantonales, j'étais toujours particulièrement attaché au quartier de Villaine où je faisais partie des conseils d'administration du Club de Prévention « *La Passerelle* » dont Marie Charon était la présidente, et, en en tant que représentant du Club, de celui de la maison de quartier pour les jeunes « *l'Elan* », présidé par Charles Crépeau (jusqu'à sa municipalisation par la ville fin

---

[32] Cet office public avait été laissé « en carafe » par la Ville, malgré son travail d'une année sur l'opération avortée de la rue Victor Basch. Après ce nouvel épisode infructueux de l'hôtel des impôts, je veillerai à ce qu'il soit consulté lors de la relance du projet au département, mais, pour des raisons politiques, le président du conseil général, Jérôme Guedj, ne le retint pas, j'y reviendrai.

avril 1998), mais aussi du bureau de « *Massy-Partenaires-Services* » la Régie de Quartier que nous avions mise sur les rails en mai 1992.

Pour mémoire, une Régie de Quartier[33] est une association qui veille au bon fonctionnement du quartier et des relations entre les habitants, notamment par les travaux d'entretien des espaces verts extérieurs comme des bâtiments assurés par des habitants du quartier, salariés de l'association. A Massy, la municipalité avait appuyé sa création (en tant que délégué au Logement, je faisais partie du comité de pilotage créé par La Passerelle pour élaborer et lancer le projet) : un local était mis à disposition rue Ferdinand Boire permettant d'accueillir salariés et machines, un contrat avait été passé pour confier à la Régie l'entretien des espaces verts du secteur Bièvre-Poterne et de la coulée verte du TGV ; les deux principaux bailleurs sociaux du quartier s'étaient engagés à confier soit des travaux de ménage des parties communes de leurs immeubles, soit des travaux d'entretien type peinture et carrelage. Roger Cazabon était président et Ghyslaine Guézard, l'éducatrice de La Passerelle qui avait porté le projet, en était la directrice. Les salariés étaient des habitants du secteur, plutôt en difficultés, et donc un gros travail d'insertion, principalement professionnelle, était nécessaire. Les bénévoles étaient en appui, tant commercial et financier pour assurer le renouvellement et l'extension des contrats avec les donneurs d'ordre, que pour accompagner certains aspects du travail d'insertion. Roger, professionnel du bâtiment, était très sollicité par la directrice pour l'aider au niveau des devis et des commandes. Pour ma part, j'accompagnai la directrice dans les démarches auprès des services de l'Etat pour obtenir les subventions nécessaires à l'équilibre financier, toujours précaire, de la structure.
Cette expérience complétait pour moi la découverte du champ de l'animation sociale des quartiers, en ouvrant un champ qui m'occupera dans les années suivantes, celui de l'insertion, mais aussi celui de l'entreprise. En effet, même sous notre forme juridique associative, nous avions du chiffre d'affaires à trouver, des marges à dégager sur chaque chantier, un budget à équilibrer. Quant aux publics, l'orientation de l'association était de cibler les jeunes et habitants du quartier et de Massy, ce qui n'était pas parfois sans poser des problèmes de régularité ou de qualité du travail. La question de l'encadrement technique aussi restait délicate : malgré son adaptabilité, la directrice n'était pas technicienne de formation et vu la diversité des tâches à assurer, espaces verts, ménage, travaux divers, sans oublier le rôle d'un chef d'entreprise, il était important pour elle de pouvoir s'appuyer sur Roger Cazabon et sur moi pour certains sujets. Tout ceci faisait une expérience humaine et intellectuelle passionnante.
Deux souvenirs me reviennent. La participation sur un WE à une rencontre des Régies de Quartier à Strasbourg : nous étions partis avec un car et de nombreux habitants du quartier, salariés ou non, et la rencontre avec leurs « homologues » d'autres villes leur fit plaisir et leur apporta une certaine fierté. Une autre fois, le 26 janvier 1995, Madame Lisette Lapointe, femme de M. Parizeau premier ministre du Québec alors en visite officielle en France, avait souhaité connaître les Régies de Quartier et c'est à Massy qu'elle a été accueillie : son arrivée en voiture officielle, escortée de motards de la gendarmerie, a fait son petit effet, et après le temps de travail dans nos locaux avec l'équipe et moi-même comme membre du bureau, elle a été reçue au centre social du quartier où C. Germon, pris un peu au dépourvu par cette visite non protocolaire, lui a offert son écharpe de Maire !

---

[33] Voir le site du Comité National de Liaison des Régies de Quartier (CNLRQ)
https://www.regiedequartier.org/

Peu à peu, nous devions constater que financièrement, compte tenu du public que nous employions, nous n'arrivions pas à équilibrer les comptes : il nous fallait compenser en demandant des financements pour la dimension d'insertion professionnelle que nous assurions. Cela passait par le statut d'entreprise d'insertion accordé à la Régie de Quartier pour une partie de ses emplois. Mais au bout de deux années, l'Etat nous contraint à créer une association indépendante : c'est ainsi que fin 1997 nous créâmes « A.P.I. Services » (Association Pour l'Insertion Services) dont je pris la présidence. Bien sûr nous mutualisions certaines fonctions et les locaux. Peu après le changement de municipalité, la mairie de Massy avait renoncé à nous confier les travaux d'espaces verts et il nous fallait redéployer nos activités, trouver de nouveaux marchés et faire face au départ de la directrice-fondatrice, Ghyslaine, après de nombreuses années d'investissement épuisantes pour elle.

Trouver de façon durable l'homme ou la femme orchestre capable à la fois de gérer une entreprise, de fait dans le secteur concurrentiel (entreprise d'insertion) et peu soutenue par la commande publique puisque les engagements pris par ADAGE (voir chapitre 4, section 2) à hauteur d'environ 600 000 francs annuels nous incitant à créer API Services n'avaient pas été suivis d'effet, mais aussi de diriger des salariés en contrat d'insertion, donc demandant un accompagnement professionnel mais aussi social, était bien difficile et nous eûmes plusieurs échecs.

Nous avions aussi besoin d'avoir des techniciens second œuvre du bâtiment plus confirmés, mais, ne pouvant les payer à un niveau suffisant, nous n'en trouvions pas de capables par exemple de faire un devis ou d'assurer l'approvisionnement et la conduite de chantier de façon suffisamment professionnelle pour que nous ne perdions pas d'argent sur chaque chantier, malgré leur dévouement et leur bonne volonté, je pense notamment à Joaquim Gusmao qui fût présent chez API Services pendant toute son existence !

La secrétaire comptable de l'association, Michèle Filipelli, venue de « La Passerelle » avec Ghyslaine, assurait de fait des fonctions élargies notamment dans les devis, l'organisation et le suivi des marchés de ménage avec bailleurs sociaux et copropriétés privées. Au niveau des salariés, elle était aussi le point fixe, celle qui les connaissait tous, assurait l'essentiel du travail d'accompagnement social, en lien avec les partenaires locaux qu'elle connaissait bien, avait leur confiance, sans doute en partie à cause de ses origines sociales modestes vis à vis desquelles elle s'était élevée, par la formation et l'implication professionnelle. Elle était secondée dans les tâches de secrétariat par Marie Chazelas.

De fait, depuis la création d'API-Services fin 1997, je dépensais beaucoup de mon temps à cette structure d'insertion par l'activité économique. A partir de janvier 2003, habitant à 400 mètres des locaux, cela me facilitait les choses.

L'équilibre financier restait souvent acrobatique avec le retard dans le versement des financements de l'Etat et plusieurs étés je dus apporter temporairement un peu d'argent pour permettre d'assurer les salaires !

Pas technicien ni gérant d'entreprise, j'étais néanmoins capable de comprendre la formation d'un devis, la nécessité d'une bonne organisation des chantiers – sans devoir perdre trop de temps parce que des fournitures manquent – choses auxquelles Roger nous avait formés, en même temps que Michèle et, avec moins de succès, Joaquim dont la formation générale de base était faible. Ceci m'a beaucoup servi ensuite lorsque, Vice-Président en charge de l'insertion au Conseil Général de l'Essonne, j'ai eu à interpeller les structures sur cette question de la professionnalisation des équipes de direction.

J'appréciais aussi les rencontres avec certains salariés en insertion, le Président jouant parfois le rôle de « rappel à l'ordre » en l'absence de directeur, quand l'encadrant technique et la chargée d'insertion n'y suffisait pas. Dans certains cas je devais trancher sur l'embauche de jeunes à gros problèmes. Je me souviens par exemple très précisément d'une visite à Fleury-Mérogis pour un jeune que nous avions eu chez nous quelques temps mais qui s'était laissé entrainer dans un cambriolage et pouvait, après quelques mois en prison, sortir de façon anticipée s'il avait un employeur (il devait rentrer le soir à Corbeil dans une structure de semi-liberté) : je suis donc aller passer un « contrat » avec lui au parloir, c'était la première fois que je franchissais grilles et portes blindées d'une prison, je me souviens encore du « clac » fait par celles-ci à leur fermeture derrière moi !
A partir de 2001 nous avions des difficultés à trouver des personnes en insertion, obligatoirement préalablement sélectionnées par l'ANPE, et qui acceptent de travailler dans le bâtiment. Peut-être préféraient-ils travailler « au noir » ? Nous n'avions ainsi qu'un peu plus de quatre équivalents temps plein en insertion au lieu des huit prévus par notre convention avec l'Etat. Ceci nous entrainait à refuser des travaux et donc, fin 2002, nous nous trouvions en déficit d'exploitation, avec menace de fermeture fin 2003 en l'absence de plan de relance. Ceci poussa à fusionner les deux structures, pensant que cela nous aiderait peut-être à recruter un directeur stable.

C'est à cette époque que, dans le cadre du contrat de ville Antony-Massy-Palaiseau, une action sur le thème de l'insertion par l'activité économique sera choisie comme prioritaire sur Massy et Palaiseau, et, par conséquent, en Juin 2003, Caroline Landeau, chef de projet ADAGIO (anciennement ADAGE), porteur du contrat de ville, vint renforcer le bureau d 'API Services à la demande des élus des deux communes, et ceux-ci renforcèrent le conseil d'administration. Nous élargissions aussi ainsi le périmètre de recrutement de nos salariés en insertion.
Caroline, qui devint une amie – et qui plus tard dirigera les missions d'insertion d'un grand groupe HLM - apporta à Roger et à moi-même une aide méthodologique et, ce n'est pas négligeable dans de telles galères ! une chaleur humaine qui nous aidèrent à tenir, malgré les difficultés, jusqu'en 2005.
Néanmoins, courant 2004, l'Etat refusait subitement de renouveler notre convention, ce qui entrainait de fait la liquidation de l'entreprise. Grâce à l'appui des partenaires de l'UREI (Union Régionale des Entreprises d'Insertion) et du Conseil général (Marie-Pierre Oprandi, Vice-présidente en charge de l'insertion, conseillère générale de Massy Ouest), un accord fut trouvé et un plan de redressement 2005-2007 approuvé et appuyé sur le terrain par une mission d'audit (ARSIE) financée par le Conseil régional que j'avais pu alerter comme élu régional. Néanmoins le résultat courant 2004 était déficitaire de 13% (54000€) et un plan de sauvetage financier était indispensable, d'autant plus qu'un excédent de subventions perçues (30000€) était à rembourser et qu'une dette de TVA avait été découverte en novembre 2004 pour 10340€, dette reconnue en janvier 2004 au nom de l'association par la comptable, sans information du bureau. Un plan de sauvetage fût finalisé le 7 mars et présentée à tous les financeurs le 22 avril 2005 avec la mise en place de 80 000€ de subventions (Etat, Conseil Général, Région, France Active) à confirmer par les comités d'engagement respectifs. Cependant l'exploitation continuait d'être déficitaire, le Directeur, Monsieur Dumontier, embauché courant 2004, ne parvenant pas, malgré l'aide concrète du bureau très impliqué, à présenter un compte d'exploitation mensuel à l'équilibre, avec déjà 17000€ de déficit sur les quatre premiers mois de 2005. Aussi, sur proposition du bureau, le Conseil d'administration du 25 mai décida de réunir une assemblée générale extraordinaire, de ne pas déposer les

demandes de financement et de déposer le bilan, tout en cherchant à faire reprendre l'activité et les personnels par une association similaire.

Juin, juillet puis l'automne me virent donc au tribunal de commerce et en lien avec l'administrateur judiciaire chercher à éviter au maximum les « dégâts » humains. Je pus faire reprendre le matériel et certains salariés par une entreprise d'insertion voisine, créée en 2001, VYME (Val d'Yvette Multi Services), elle aussi axée sur le nettoyage et le second œuvre du bâtiment et basée sur Les Ulis, et pour laquelle nos marchés représentaient une opportunité de croissance, et je me laissais convaincre de participer à leur conseil d'administration par le président, Jean-Bernard Kochlin. Je restais ainsi actif dans le milieu des entreprises d'insertion par l'activité économique, durant toute la période 2005-2014, jusqu'à sa clôture par déficits d'exploitations accumulés. Parmi les difficultés communes, j'ai déjà parlé de la question du double métier, dirigeant d'entreprise dans le secteur concurrentiel, et en même temps attentif aux aspects sociaux et employeur de personnes en difficultés. J'ajoute que le secteur du ménage est un secteur pas toujours très « propre » et où les prix sont cassés, et que le second œuvre pâtit de la technicité trop faible des salariés en insertion.

Je dois dire que cette expérience associative, mais de fait aussi de quasi dirigeant d'entreprise, me servit beaucoup, dans mes fonctions ultérieures dont je parlerai plus loin, à inciter à la prise en main des structures d'insertion par l'activité économique, généralement créées par des acteurs du social, par de nouveaux entrepreneurs sociaux (comme on dira dans les années 2010), non pas au détriment de l'objet social de l'insertion, mais acteurs pleinement conscients de la totalité des enjeux, et surtout outillés et formés pour assurer le fonctionnement économique d'une entreprise.

Je dois dire que cette expérience associative de 1992 à 2005 fût une belle expérience humaine. Selon ma fille Annais j'y gagnais mes cheveux blancs, compte tenu des difficultés récurrentes, de la déception vis à vis de certaines personnes ne respectant pas leurs engagements (depuis les institutions jusqu'à plusieurs de nos directeurs, dont le dernier se sauvant au plus vite dès la décision de liquidation prise par le bureau). J'y ajoute la douleur d'avoir dû procéder au licenciement de Michèle suite à la faute très grave de dissimulation d'une dette fiscale aux yeux du Président que j'étais, et donc une rupture de confiance brutale pour moi. Avec un président moins puriste, elle serait restée 5 mois de plus jusqu'à la liquidation, probablement inévitable ... Heureusement, il y eut, tout au long de ces 13 années, les relations humaines avec certains des salariés en insertion, que je croise encore, les soutiens d'institutions à travers des contacts personnels francs et directs, une découverte du monde de l'entreprise, bien représenté par mon ami Roger Cazabon, ainsi qu'avec une jeune génération de porteurs de projets, représentée en l'occurrence par Caroline Landeau.

J'ajoute que, étant en même temps élu (municipal puis régional), je me trouvais dans un cadre d'actions concrètes, au service de mes valeurs de solidarité et d'exigence personnelle, caractéristique, je crois l'avoir dépeint, de ma façon d'exercer mes mandats politiques.

Deuxième partie :

Au conseil régional Ile de France, de mars 2004 à mars 2010

Si je ne siégeais plus au conseil municipal de Massy, conseiller régional pour la section essonnienne, j'avais néanmoins un œil particulier pour les dossiers locaux. Il faut aussi dire que les 3 élus régionaux Verts de l'Essonne étaient tous du même secteur : Orsay, Gif et Massy. Je n'avais pas de rôle exécutif, mais avec 28 élus le groupe Verts présidé par Jean-Vincent Placé constituait un groupe très important pour assurer au président Jean-Paul Huchon une majorité (le groupe socialiste était lui composé de 60 membres) et par conséquent, par le jeu du travail en commission et des amendements en séance plénière, nous pesions. Durant ces 6 ans de mandat, j'ai essayé d'informer les massicois de ce que je faisais pour eux au conseil régional en utilisant une partie de l'indemnité qui m'était versée pour financer l'impression de mes tracts et documents*[23].

Comme chacun des élus régionaux, je siégeais dans des commissions, je représentais la Région dans des lycées et des organismes financés par elle. Les actions et les réflexions de ces 6 années furent si variées que je ne prétends pas dans ces pages en décrire l'exhaustivité.

Je veux souligner une fois de plus l'importance des contacts humains entre moi, élu, et des fonctionnaires souvent heureux d'être interpellés par des élus présents sur le terrain. Je pense bien sûr à ceux en charge des lycées ou de l'aménagement du territoire dont je parlerai ci-après, mais aussi ceux du secteur de la formation en charge des Missions Locales, dont celle de Massy, Vitacité, créée en 1991 sous le mandat de ma collègue Annie Berthon-Wartner[34].

1) Les commissions du logement et de l'aménagement du territoire

Au conseil régional Ile de France (CRIF), comme dans toute assemblée élue, des commissions étudient les dossiers préparés par le Président, les Vice-Présidents et l'administration (l'exécutif) avant leur examen en assemblée plénière. Comme au conseil municipal de Massy, j'étais reconnu comme un élu présent, actif et pointilleux.

J'étais Vice-Président de la commission du Logement, présidée par une élue Communiste, et nous étudions les dossiers préparés par le Vice-Président Jean-Luc Laurent, du MRC de Jean-Pierre Chevènement, donc plutôt éloigné des logiques écologistes. Je pus m'affirmer comme un interlocuteur incontournable, connaissant déjà le sujet depuis ma délégation au Logement de 1989 à 1995 et mon expérience à l'AISH, et j'étais un des seuls à vraiment étudier les dossiers qui nous étaient soumis - au CRIF c'était quelques jours avant le passage en commission, quel progrès pour moi par rapport à mon expérience municipale ! J'intervenais fortement sur les aspects environnementaux (les normes à appliquer aux constructions si le bailleur voulait bénéficier des financements complémentaires de la Région, non négligeables) et sur l'adéquation entre le type de logement aidé et les besoins de la population de la commune - et aussi de la bonne mise en œuvre par celle-ci de la loi SRU sur les 20% (à l'époque) de logements sociaux. A l'occasion de la refonte de la politique d'aide de la Région

---

[34] Les résultats de Vitacité montraient que la direction avait un peu baissé les bras vis à vis des jeunes des quartiers aux niveaux de formation les plus bas. L'administration m'avait fait part de ses remarques, aussi interpellais-je directement la directrice lors d'une assemblée générale annuelle, ce qui permit ensuite une réunion fructueuse entre l'équipe de Vitacité et moi-même.

en faveur du logement, y compris du logement étudiant, j'étais le référent du groupe Vert pour finaliser les amendements à défendre auprès du Vice-Président, puis en séance plénière. J'établis notamment un rapport de force à propos du rapport sur le logement étudiant pour lequel l'exécutif avait refusé une grande partie de nos amendements : en juin 2005 nous ne votions pas ce rapport, pourtant essentiel, mais du coup, 3 mois après, la préparation du rapport cadre global sur le logement se passa très différemment, avec prise en compte très large de nos demandes d'amélioration.
Pour tous ces sujets « logement », ainsi d'ailleurs que pour les sujets aménagement que je vais aborder ensuite, une salariée du groupe Verts, Carine Eymard, était un appui technique efficace.

Je faisais aussi partie de la commission d'aménagement du territoire, en charge de la planification régionale (le SDRIF ou Schéma Directeur de la Région Ile de France était en phase de renouvellement en lien avec l'Etat), des aides spécifiques aux différents territoires de la région et de la politique contractuelle avec les collectivités. Tous ces sujets me passionnaient depuis des années et nous bénéficions, via Mireille Ferri, élue Verte et Vice-Présidente de la Région en charge de ces sujets, d'une oreille attentive, notamment quand il s'agissait des enjeux territoriaux de notre secteur, le centre d'envergure européen Massy-Saclay que l'Etat était en train de promouvoir au rang d'OIN (Opération d'Intérêt National) échappant ainsi à l'appréciation régionale. La bataille était rude entre l'Etat et le Président Huchon pour que les orientations de la Région soient prises en compte, mais aussi, pour ce pôle de Saclay, entre eux deux et Les Verts Ile de France dont tous les trois nous étions les représentants locaux, défendant une urbanisation modérée permettant de maintenir et de développer une agriculture de qualité sur des terres exceptionnellement fertiles. Naturellement nous étions aussi mobilisés sur d'autres secteurs comme « le triangle de Gonesse », l'extension de Marne La Vallée, EuroDysney, et bien d'autres. A ce point, je dois attester que les élus communistes du CRIF étaient, pour beaucoup, et de façon surprenante pour nous Verts, en avance sur leurs collègues socialistes – toujours très productivistes - dans la prise en compte du développement durable. Dans cette préparation de la révision du SDRIF, j'étais en lien avec Ariane Azema, la conseillère technique chargée du dossier au cabinet de Huchon, avec qui la communication était agréable et fructueuse ; je trouvais aussi dans les élus socialistes du secteur – et en arrière fond le député de notre circonscription François Lamy – des capacités de négociation d'un compromis acceptable de part et d'autre sur la limitation de l'urbanisation du Plateau de Saclay. Naturellement notre poids dans la négociation venait des batailles menées sur le terrain depuis de nombreuses années, Verts locaux et associations de défense, chacun dans leur rôle. Ce chantier de la révision du SDRIF, passionnant car reflétant de vrais choix sur l'aménagement de la Région, la limitation de l'étalement urbain, l'amélioration des espaces verts et forestiers, la densification de l'existant, la réutilisation des friches industrielles … m'a beaucoup occupé, même si après l'arrivée de Nicolas Sarkozy et la nomination de Christian Blanc comme Secrétaire d'Etat chargé du Grand Paris, l'opposition de l'Etat entraina le rejet par le Conseil d'Etat de notre projet, malgré une enquête publique globalement positive pour celui-ci. Tout ce travail pour rien ? Non, ces 3 ans de pédagogie sur un état des lieux partagé, la prise en compte systématique de l'enjeu de faire une région qui soit adaptée au changement climatique en cours, les débats riches avec associations et habitants – et même une « conférence citoyenne » du type de celle en cours à plus grande échelle sur la « transition climatique » -, laissèrent des traces sur la révision menée dans le mandat suivant. Ils servirent aussi de substrat à la stratégie d'investissements fonciers de l'EPFIF (voir ci-après) et même de support à des évolutions de la Charte des PNR lors de leur renouvellement. Pour ma part, j'en fis une présentation publique devant le comité syndical du PNR du Gâtinais (environ 150 élus locaux présents) et à Massy, en présence de son maire.

Pour construire des logements et implanter des activités et des équipements sur la base d'un SDRIF, il faut des terrains, et, depuis plusieurs années, la Région attendait le feu vert de l'Etat et des départements pour créer un Etablissement Public Foncier Régional, bénéficiant des ressources provenant d'une taxe spécifique lui donnant des capacités d'emprunt importantes et donc d'achat de grandes quantités de terrains, en lien avec les communes, pour les revendre ensuite aux promoteurs sans marge, après leur engagement sur des coûts de construction compatibles avec les besoins des futurs occupants en évitant ainsi la spéculation foncière. Le groupe Verts avait négocié avec le Président Huchon que je sois Vice-Président de cet organisme dont J-L. Laurent assurerait la Présidence. Ceci fut mis en place fin 2006. J'en parlerai un peu plus loin, y ayant eu un rôle actif et passionnant pour moi.
A côté du SDRIF, la question dite du « Grand Paris », amorcée de fait dès 2006 par Bertrand Delanoé, maire de Paris, et son adjoint communiste Pierre Mansat, sous le nom « conférence métropolitaine » pour travailler sur l'articulation des projets de Paris et des communes voisines, et rapidement de toute la petite couronne et même au-delà, en s'appuyant sur le bureau d'études de la Ville de Paris, l'Apur (atelier parisien d'urbanisme), mobilisait les élus régionaux. Au lieu d'avoir une attitude proactive, le président de la Région freinait des quatre fers, celle-ci risquant de fait de se vider de son rôle et de ses prérogatives. Le groupe Verts, tout en défendant la vision régionale, pensait qu'il fallait être propositionnels et articula sa réflexion avec l'ensemble du mouvement sur l'Ile de France, notamment tous ses élus locaux. Au conseil régional, fût créée une « *Commission scénarii pour la métropole* » où tous les groupes étaient représentés. J'étais un des trois représentants Verts et la commission procéda à de nombreuses auditions sur tous les sujets (de la fiscalité et de sa péréquation aux grands syndicats gestionnaires pour l'eau, etc …). Plusieurs rapports furent réalisés et débattus en assemblée plénière. Mais, pendant cette période, Nicolas Sarkozy avait créé un Secrétariat d'Etat au « Grand Paris » avec Christian Blanc, de façon à permettre à l'Etat de reprendre la main par rapport à des initiatives portées par la gauche à Paris et à la Région : il était important d'avoir une réponse forte à ces initiatives recentralisatrices. Le 4 novembre 2008, les élus de la conférence métropolitaine élargie - la Région étant invitée à y participer — se réunirent pour constituer un syndicat mixte communes-départements-région, en principe syndicat d'études, dit « Paris Métropole », avec un poids très faible pour la Région qui fournirait quand même 20% du budget. Au groupe Verts, nous ne partagions pas cette vision d'une structure supplémentaire regroupant le cœur de la région — et l'essentiel de ses richesses - mais pas l'ensemble de sa zone dense qui de fait déborde dans la grande couronne. Nous restions fidèles à notre vision d'un territoire français structuré en régions, elles-mêmes organisées en intercommunalités, les communes restant les lieux de la proximité. En accord avec le SDRIF à la construction duquel nous avions beaucoup contribué avec Mireille Ferri, nous souhaitions plutôt la structuration d'outils de dialogue et de mise en œuvre du SDRIF. Nous voyions plutôt la Région comme une « fleur » faite de 5 pétales ou faisceaux se recouvrant partiellement et s'entrecroisant dans un cœur intégrant Paris et les communes limitrophes, pétales englobant des zones rurales ouvertes en direction des régions voisines, chaque faisceau s'appuyant sur un axe de transports et des bassins d'emplois (l'ouest autour de la Seine, l'A13 et les voies ferrées vers Rouen et la mer, englobant La Défense, Cergy, le Mantois ; le sud allant de l'A10 et du RER B, englobant la recherche du Plateau de Saclay, au génopole d'Evry, à la RN20 et au

RER C ; le sud-est autour de l'A6, la RN7 et la Seine avec Melun-Sénart et Orly ; l'est autour de l'A4, de la vallée de la Marne avec Marne La Vallée ; le nord avec Roissy, l'A1 en direction de la Picardie).

Parallèlement le gouvernement avait impulsé la constitution d'une commission, dite « commission Balladur », chargée de faire des propositions institutionnelles de réorganisation des collectivités et des compétences en Région Ile de France. Je dois dire que les débats entre élus régionaux Verts d'une part, élus Verts parisiens et de petite couronne d'autre part, étaient vifs. Ces débats ne furent jamais explicitement tranchés, ni chez Les Verts ni au gouvernement. Celui-ci finit par présenter un compromis entre le réseau de transport du Grand Paris de Christian Blanc, dont la logique était la rapidité et les liens entre grands pôles économiques, et la vision régionale de la Région et du STIF (dénomination de l'époque pour l'autorité organisatrice des transports en Ile de France) appuyée sur les transports du quotidien et un maillage de gares beaucoup plus fin, en actant en 2011 un « Grand Paris Express », pour l'essentiel plus proche de la seconde conception. On le verra plus loin, de cette structuration du nouveau réseau de transport autour d'une centaine de gares naitront des opportunités de densification autour de ces gares et donc des enjeux fonciers, notamment d'anticipation compte tenu de la durée de réalisation du nouveau réseau, qui seront traités dans des organismes dans lesquels j'aurais l'opportunité d'oeuvrer, l'ORF et l'EPFIF.

2) Les conseils d'administration des lycées

La Région est aussi responsable de la construction, de l'entretien et du fonctionnement des lycées, et ses élus siègent donc dans chacun des conseils d'administration. Pour ma part, je représentais la Région dans les conseils d'administration de trois lycées : Parc de Vilgénis à Massy et Talma à Brunoy pour l'enseignement général ainsi qu'au lycée professionnel Eiffel à Massy. Je me suis efforcé, malgré la distance pour Brunoy, d'y être assidu. Naturellement je n'intervenais pas sur les sujets purement scolaires, mais cette présence m'a permis d'accélérer certains dossiers de travaux ou d'achats de matériels auprès de l'administration régionale : je crois que celle-ci était heureuse d'avoir ainsi des correspondants directs, en plus des fonctionnaires souvent chargés d'un grand secteur géographique, même si en retour nous avions parfois les éléments en retard. Pour les lycées de Massy, ceci me permettait aussi d'être au courant de leur situation et de veiller directement à l'avancée des dossiers de réhabilitation lourde d'Eiffel (et aussi de Fustel de Coulanges dans lequel je n'étais que suppléant, mais d'un élu peu présent). Ceci me permit aussi de nouer des liens personnels avec certaines proviseures, Josiane Guyetant et Françoise Fabien, et de participer à certaines de leurs manifestations. Je repense avec un excellent souvenir au défilé annuel de la section « couture flou » dans le bâtiment industriel du lycée Eiffel et, un an sur deux, à l'Opéra de Massy pour lequel ils réalisaient certains costumes. Quel plaisir de voir ces jeunes de banlieue parisienne, fiers d'être habillés de façon chic, de nous donner leur programme et de nous placer avec le décorum adapté à la qualité du défilé qu'ils présentaient, filles et garçons ! Au passage, je tire mon chapeau à ces initiatives des enseignants et de la direction de l'Opéra de Massy.

3) Le PNR du Gâtinais français

J'étais aussi un des représentants de la Région au Parc Naturel Régional (PNR) du Gatinais français, couvrant tout le sud-est Essonne et le sud-ouest Seine et Marne, bien loin donc de mon implantation massicoise ! Composé d'une cinquantaine de petites communes rurales, généralement dirigées par des élus de droite, pendant les 6 années où j'y ai siégé j'ai appris énormément de choses, rencontré énormément d'élus locaux et de techniciens convaincus sur les questions environnementales, et pu faire un peu évoluer la politique, notamment en matière de diversification de l'habitat, en m'appuyant sur deux structures régionales : l'IAURIF (Institut d'Aménagement et d'Urbanisme de la région Ile de France) dont j'étais un administrateur actif et assidu, et, lorsqu'il fut mis en place fin 2006, sur l'Etablissement Public Foncier d'Ile de France (EPFIF) dont j'avais obtenu la Vice-Présidence, j'y reviendrai.

Membre du bureau et du comité syndical du PNR, nous nous réunissions une fois par mois environ, parfois plus, sur des dossiers préparés par des commissions d'élus et l'équipe de professionnels du parc : des gens de qualité et très motivés eux aussi, contents je crois de trouver un appui auprès d'un élu convaincu. Le maire d'une de ces petites communes, Jean-Jacques Boussaingault, conseiller général du canton de Milly-la-Forêt où était le siège du parc dont il était fondateur avec quelques autres, RPR bon teint, notaire qui connaissait beaucoup d'affaires foncières sur ces communes rurales, présidait le comité depuis l'origine jusqu'à ce jour. Nous avions mis en place une petite commission chargée de donner un avis sur les permis de construire et les projets de documents d'urbanisme (POS notamment quand il y en avait) : la limitation de la consommation d'espace était un objectif partagé, sauf souvent des maires pour ce qui concernait leur propre commune ! La charte du Parc, un document contraignant, fût mise en révision entre 2007 et 2009 en vue du renouvellement du PNR par la Région et le ministère. Je participai activement à ces travaux, en lien avec ce que nous faisions à la région pour renouveler le Schéma Directeur de la Région Ile de France (SDRIF). J'utilisais aussi ma connaissance du secteur de l'habitat, consécutive à mes expériences antérieures municipales et associatives, et ma Vice-Présidence de la commission du Logement du conseil Régional, pour susciter la création de petites opérations de logements « à loyers maitrisés » - il ne fallait pas trop utiliser le terme « logement social » renvoyant pour une bonne partie d'entre les élus aux Tarterets à Corbeil ... mais ils se rendaient bien compte que le coût des maisons et appartements d'un secteur aussi protégé et résidentiel les rendait inabordables aux jeunes ou à leurs employés municipaux. Dans ce cadre, j'ai rencontré des élus volontaristes, quelle que soit la taille de la commune ; je pense tout particulièrement à Guy Cappé, alors maire RPR de Prunay-sur-Essonne, commune de 300 habitants, qui n'hésitait pas, avec son adjoint qui lui a succédé en 2008, Patrick Pagès, à préempter un bâtiment accueillant des familles modestes pour maintenir le caractère social de fait de la propriété et ne pas en chasser ses habitants, le lieu étant lorgné par un promoteur pour le réhabiliter sommairement et le vendre à la découpe après en avoir viré les occupants : le montant de l'achat étant supérieur au budget de la commune, il fallait dégager dans un temps record des subventions et, pour cela, proposer un projet exemplaire (chauffage solaire, isolation renforcée ..) et mobiliser tous les appuis, j'en étais un pour faire intervenir la région. C'est aussi dans ce cadre du PNR que j'avais fait lancer par l'IAURIF et l'EPFIF une étude de prospection foncière sur un certain nombre de communes.

4) *Les organismes extérieurs IAURIF-EPFIF*

Intéressé par les questions d'aménagement du territoire, j'avais souhaité siéger à l'IAURIF (Institut d'Aménagement et d'Urbanisme de la Région Ile de France). Cet institut rassemble une centaine de chercheurs de bon niveau, dans tous les secteurs de l'aménagement, des espaces naturels aux espaces économiques en passant par les secteurs des transports et du logement ; il produit mensuellement plusieurs « notes rapides » très reconnues, et, trimestriellement, des plaquettes thématiques de fond auxquelles contribuent aussi des experts extérieurs ; il organise aussi des séminaires et des colloques. Pour un chercheur comme moi, il était passionnant de m'intéresser à ces travaux scientifiques sur un domaine assez différent de la Physique Théorique des Hautes Energies dans lequel j'exerçai comme professionnel du CNRS.

Ceci me permettait de me tenir informé des publications et travaux en cours et aussi de ceux programmés pour l'année suivante, liste pour laquelle j'ai pu aussi être en proposition : je pense tout particulièrement à mon souci visant les territoires ruraux tels les PNR, aux possibilités d'une urbanisation modérée, non en extension urbaine mais permettant d'offrir des perspectives de logements à des publics variés, et pas seulement aux personnes capables d'acquérir une maison avec 2000m^2 de terrain, pour un prix élevé. Avec l'IAURIF fût donc réalisée finement une cartographie des surfaces du PNR du Gatinais potentiellement utilisables pour construire des logements ; puis en rajoutant une convention avec l'EPFIF (l'Etablissement Public Foncier d'Ile de France, voir ci-dessous), les communes volontaires purent faire étudier la faisabilité de petites opérations ; j'avais obtenu une dérogation pour cette démarche expérimentale, l'EPFIF n'intervenant en principe que pour des fonciers permettant la constructions d'un nombre significatif de logements et/ou d'activités. Plus largement, courant 2009 le conseil régional vota un rapport prévoyant des aides spécifiques à l'élaboration de projets d'habitat social en milieu rural pour l'ensemble de l'Ile de France. Avec le groupe urbanisme du PNR, nous lançâmes un « *appel à projets d'urbanisme durable* » en direction des communes du PNR. Plusieurs réalisations ont suivi au cours des années suivantes. Je ne suis pas sûr qu'ailleurs que dans le PNR du Gâtinais de telles actions concrètes eurent lieu, même si, après 2011 quand je représentais le département de l'Essonne au PNR de Chevreuse, je plaidais pour l'utilisation de tels dispositifs.

Comme Vice-Président de l'EPFIF, à côté de l'action commune à tous les administrateurs, analyser et valider les conventions préparées par l'équipe professionnelle et les collectivités locales pour la maitrise de terrains, je pouvais aller sur place pour la signature de conventions. J'ai par exemple à l'esprit une « promenade » dans une péniche sur le canal de l'Ourcq depuis le bassin de la Villette à Paris, avec Catherine Peyge, maire de Bobigny, et ses collègues des communes riveraines du canal, pour lancer publiquement une opération coordonnée de requalification des abords de ce canal au potentiel inutilisé : pensez que toutes les constructions, souvent des bâtiments industriels anciens, tournent le dos au canal, l'ouverture de fenêtres sur le canal étant interdite par les règlements de la voie fluviale et la ville de Paris. Surtout, frappé par le fait que dans ses premières années l'EPF et les communes se concentraient sur ce qui était « évident », je persuadais le Président et le Directeur général de l'intérêt d'avoir une vue prospective, de moyen et long terme à travers la constitution d'une commission d'administrateurs dite « Commission prospective foncière ». A partir d'auditions[35] nous avons produit sous ma responsabilité un rapport destiné à ajouter aux interventions classiques de l'EPF ce que nous avons appelé des opérations « en risque propre », qui ne supposaient pas l'engagement de la collectivité locale de racheter les terrains au prix coutant si l'opération ne se faisait pas, et se positionnaient sur des secteurs à enjeux

---

[35] Direction régionale de l'Equipement ; IAURIF ; député Gilles Carrez, à l'époque président de la commission des finances de l'assemblée et rédacteur d'un rapport sur les financements des investissements des projets dits du Grand Paris et des coûts de fonctionnement en découlant ; Préfet Jean-Pierre DUPORT, ancien président de RFF, auteur d'un rapport au Premier Ministre sur le droit de préemption …

plus lointains. Le conseil d'administration de l'EPFIF intégra cette dimension de son action à ses règles d'intervention le 19 Novembre 2008. Nous visions entre autres des secteurs autour des gares envisagées dans le schéma de transport du Grand Paris afin de bloquer la spéculation et de récupérer ensuite pour la collectivité la future plus-value résultant de la réalisation du transport public, de façon à pouvoir financer les équipements indispensables au bon fonctionnement de ces nouveaux quartiers. Après la fin de mon mandat en 2010, je continuai à travailler – bien sûr bénévolement - à la demande du Président sur un rapport qui m'avait été commandé sur une stratégie foncière anticipatrice sur les zones d'extension urbaine, notamment péri-urbaines, prévues au SDRIF et pour lesquelles il convenait d'avoir une intervention compatible avec le développement durable et la limitation des extensions foncières. Mon rapport, établi après plus d'une quinzaine d'entretiens avec des institutions et partenaires de l'aménagement et du foncier, débouchait sur 23 propositions de divers ordres dont une partie fût reprise par l'EPFIF dans l'évolution de son cadre d'intervention.

Ces travaux intéressaient aussi l'Office Régional du Foncier (ORF), organisme rassemblant des professionnels de tous les aspects du foncier, co-piloté par l'Etat et la Région, dans lequel je représentais la Région. Après la fin de mon mandat en 2010, je continuai à travailler dans des groupes de travail au sein de cet organisme, notamment en étant rédacteur du rapport du groupe de travail « Quelles actions foncières pour le péri-urbain », réuni de février à octobre 2012 pour proposer une méthodologie adaptée à ces espaces ouverts.

Je souhaite souligner que, bien que connu comme « politique » dans ces organismes plutôt techniques, sans doute grâce là encore à ma formation de base, et donc de la méthodologie qu'elle entrainait, j'étais reconnu au titre d'expert. J'ajoute que ces travaux, à la fois théoriques et pratiques, me plaisent énormément et occupent une partie souvent passionnante de ma vie politique, imbriquée avec ma vie de chercheur. J'ajoute que, même si ce n'est pas évident à communiquer, un peu comme mes travaux de recherche fondamentale, les politiques publiques sur lesquelles j'ai été impliqué ont des conséquences pratiques sur la vie des citoyens, que ce soient les actions liées aux lycées, celles liées aux réhabilitations et constructions neuves de logements sociaux, celles liées aux actions concrètes dans les PNR et même les politiques foncières en ce qu'elles conditionnent les futures politiques d'aménagement.

Une autre réflexion, dans le prolongement de celle faite dans le chapitre 4, section 2 de la première partie de ce texte, a trait à la pérennité des avancées qu'un élu motivé peut faire faire à la collectivité : aussi bien dans les politiques de l'EPFIF que dans celles de la Région ile de France, je crains que les avancées faites ensemble ne se soient plus traduites en projets concrets, les changements de logiciel nécessitant - comme on le voit dans des champs plus nationaux avec l'échec relatif de Nicolas Hulot au gouvernement - des changements conceptuels et des formations différentes pour l'administration qui, elle, survit aux différentes élections et aux changements d'élus ! Je reviendrai sur cette question essentielle dans l'action politique lors de l'examen de la pérennité de certaines actions conduites comme Vice-président du département (4ème partie, section 5).

D'autres sujets concrets m'ont mobilisé, pas toujours avec succès d'ailleurs ! Je pense par exemple à la question du renforcement des voies autour du RER C entre Valenton et Massy-Palaiseau. En effet, ces voies du RER C (fréquence de 15mn entre Orly et Paris, mais de 30mn seulement pour la section Orly/Massy-Palaiseau) servent aussi au passage des TGV interconnectés entre les branches Atlantique et les autres, sud-est, est et nord. En plus, un peu avant l'arrivée sur Massy, les TGV n'ont qu'une voie pour les deux sens. Donc, depuis le début des années 2000, avec l'appui des régions desservies par le TGV Atlantique, la SNCF et RFF ont étudié des solutions permettant à la fois de fluidifier les circulations des TGV – et donc de renforcer les dessertes interconnectées – et de faire passer tous les RER C Massy-Palaiseau/Paris à la fréquence RER de 15 mn, une belle amélioration potentielle, et un allégement de la fréquentation en forte hausse sur le RER B. Mais la ville d'Antony, suite aux réclamations d'une centaine de riverains situés en bordure des voies, bloquait ce projet, de plus en refusant la suppression d'un passage à niveau, en pleine ville d'Antony, nuisant aux fluidités route et rail ! En 2004, face à ce blocage, la Région, le STIF et RFF avaient lancé une étude sur les problèmes et des améliorations possibles. J'ai participé avec ma collègue Catherine Candelier aux discussions avec le bureau d'études pour aller au-delà de leurs propositions afin de lever le blocage des riverains et de la ville, en m'appuyant sur mon expérience de la présidence de la fédération des associations contre les nuisances du TGV Atlantique, au début des années 80. Sans accepter des solutions « démagogiques », du type passage en tunnel, réclamées par les riverains pour enterrer aussi au sens figuré le projet, nous avons pu obtenir certains progrès et une estimation précise de l'évolution des nuisances sonores, montrant l'impact très limité, une fois les nouvelles protections phoniques prévues prises en compte. Le maire d'Antony, Jean-Yves Sénant, alors conseiller régional, freinait des quatre fers, sa ville n'ayant aucun avantage à ce projet[36]. On voit que l'intérêt général est souvent vu de façon très limitative par rapport aux dizaines de milliers de voyageurs qui allaient voir leur quotidien amélioré. Tout cela traina fortement, RFF faisant une partie des travaux entre Valenton et Orly et à mon départ du conseil régional, le projet était toujours bloqué. Une enquête publique fut bien organisée en 2013 mais les riverains, bien motivés, exprimèrent de nombreux avis négatifs. Je persuadais Vincent Delahaye, maire de Massy et président d'une association de maires des communes traversées par le RER B pour son amélioration, de faire voter par le conseil municipal de Massy une délibération favorable au projet. J'aurais souhaité qu'au niveau de l'association des élus, dont le maire d'Antony était adhérent, un débat soit mené pour le faire changer d'avis. Mais, comme m'a un jour répondu Nicolas Samsoen, devenu maire de Massy « *je n'interviens pas auprès du maire d'Antony, chacun chez soi !* ». Il n'y a pas eu de suite car, après l'accident de Brétigny, en Juillet 2013, la

---

[36] J'ai évoqué en début de ce texte cet objectif tactique d'arriver à impliquer des personnes, des décideurs élus ou non en leur faisant trouver un intérêt à l 'action. Pour Antony, au début des années 1980, j'avais pu argumenter, tant auprès de J.-P. Fourcade Vice-Président du CRIF que de P. Devedjian, maire d'Antony, de l'intérêt qu'ils pouvaient retirer de la couverture, au moins partielle, des voies du futur TGV dans la banlieue : pour l'un, une réalisation régionale, la Coulée Verte, à mettre au bilan de son action, pour l'autre la coupure existante de sa commune par une tranchée devenant, après couverture, un espace supplémentaire de promenade et de jeux ... et augmentant la valeur des habitations en bordure de cette ex-tranchée ! Dans le cas du RER, il aurait fallu que le maire prenne en compte l'intérêt général et à minima mobilise les autres habitants de la commune habitant à proximité des deux arrêts dans sa commune, et donc de bénéficiaires potentiels d'une fréquence doublée. Il est toujours plus facile de mobiliser « contre » un projet modifiant un état jugé satisfaisant que « pour » une amélioration potentielle !

SNCF dut réorienter ses budgets sur la remise à niveau du réseau, et certains projets durent être déprogrammés : ce fût le cas pour cette liaison Massy-Valenton. Cette bataille m'a particulièrement éprouvé car je pensais que les élus – surtout quand ils bénéficient d'un autre mandat à un échelon plus large comme le maire d'Antony, conseiller régional, ou le Maire de Massy sénateur pour le premier, conseiller régional pour son successeur -, pouvaient avoir un sens de l'intérêt général au-delà de leur commune. Cela me rappelait Claude Germon, député pour mieux défendre les intérêts de Massy (voir note 17, chapitre 5) !
Une autre démarche visait la question des camps-bidonville de Roms-Roumains en Essonne et même à Massy-Palaiseau. Au-delà des démarches locales faites par les élus de « MASSY-autrement » dès 2007, en tant que conseiller régional, j'ai saisi le Sous-Préfet de Palaiseau en septembre 2009 pour l'organisation d'une table ronde - pour laquelle le Département était prêt, le président de l'union des maires de l'Essonne, M. Beteille, aussi – afin de relancer la mise en œuvre du plan d'accueil des gens du voyage d'une part, de répondre à la situation des bidonvilles Roms et Roumains d'autre part. Le sous-préfet n'a pas jugé bon de me répondre … ni d'organiser cette table ronde. Je reviendrai sur ce sujet dans la quatrième partie avec mes actions en tant que Vice-Président du Conseil général.

Ces six années de mandat furent globalement passionnantes, même si l'investissement personnel était peut-être disproportionné par rapport aux résultats positifs concrets pour les habitants, et, en septembre 2009, lors de la préparation de la liste des Verts pour l'élection de mars 2010, je posais ma candidature interne aux Verts Essonne pour pouvoir renouveler mon mandat, en espérant y jouer un rôle plus directement exécutif. Alors que 6 ans avant il n'y avait pas trop de candidats, il y en eut pléthore ! C'était peut-être dû à la meilleure connaissance de l'institution régionale par les adhérents, suite aux retours que nous trois en faisions dans les réunions des Verts Essonne. Les sondages attribuaient à notre liste conduite par Cécile Dufflot un score important, et la volonté des Verts, suite à la création d'Europe Ecologie la même année, était de permettre à des candidats non-membres de notre parti de renforcer l'équipe des futurs élus. Il s'agissait pour les adhérents de l'Essonne de désigner un ensemble de 8 candidats, 4 femmes et 4 hommes, ensemble qui servirait aux Verts Ile de France pour composer la liste, en complétant avec des personnalités extérieures aux Verts. Malgré une profession de foi et un rapport d'activités copieux, j'eus la très mauvaise surprise, lors du vote à notre assemblée générale du samedi 3 octobre, d'être éliminé (de fait 2 des 3 sortants le furent, Marie Pierre Digard, avec le même nombre de voix que moi, étant repêchée car les autres candidates femmes étaient moins connues). J'ai, et je n'étais pas le seul, trouvé cette décision très injuste, en grande partie due à l'opposition menée par certains contre moi les années passées en tant que Secrétaire départemental, et aux méthodes de vote des Verts souvent mieux adaptées à l'élimination des personnes qu'au choix positif.
J'eus néanmoins le plaisir de terminer mon mandat d'administrateur du PNR du Gâtinais par un voyage d'étude et de rencontres passionnant dans la région du Bas Saint Laurent au Québec, avec plusieurs membres de l'équipe du PNR, et avec ma femme Geneviève, bien entendu sur nos finances personnelles. Cette région rurale développait des pratiques novatrices en articulation entreprises-pouvoirs publics qui intéressaient le PNR, pratiques illustratrices aussi pour moi de l'économie sociale et solidaire, sujet qui allait m'occuper au Conseil général de l'Essonne de 2011 à 2015, … et me faire revenir au Québec, … mais je ne le savais pas encore !

Troisième partie : Massy en Vert et pour Tous

1) Une campagne autonome pour les municipales de 2008

On se rappelle qu'à l'été 2007, les adhérents de « MASSY-*autrement* » et ceux des Verts de Massy débattirent de l'opportunité de se présenter de façon autonome aux municipales suivantes de mars 2008. Les avis étaient assez partagés, Yves Pharipou par exemple était en désaccord avec l'idée de ne pas être simplement sous les couleurs des Verts et pronait de laisser tomber la référence à une association. Pour d'autres, il fallait emmener avec nous dans l'aventure municipale des massicois réservés par rapport aux partis politiques, et rassembler les bonnes volontés soucieuses de privilégier la dimension écologique et les solidarités ... les deux fondements de « MASSY-*autrement* ». Mais pour plusieurs, il apparaissait important d'écarter cette référence, assez marquée politiquement dans l'histoire des 25 années précédentes ! Mon ami Roger del Negro, pas engagé directement dans les listes précédentes – sa femme, Catherine avait, elle, fait partie en 1995 de « Changer Massy », puis nous avait rejoints et avait participé activement à la campagne de 2001 autour de Jérôme Guedj - était partant pour animer la constitution d'une telle liste avec Nicole Crépeau, conseillère sortante, en seconde position.

Parallèlement, Marie-Pierre Oprandi, élue du canton Massy-Ouest et Vice-Présidente du Conseil général depuis les cantonales de mars 2004, que je connaissais depuis longtemps puisque nous avions siégé ensemble au conseil municipal de 1989 à 1995 puis de 2001 à 2004, et qui avait apporté l'appui du département à l'AISH lors des périodes financières difficiles pour l'association, avait été désignée tête de liste commune par les partis de gauche : elle souhaitait rassembler aussi les écologistes et que nous participions aux ateliers lancés et ouverts pour élaborer le programme. Echange de rôles avec 2001, Jérôme Guedj était cette fois second de sa liste.

Pour ma part, déjà conseiller régional et ayant été très absorbé dans les mois précédents de 2007 par mes soucis pour ma deuxième fille Noëlie, je me voyais m'investir seulement en appui technique, heureux que j'étais de voir s'affirmer une individualité nouvelle dans notre microcosme, même si Roger était aussi adhérent et responsable local des Verts depuis plusieurs années. Directeur d'école à Villaine, il était bien connu sur la ville - comme l'était aussi Philippe Bernardin, professeur des écoles depuis 1982, un ami et pilier de « MASSY-*autrement* » quasiment depuis l'origine. J'étais de ceux qui insistaient sur la mise en avant du candidat maire, bien sûr avec une équipe, et je m'efforçais de contre balancer la modestie personnelle de Roger et d'insister sur le fait qu'à une élection municipale, les citoyens votent malgré tout pour – ou contre - une personne, le maire !

J'ai parlé plus haut de l'analyse que nous avions faite après l'échec de 2001 sur la personnalité de la tête de liste. J'avais aussi personnellement évoqué cette question avec Jérôme, suggérant qu'une personnalité socialiste, passionnée par l'action municipale, choisisse notre ville pour s'y implanter comme tête nouvelle. En 2008, Delahaye aurait deux mandats derrière lui, une bonne perception de la part des habitants, et bien sûr des personnes qui le critiquaient, mais pas forcément au point de parier sur un ou une autre ! Il ne serait donc pas facile à battre. Il aurait donc été essentiel de démarrer dès 2002 le travail d'implantation et de mise en avant d'une nouvelle personnalité. Mais ce ne fût pas leur choix, ni après 2001, ni d'ailleurs après le nouvel échec de 2008.

Certes M.-P. Oprandi, ex. belle fille de Claude Germon était un choix qui permettait de « neutraliser » l'hypothèque Germon, d'autant plus que Mélenchon était devenu parisien et restait toujours polarisé par son courant national, qui s'était opposé à la campagne présidentielle de Ségolène Royal. Mais nous n'étions pas très convaincus par Marie-Pierre, malgré plusieurs heures de rencontres avec elle et son équipe, principalement du fait de la très faible présence sur le terrain local des militants socialistes qui se montraient à nouveau quelques temps avant les échéances, sur la foi bien connue que « *Massy est à gauche* ».

Tant qu'à faire campagne, autant le faire sur nos thèmes, d'autant plus que notre électorat se recouvrait en partie avec celui qui avait permis à Delahaye de dépasser les 42% usuels de la droite aux élections et donc, autant essayer de l'en priver en étant bien identifiés. C'était une des questions que nous nous posions lors de notre analyse des résultats de 2001 (voir première partie, chapitre 6, fin de la section 2) : « *Et une question importante pour la suite au vu du score de Delahaye sur le canton Ouest au premier tour : la présence écologiste avec MASSY-autrement et Les Verts n'était sans doute pas assez explicite et forte : peut-être une liste autonome, sans agressivité, aurait plus affaibli Delahaye, notamment sur le canton Ouest, décisif ? »

Avec Roger, nous pûmes remobiliser des massicois qui avaient déjà travaillé pour la vie municipale, et surtout en trouver d'autres n'ayant jamais fait de campagne et donc désireux de s'impliquer d'une façon innovante. Nous avions défini quelques thèmes, avec des responsables de thèmes, mais nous tenions à nos réunions collectives, indispensables pour créer une unité autour des différents aspects. Le leitmotiv « *pour une ville écologique, solidaire et innovante* » se déclinait en thématiques dont les principales étaient : la santé avec un Plan Local en Santé Environnementale, le logement et le réchauffement climatique, une ville pour tous les âges de la vie, l'insertion pour un emploi socialement utile et écologiquement soutenable, le partage de la rue pour de meilleurs déplacements, une vie culturelle et créative, une meilleure gestion de nos déchets, le droit à la sécurité pour tous, une politique sportive pour tous … regroupées dans une plaquette dont on pourrait s'inspirer encore aujourd'hui*24. Ne voulant pas en rester à de grandes pétitions de principe, nous avions aussi tenu à préciser les premières décisions que prendrait notre équipe pour chacune de nos orientations.

Au total une belle liste, une belle campagne mais nous n'avons pas réussi à faire le score attendu. Le 9 mars 2008, seuls 1100 électeurs nous avaient apporté leurs suffrages (7,73%), 1295 à la liste de Dawari Horsfall (9,10%), 4729 à Marie-Pierre Oprandi (33,25%) et 7100 à Vincent Delahaye, comme en 2001 presque réélu dès le premier tour avec 49,92% des voix (il ne lui en manqua cette fois que 12 !). Comme nous l'avions annoncé, nous acceptions de fusionner avec la liste de gauche[37], mais les exigences de la liste de Dawari ne rendirent pas possible la fusion qu'elle recherchait – de fait avec l'une ou l'autre des deux seules listes pouvant rester en lice pour le second tour. Pour notre part, nous n'obtinrent qu'un siège potentiel en cas - probable - de défaite et Roger ne put remplacer Jérôme Guedj en seconde place.

Vincent Delahaye gagna le duel sans difficulté avec 57,01% des voix et Marie-Pierre recueillit 1454 voix de plus que le 9 mars, dont très certainement la totalité de celles qui s'étaient portées sur « Massy en Vert et pour Tous ».

---

[37] La veille du premier tour, nous nous étions retrouvés chez Serge Moronvalle pour déterminer à partir de nos deux programmes, ce qui serait dans le programme de la liste fusionnée.

Sur 39 sièges, l'opposition en eut donc seulement 8 : Marie-Pierre, Jérôme, Inayatte Ben Slimane, Roger, Francine Noël, Philippe Gautreau, Colette Jean et Olivier Roverc'h (cinq PS, un Verts, un MRC et une PCF).

Au passage, les élections cantonales sur la moitié des sièges de l'Essonne furent positives pour le parti socialiste (les Verts perdirent comme on l'a vu leur seul élu), mais la tentative de putsch de Jérôme Guedj pour prendre la présidence du Conseil général occupée par Michel Berson, sans doute mal préparée, ne réussit pas. Ce sera pour 2011 comme on le verra dans la quatrième partie.

Le 5 Mai 2008, l'association « MASSY-autrement », réunie en assemblée générale, décide de changer de nom pour acter la campagne précédente et devient officiellement « MASSY : en VERT et pour TOUS » (MVT). Les presque 26 années de l'aventure de MASSY-autrement s'achevaient, mais comme on dit « *le roi est mort ! Vive le roi !* »
Parallèlement, lors d'un couscous pris ensemble, les membres de la liste MVT de Roger del Negro décidèrent, pour faire avancer concrètement les thèmes qu'ils avaient défendu pendant la campagne, de s'investir dans des actions concrètes : la première fût, autour de Serge Moronvalle, la création de la première AMAP massicoise, avec d'autres citoyens que les seuls adhérents de MVT.

2) *Six années de présence municipale avec Roger !*

Pour Roger, c'était son premier mandat et il chercha tout au long à garder une expression spécifique. On peut distinguer deux phases : MVT jusqu'en 2011-2012 environ, EELV Massy ensuite, ces deux phases entrecoupées par la séquence électorale des régionales et des cantonales en 2010 et 2011.

- **Sous la bannière MVT, au conseil et sur la ville**

Avec l'association, et en prolongement des interventions de Nicole Crépeau et Philippe Bernardin à la fin du mandat précédent, nous revenons en mai-juin 2008 sur la question de l'eau, avec un tract et une pétition demandant le passage en régie publique de la distribution de l'eau, 50% plus chère à Massy qu'à Paris.
Puis, nous organisons une – nouvelle – promenade à vélo dans Massy pour sensibiliser à nos propositions déjà anciennes*[25]

Lors du débat d'orientation budgétaire du 27 novembre 2008, Roger planta le décor en demandant des preuves concrètes de la déclaration d'amour du maire, « la formidable dynamique » en faveur du développement durable. Quelques items absents seraient à prendre en compte : la santé environnementale et le passage au bio en restauration collective, la HQE pour les nouveaux équipements publics avec au moins dans un premier temps des panneaux photovoltaïques, le questionnement de la pertinence et de l'efficacité de certaines dépenses (en matière de brigade canine ou de couverture du skate park, pour la limitation à un montant plus raisonnable des dépenses de fleurissement,…), la mise en place d'une redevance d'enlèvement des ordures ménagères au poids, d'une déchetterie et d'une politique systématique de maitrise des consommations énergétiques et des divers fluides par les bâtiments communaux, l'arrêt de la vente du parc locatif existant et des logements municipaux, l'élaboration d'une vision intercommunale ...

De même, une nouvelle révision du PLU ayant été lancée en novembre 2008, dès l'arrêt du projet au conseil du 4 juin 2009 en vue de sa mise à l'enquête, Roger présenta plusieurs amendements, totalement rédigés, pour les différents articles, et évoqua dans son intervention des aspects non traités par la municipalité, boulevard commercial, zone naturelle de Vilgénis, sans doute pour garder les mains libres ?
En conséquence, en novembre 2009, MVT distribua un tract*[26] concernant, d'une part la révision du PLU et son enquête publique, d'autre part la substitution au projet de taxe d'enlèvement des ordures ménagères d'une redevance incitative avec compensation des nouvelles recettes globales de cette redevance par une baisse moyenne de la taxe d'habitation.

En mars 2009, ce furent des interrogations sur le niveau des baux commerciaux après la reconstruction projetée du centre commercial de la Place de France.

- **Les régionales de 2010 et les cantonales de 2011**

En mars 2010 nous sommes actifs dans la campagne des régionales qui est un grand succès pour la liste EELV conduite en Ile de France par Cécile Duflot (voir la deuxième partie de ce texte) et la socialiste de Massy, Hella Kribi, est élue. Responsable des socialistes de Massy, elle se présentera en 2011 comme ma suppléante à la cantonale, mais nous n'étions pas convaincus par l'idée qu'avec elle comme tête de liste, Vincent Delahaye pouvait être enfin battu aux municipales. Souhaitant réussir une alternance écologique et solidaire à Massy, nous avons à nouveau plaidé auprès du parti socialiste pour qu'il avance une nouvelle tête pour conduire la future liste commune. Moi-même, dès le 15 octobre 2010, je rencontrais confidentiellement Marie-Noëlle Lienemann pour lui suggérer de revenir au plus tôt à Massy en vue de ces municipales, mais elle fût choisie début 2011 par les socialistes parisiens comme candidate aux sénatoriales. Plus tard, évoquant à nouveau avec Jérôme Guedj cette question d'une implantation d'une nouvelle figure à Massy, il me cita Benoit Hamon, je ne manifestais aucune opposition, mais souhaitais que cela se fasse très largement avant 2014 pour avoir une chance de réussir.

Fin 2010, les adhérents EELV de Massy se mobilisent à mes côtés pour la campagne des élections cantonales de mars 2011 où je porterai les couleurs des écologistes avec le soutien du PS dès le premier tour sur le canton Ouest de Massy. Cet accord entre nos deux formations, m'investissant contre Marie-Pierre Oprandi, conseillère générale sortante ayant quitté le PS au profit du parti de gauche, se voulait fondateur d'une nouvelle logique de rassemblement dès le premier tour des prochaines élections municipales de mars 2014*[27].
Tracts à écrire et à diffuser, porte à porte dans les immeubles, réunions de quartier : je remercie mes amis – ainsi que certains militants du PS actifs à nos côtés à cette occasion - pour l'énergie qu'ils ont développée, et particulièrement Roger qui fût mon mandataire financier.
Comme expliqué dans le chapitre suivant, les candidats du maire, Henry Quaghebeur à Massy-Ouest, Pierre Ollier à Massy-Est ont été battus à cette élection.

- **On ne parle plus de MVT, mais EELV Massy reste actif**

A partir de 2012, les adhérents de MVT étant tous à Europe Ecologie, l'expression de l'association se fit au nom d'EELV Massy, nos tracts et notre site internet furent signés en ce sens, notamment avec l'organisation le 15 mai 2013 d'une réunion publique sur les transports avec Pierre Serne, Vice-président EELV du Conseil régional en charge.
Les adhérents étaient aussi mobilisés par la réalisation et la diffusion de ma lettre de canton*[28] et, naturellement, j'apportais à Roger des éléments sur certains dossiers, utiles pour ses interventions au conseil municipal.

D'autres sujets furent évoqués par Roger au cours de la suite de son mandat, notamment dans ses interventions en séance ou dans ses tribunes dans le magazine municipal : la ligne 18 du Grand Paris et le Plateau de Saclay, la vente des logements de la ville, l'utilisation temporaire des logements acquis par la ville en vue de leur démolition pour l'hébergement d'urgence, la video-surveillance, les expulsions des Roms, le sommet raté à Copenhague sur le dérèglement climatique, le projet de la Place du Grand Ouest ....

3) *Vers les municipales, sur la liste commune conduite par Hella Kribi*

Dans le prolongement de cette décision de préparer une liste commune pour 2014, au premier semestre 2013 nous commençons à travailler avec les socialistes. Lors d'une première réunion chez moi, avec d'un côté Karim Ben Slimane et Sébastien Saldes et de l'autre Roger, Serge et moi, nous revenons sur l'utilité d'une nouvelle tête dans le paysage politique massicois. Même s'ils en conviennent, ce ne sera pas possible, mais après quelques rencontres de cadrage politique qui découragent Roger, un appel public est lancé en juin et des groupes de travail thématiques se réuniront de septembre à décembre 2013. Eric Déorsola, qui nous a rejoint ces dernières années, sera très présent dans cette campagne aux côtés de Serge ; je piloterai le groupe programme sur l'économie et serai présent à leurs côtés. Dans un contexte de « *sortez les sortants* » mais surtout de rejet de la gauche, déconsidérée avec la Présidence Hollande, la campagne n'aboutira pas à un succès – avec seulement 25,75% des voix pour la liste d'Hella, 67,05% pour Vincent Delahaye et 7,38% pour le Front de Gauche[38] -, mais avec la fin des expériences MASSY-*autrement*/MVT et de mon engagement fort dans la vie locale, on sort du champ de ce texte.

Quelques remarques sur les différences entre les scrutins municipaux et les autres (départementaux, régionaux, législatifs et présidentiels)

On constate qu'à tous les scrutins non municipaux depuis 1980 la gauche, élargie aux écologistes, est en tête sur Massy, même de façon très faible en cas de raz de marée de droite comme en 1993, et même dans la foulée de présidentielles gagnées par la droite en 2002 et en 2007. Le critère personnel joue à la marge, de quelques pourcents, les sortants de gauche sont largement réélus (Claude Germon, élu en 1981, est réélu en 1986 et 1988, François Lamy, élu en 1997, est réélu en 2002, 2007 et 2012).

---

[38] A noter qu'un an après, aux élections départementales de mars 2015 sur le canton de Massy-Chilly, dans un contexte toujours défavorable pour la gauche, les candidats de droite, Pierre Ollier adjoint à Massy et Martine Cinosi-Girard de Chilly-Mazarin, n'eurent que 47,31% des voix sur Massy, illustrant une fois de plus le décalage élections « nationales »-élection municipale commenté ci-après.

Le tableau ci-dessous donne les scores sur Massy aux divers scrutins (généralement lors des seconds tours : en 1986 il n'y avait qu'un seul tour à la proportionnelle ; en 2002, où le second tour de la présidentielle est atypique, j'ai additionné les chiffres de gauche ou de droite du premier tour mais je n'ai compté ni le FN ni les listes d'extrême gauche) :

Présidentielles	1981	/	1988	/	1995	2002	2007	2012
Gauche	63,61	/	62,21	/	54,45	*45,43	57,47	64,66
Droite	36,39	/	37,79	/	45,55	*27,21	42,53	35,34
Législatives	1981	1986	1988	1993	1997	2002	2007	2012
Gauche	68,26	53,4	61,01	50,43	58,00	55,76	58,12	65,00
Droite	31,74	36,1	38,99	49,57	42,00	44,24	41,88	35,00
Cantonales	1979	1985	/	1992	1998	2004	2011	2015
Gauche	67,25	52,34	/	**42,02 +10,61	54,33	54,15	55,63	52,69
Droite	32,75	47,66	/	47,37	45,67	45,85	44,37	47,31

*En 2002, le second tour des présidentielles n'opposant pas droite et gauche, j'ai additionné les scores de gauche au premier tour (partis représentés dans le gouvernement de Lionel Jospin) et ceux de la droite et du centre.
**En 1992, mon score sur le canton Ouest au second tour, 1252 voix donnerait 10,61% des voix rapporté au total de votes exprimés sur la ville (11802).

A gauche, écologistes compris, il y a naturellement des fluctuations liées au contexte national (sanctions de la gauche au gouvernement en 1993 et en 2015) ou au mode électoral (législatives de 1986 à la proportionnelle à un tour) mais on reste au-dessus de 55%.
A droite on est autour de 43%, aux mêmes fluctuations près.
Sur les cantonales, sans doute un peu intermédiaires entre scrutin national et scrutin municipal, la droite tourne autour de 45%.
A noter aussi que le Maire candidat n'apporte qu'un différentiel très faible aux élections « nationales » (Germon en 1993 ; Delahaye éliminé au premier tour des législatives de 1997 et battu aux cantonales de 1998)

Le tableau suivant s'intéresse aux élections municipales depuis 1977 (chiffres second tour) :

Municipales	1977	1983	1989	1995	2001	2008	2014
Gauche	*68	49,08 + MA 9,45	61,77	49,60	40,67 + Germon 5,93	42,99	25,55 + FG 7,39
Droite	*32	41,47	38,23	**50,40	53,40	57,01	67,06

*Je n'ai pas retrouvé les résultats précis de 1977, le chiffre indiqué est un arrondi.
** Pour mémoire, au premier tour, la liste unique de droite conduite par V. Delahaye avait obtenu 43,05% (Jacques Chirac était à 45,55% le 7 Mai)

Il y a naturellement des fluctuations liées au contexte national (sanctions de la gauche aux municipales de 1983 ou à celles de 2014)
On retrouve le basculement complet à partir de 1995 et la première victoire de Delahaye avec une symétrie (32% droite en 1977 – 33% gauche en 2014 ; 41,5% droite en 1983 – 43% gauche en 2008 ; 38% droite en 1989 – 41% gauche en 2001 ; quasi égalité en 1995)

Si on regarde la différence entre score municipal et score « national » sur la ville de Massy, on remarque qu'il est faible (inférieur à 5%) jusqu'en 1995, puis qu'il croit au profit de Vincent

Delahaye et de la droite. Sans doute l'effet de l'absence d'affichage par Vincent Delahaye du soutien des partis politiques de droite lors des scrutins municipaux, alors que les listes de gauche se sont toujours revendiquées comme telles. Sans doute aussi, moins localement, une certaine « dépolitisation/dé-corrélation » des scrutins municipaux vis à vis des scrutins législatifs, même dans les grandes villes de plus de 30 000 habitants, est-elle à l'œuvre à partir de 1995 en France et s'est encore accrue ces dernières années : parallèlement, la participation aux municipales en France est inférieure à celle aux législatives jusqu'aux années 1980[39] puis le différentiel se renverse en faveur des municipales à partir des années 2000.

A Massy, le différentiel local/national s'accroit très fortement pour la droite (si on compare législatives – ou présidentielles en 1995 - et municipales : +5% en 1995 ; %9% en 2001-2002 ; +16% en2007-2008 ; +32% en 2012-2014) : on voit bien l'effet du maire en place, mais aussi la baisse significative des partis de droite aux présidentielles et législatives qui augmente mécaniquement le différentiel local/national.

---

[39] Je n'ai pas trouvé d'étude sur l'évolution de la participation aux élections, spécifiques aux grandes villes (pour France entière je m'appuie sur le site https://www.france-politique.fr)

Quatrième partie

Au Conseil général de l'Essonne, de mars 2011 à mars 2015

J'ai évoqué les difficultés d'accord électoral départemental entre le PS et Les Verts Essonne, à chaque premier tour de renouvellement cantonal, les socialistes tenant à leur hégémonie et, de plus, souhaitant souvent choisir nos candidats.

Carlos Da Silva, proche de Manuel Vals dont il est suppléant depuis 2002, devient premier secrétaire de la fédération de l'Essonne du Parti socialiste en novembre 2008 en succédant à Marianne Louis, de la Gauche socialiste ; il vient aussi d'être élu conseiller général du canton de Corbeil. Après le putsch manqué de Jérôme Guedj, putsch en rupture avec les usages du PS essonnien depuis l'arrivée de Jean-Luc Mélenchon à sa tête en 1981 de se répartir les postes à l'avance de façon à éviter les conflits, les bonnes habitudes sont reprises : Jérôme de la Gauche socialiste deviendra président du département en mars 2011, Michel Berson sera en position éligible sur la liste de la gauche[40] aux élections sénatoriales de septembre 2011 et Carlos da Silva restera à la tête du PS essonnien. De plus, après la désignation de Ségolène Royal comme candidate socialiste aux présidentielles de 2007, et le congrès du PS de 2008 où la gauche du parti, bien que rassemblée, recueille moins de 20% des voix, Jean-Luc quitte le PS pour créer le « Parti de Gauche » (PG). Contrairement à Marie-Pierre Oprandi, l'autre conseillère générale de Massy, Jerôme ne quittera pas le PS.

Tenant compte de cette situation et de la volonté de la majorité du PS Essonnien d'un accord électoral de premier tour pour les cantons renouvelables en 2011, celui-ci nous propose deux cantons où nous serions candidats communs Verts-PS, avec un accord de désistement pour les seconds tours éventuels, une Vice-Présidence garantie et l'engagement de renforcer notre poids au renouvellement suivant[41]. L'un des deux cantons se situe sur les terres de la 5ème circonscription, plutôt favorables aux écologistes, mais à Gif sur Yvette, commune très à droite à toutes les élections, l'autre à Massy-Ouest, plus favorable mais « contre » la sortante Marie-Pierre qui n'est plus au PS, et contre un candidat de Vincent Delahaye bien sûr. Etant choisi pour être ce candidat - avec une suppléante socialiste, la conseillère régionale Hella Kribi -, il est sûr que j'évite au PS massicois de s'affronter directement à leur ancienne collègue, qui siège avec Jérôme au conseil municipal depuis plusieurs mandats comme on l'a vu dans le chapitre précédent …

La campagne est intéressante car, tout en gardant une forme proche de celle de Jérôme et des candidats socialistes, nous annonçons bien la couleur, je suis candidat EELV soutenu par le PS et les thèmes sur lesquels j'insiste sont les nôtres ; dans la plaquette programme*[27], qui est bien sûr essentiellement commune puisqu'il s'agit d'une future majorité commune, les

---

[40] En fait, n'acceptant pas d'être seulement cinquième derrière Jean-Vincent Placé, EELV, Claire Lise Campion, PS, Bernard Véra, PCF, Maud Olivier, PS, il présentera une liste dissidente sur laquelle il sera élu … exclu puis rapidement réintégré au PS !

[41] Particularité, la loi en vigueur à ce moment prévoyait que nous ne serions élus que pour trois ans, jusqu'en 2014 où tous les cantons seraient simultanément renouvelés avec création du conseiller territorial, à la fois élu départemental et régional. La loi créant le conseiller territorial a été abrogée en 2013 mais le renouvellement complet repoussé à 2015, pour ne pas surcharger le calendrier électoral de 2014 avec les municipales, européennes et sénatoriales … Elu pour 3 ans, je siègerai donc 4 ans …

exemples que je prends ainsi que certaines propositions précises pour le canton de Massy-Ouest sont bien identifiables comme écologistes.

Jean-Luc Mélenchon se fend d'un communiqué rageur contre les accords Verts-PS aux dépens des sortants du Front de Gauche, notamment contre moi, qui vient sur son ancien canton, avec sa violence naturelle « *dans ma commune, ils ramènent un fantôme. Je les préviens : il y aura du sang jusqu'au plafond …* » *[27].

Les militants socialistes massicois jouent le jeu, plusieurs militants EELV de communes voisines, sans élection cantonale, m'aident, notamment pour nous présenter en porte à porte, et le résultat du premier tour est sans appel : avec 33,57% des voix je dépasse largement Marie-Pierre qui, malgré le soutien communiste, plafonne à 18,03% mais aussi le premier adjoint de Delahaye, Henry Quaghebeur, qui ne fait que 32,73% des voix. Le candidat du FN recueille lui 10,11% des voix. Je suis donc confiant pour le second tour, le score de Marie-Pierre ne lui permettant pas de se maintenir et la différence nette entre nos deux scores validant le désistement explicite, même si son soutien fut à minima, rappelant même qu'en 1992 je ne m'étais pas désisté …

De l'autre côté de Massy, Jérôme recueille 34,61% des voix, suivi du candidat de Delahaye, son adjoint à la culture Pierre Ollier, avec 30,32%, mais le front de gauche représenté par le communiste Thierry Doulaud ne fait que 7,25%, derrière Dawari Horsfall, dont j'ai parlé à propos des municipales de 2008, à 7,57% et avec un FN à 14,88%.

Le 27 mars, au second tour, Jérôme est élu avec 54,44% des voix et moi avec 56,59% : c'est encore une élection qui confirme le caractère minoritaire des candidats de droite, même bien étiquetés « Delahaye », à une élection autre que la municipale.

Dans l'autre canton, Gif sur Yvette, où EELV porte une candidature commune, Fabienne Elbaz fait un bon score au premier tour avec 31,95% des voix mais échoue au second tour contre le Maire de Gif, Michel Bournat avec 45,15%. Au soir de ce second tour, je me retrouve – seul - élu Conseiller général EELV dans une assemblée de 42 membres comprenant 22 membres du groupe SER « socialistes, écologistes et républicains », 4 élus « Front de gauche » et 16 conseillers d'opposition de droite répartis en deux groupes (12 UMP et 4 indépendants).

Conformément au règlement du conseil général, étant seul élu écologiste je ne pourrais pas constituer un groupe autonome à la différence des communistes mais comme convenu dans nos accords, je siègerai comme Vice-Président. Pour ce qui est du contour de la délégation, je « récupère » celle de Marie-Pierre Oprandi à l'insertion, ce qui ne me déplait pas compte tenu de mes expériences associatives à API-Services, mais j'avais[42] souhaité avoir l'économie en charge, demande inattendue pour un écologiste. Celle-ci ayant été réservée pour Francis Chouat, second de Manuel Valls à Evry, et élu au département à la faveur de l'élection partielle d'avril-mai 2002 (voir première partie, chapitre 7, section 2), je propose une délégation nouvelle à l'économie sociale et solidaire et Jérôme rajoute les nouveaux emplois, en référence pour lui aux ex. « emplois jeunes » ou aux « emplois d'avenir » du programme socialiste pour la présidentielle de l'année suivante.

---

[42] De fait, durant toute la campagne, Jérôme refusa de discuter avec moi du contenu de ma future délégation – arguant qu'il fallait d'abord être élus – mais aux scrutins municipaux précédents ces questions avaient été débattues préalablement. Il souhaitait clairement pouvoir satisfaire au mieux les demandes socialistes et communistes, ce qu'il finalisa dans les trois jours suivant le scrutin, et n'échangea avec moi sur ces questions que la veille de la première réunion du Conseil.

La première réunion de l'assemblée départementale, le jeudi 31 mars, voit l'installation du nouveau Président, Jérôme Guedj, de l'ensemble des douze Vice-présidents, des quatre présidents délégués et de quatre conseillers généraux délégués, la création des quatre commissions thématiques qui examinent les rapports la semaine précédant la séance publique – mais pas les dossiers de mise en œuvre réservés à la commission permanente qui réunit, sans public, les 42 élus avec une trentaine de dossiers chaque mois.

Du fait de mes responsabilités passées au sein des Verts et de mon mandat d'élu régional, je connais déjà plusieurs élus et je m'adapte rapidement au fonctionnement de l'assemblée.

1) Le fonctionnement de la démocratie interne

Chaque lundi matin, l'ensemble des 26 élus de la majorité – et pas les seuls membres de l'exécutif – se réunit autour du président et de son cabinet pour débattre des politiques à mettre en œuvre et des rapports cadre en cours d'élaboration. Ce fonctionnement, en principe très collégial et avec une étude en amont des dossiers, me plait bien. Cependant, le poids du président, via la présence de son cabinet et de la direction générale des services, y est prépondérant. L'usage est, avant qu'un dossier d'un Vice-président soit inscrit à l'ordre du jour de l'exécutif, qu'il ait eu le feu vert du Président, au cours d'un rendez-vous bilatéral, ou au moins celui de son cabinet. Celui-ci est dirigé par Marie-Agnès Moutet-Lamy, très professionnelle, par ailleurs épouse du député-maire de Palaiseau, avec laquelle je nouerai des relations de confiance. Parmi ses conseillers techniques, je serai en interaction quasi quotidienne avec David Cassinari – dont j'avais connu le père, élu des Ulis, lorsque j'étais au conseil d'administration de Val d'Yvette Multi Services (VYME, voir l' *Interlude*). Non membre du parti socialiste, mais travaillant très en confiance avec Jérôme et Marie-Agnès, il fût tout au long de ces quatre années un partenaire exigeant, précis, solide et, ce qui ne gâte rien, amical. Ses notes quasi quotidiennes au président faisaient remonter les informations et questions à arbitrer, sur tous les sujets qu'il avait en charge : à savoir tout ce qui touchait au social, la principale compétence du département.

Par ailleurs, le groupe SER se réunit régulièrement autour de Patrice Sac, élu d'Athis-Mons, responsable du groupe, pour analyser la situation politique interne – notamment vis à vis du groupe Front de gauche - et les enjeux de certaines délibérations. Les réunions du groupe SER, plutôt décousues, souffrent du caractère un peu dilettante de Jérôme, surtout lorsqu'il remplaça François Lamy au parlement, et pour moi de l'ambiguïté avec un groupe de fait socialiste, puisque sur 22 j'étais le seul non membre du PS ! D'ailleurs Carlos da Silva, secrétaire départemental et Vice-président en charge des finances, siège à la tribune à côté de Patrice et de Jérôme.

Le groupe dispose de salariés qui assistent ses membres, analysent les délibérations soumises pour proposer et répartir les interventions des élus, préparent en lien avec ceux–ci leur communication externe dans le cadre de leur mandat, en particulier, pour les élus sans secrétariat, leurs courriers à destinations d'habitants, d'associations ou d'institutions de leur canton.

Suite aux accords politiques départementaux et à mon intervention, Fabienne Elbaz fût embauchée à mi-temps au groupe SER au titre d'EELV, puis relayée après sa maladie par Isabelle Catrain de Saint-Michel sur Orge, qui y est d'ailleurs encore. Elles m'aidaient à rédiger ma « lettre de canton » trimestrielle*[28], voire certaines interventions hors de mon champ principal de compétence (celles-ci étaient travaillées par mes collaboratrices et moi-même) ; elles diffusaient aussi aux adhérents de l'Essonne les délibérations prévues pour les séances suivantes de façon à recueillir leurs avis et éléments d'intervention. Je pense aussi à Yvan Lubranewski, en charge de la communication, professionnel de grande qualité qui supervisait la forme de ma lettre et qui, aux municipales de 2014, deviendra maire des Molières, commune du pays de Limours, dans laquelle il introduira de vraies politiques de démocratie participative.

<h3 align="center">2) Le fonctionnement de ma délégation</h3>

Compte tenu du contour de cette délégation avec
- en premier lieu l'insertion,

avec tout ce qui concerne le RSA et les politiques d'insertion des allocataires, soit en gros cent millions d'euros par an, avec un service, la DILEE (Direction de l'Insertion, de la Lutte contre l'Exclusion et pour l'Emploi), dirigé par Martial Le Nancq[43] que j'avais connu en tant que représentant de l'AISH et lui directeur du FSL lors de nos tentatives de création d'un CHRS. Cependant, la mise en œuvre des politiques d'insertion des allocataires se faisant au sein du service social du département qui était géré par une autre direction, la Direction du Développement Social et de la Prévention (DDSPS), et sous la responsabilité d'un autre élu, Jérôme Cauët, une bonne collaboration était indispensable,
- puis l'économie sociale et solidaire,

un champ nouveau pour le conseil départemental de l'Essonne, introduit à mon initiative, et donc où tout était à créer, mais je tenais particulièrement à ce qu'il ressortît bien de l'économie « réelle » et donc il me fallait en convaincre la direction du développement économique et l'élu référent, Francis Chouat, peu perméable à la pertinence de cette nouvelle politique, dans un département fortement marqué par l'innovation et le développement technologique,
- et enfin les nouveaux emplois,

avec notamment l'articulation avec les missions locales sur ce volet, Bruno Piriou élu communiste de Corbeil étant en charge de la politique jeunesse.

Pour agir sur tous ces thèmes, il me fallait de l'aide, y compris en termes de « matière grise ». Comme Vice-président j'ai bien sûr un secrétariat qui sera assuré durant tout mon mandat par Valérie Legendre, précédemment au service du personnel, qui n'arrive que le 14 juin mais qui connaît bien les ficelles de l'administration départementale, ce qui me fera gagner du temps. A côté, je peux faire embaucher, sur un contrat de 3 ans, un collaborateur, rattaché administrativement au cabinet du Président, mais totalement sous ma responsabilité. Privilégiant la compétence technique, notamment vis à vis de l'ESS, je diffuse dans les réseaux EELV mais aussi ESS une annonce. Après avoir reçu plusieurs personnes, dont plusieurs sorties de SciencesPo Paris, Grenoble ou autres, je vois Aurore Dufau le 5 mai - après beaucoup d'autres entretiens peu enthousiasmants -, c'est une jeune femme diplômée d'HEC, ayant travaillé dans des ONG en Equateur et ailleurs, qui me fait une excellente impression. Elle n'a aucune expérience des partis politiques ni des collectivités locales - mais ce n'est pas ma priorité -, elle a bien entendu des convictions écologistes et surtout un parcours professionnel atypique pour une personne diplômée d'HEC[44]. Je dois dire que ce haut niveau me séduit

---

[43] Alice Lapray lui succédera à l'automne 2014.

[44] Elle ne restera avec moi que jusqu'à l'été suivant par suite d'un congé de maternité puis ne reviendra pas comme prévu début 2013 car elle part alors avec son mari et ses deux filles à Nantes. Après un intermède de 6

aussi, encore mon côté élitiste. Son absence d'expérience politique détonnera un peu au conseil où la majorité des collaborateurs de cabinet sont des politiques. Elle n'est disponible que le 27 juin mais elle pourra assimiler les dossiers tout le mois de juillet, et je reviendrai en Essonne la dernière semaine de juillet pour plusieurs rendez-vous importants qu'elle aura préparés pour le lancement de la politique ESS avec le service du développement économique. Dès la séance d'installation le 31 mars, je demande que l'ensemble des dossiers du secteur insertion me soit présenté au plus tôt par le service et le cabinet, ce qui se fait dès le 4 avril, puis, le vendredi 8, je cale mon installation avec Agnès Moutet-Lamy avant de partir pour un WE prolongé à Embrun pour souffler un peu après cette période intense mais revenir pour la première commission permanente.

Ce premier trimestre d'installation aura été intense avec beaucoup de dossiers à découvrir et à assimiler dont le plan départemental d'insertion (PDI) au renouvellement lancé dans une grande réunion avec les partenaires du département le 6 juillet, et même dès le 21 juin une audition au Sénat, au nom de l'ADF (association des départements de France), sur le rôle des départements dans les politiques d'accompagnement du RSA ; beaucoup d'associations ou de partenaires à recevoir comme la CCI en vue de la sensibiliser à l'ESS ou l'ensemble des CCAS du département que je réunis le 8 Juillet, sans oublier mes cours à l'université qui se poursuivent, l'AISH qui m'occupe pas mal avec le recrutement d'une nouvelle directrice, Sezgi Saglam à l'occasion du départ à la retraite de Marie-Odile Linard, le travail sur le rapport commandé par l'EPFIF sur le péri-urbain …

Globalement les contacts humains au conseil sont chaleureux, emprunts d'une certaine curiosité vis à vis d'un écologiste et enseignant-chercheur à l'université, et je trouve que les trois années[45] à venir se présentent bien ! Je décide de prendre ma retraite professionnelle en octobre, pour mes 64 ans, avec un an d'avance.

Je ne serai évidemment pas exhaustif, mais essaierai de présenter en quoi ma démarche a pu innover et bousculer tout au long de ces 4 années, successivement en matière de RSA, d'insertion par l'activité économique, et de lancement d'une politique départementale d'ESS. Après quelques éléments sur d'autres champs d'action moins centraux, je parlerai de mon implication massicoise comme élu représentant un canton. Puis bien entendu du contexte difficile de la fin du mandat avec la perspective de basculement à droite du conseil départemental, suite aussi à la perte de plusieurs mairies lors du renouvellement municipal de mars 2014 et de la région en décembre 2014.

Comme à d'autres endroits de ce texte, un mot plus personnel sur l'articulation élu, administration et l'interface assurée par mes collaboratrices successives au conseil général. J'ai été confronté à deux types de situations bien différentes : vis à vis des collaboratrices que j'ai choisies d'une part, des responsables de service auxquels j'étais confronté comme élu d'autre part.
Tout au long de mes années d'élu (municipal, régional et départemental), comme dans mes fonctions de responsabilités départementales aux Verts ou encore dans mes fonctions associatives, j'ai tenu à assumer une certaine qualité intellectuelle faite de réactivité,

---

mois avec sa remplaçante Laure Néron, j'embaucherai en mars 2013 une jeune femme travaillant alors en Bretagne dans le champ de l'ESS, Gwénaëlle Sébilo qui restera donc deux années à mes côtés. J'y reviendrai.
[45] Voir plus haut, ce seront finalement 4 ans, mais comme je l'expliquerai, j'aurais bien continué quelque temps encore !

proximité du terrain et des gens, précision, rigueur et non démagogie. Ceci, joint à mon caractère, entrainait parfois quelques frictions …
Je ne suis pas forcément le plus adapté pour en parler ...
Pour ce qui est de mes collaboratrices successives au conseil général où donc la situation résultait de mon choix, ce ne fut pas un long fleuve tranquille ! Mon assistante au département, Valérie Legendre a été témoin de franches « engueulades » !
Quand, après un premier tri sur la base de leur qualité professionnelle et non d'accord politique – le CV - vous choisissez vos collaborateurs suite aux entretiens en face à face, souvent sur des critères de tempérament et d'originalité du cursus (aussi bien une diplômée de HEC passée par le Tiers monde et les ONG qu'une jeune professionnelle ayant dû faire son trou dans le secteur créatif mais fragile de l'ESS), vous vous attendez à avoir de vraies personnalités en face de vous. Du coup, les frictions peuvent être vives, et pour moi les conflits, même professionnels, sont souvent vécus sur un mode affectif … ce qui n'arrange rien : c'est vous, l'élu, qui décidez, mais face à une personne qui a une légitimité technique … et qui pourrait – compte tenu de mon âge – être votre fille ! A plusieurs reprises j'ai donc cru que nous devrions nous séparer, d'où une période de vacance et des nouveaux efforts de recrutement. Cette crainte, accompagnée de la pression amicale de mon assistante, m'a sans doute placé en – relative - position de faiblesse : au fond, pour ma part, je ne regrette pas de m'être ainsi placé ainsi.
Ceci est évidemment spécifique des situations où vous êtes en position d'avoir « recruté » la personne : les situations élu/responsable de service, donc sans choix réciproque, sont bien différentes - même si le côté des tempéraments différents joue sur la collaboration. J'ai eu la chance – peut-être aussi les spécificités de mon fonctionnement évoquées ci-dessus ont elles joué ? – d'avoir des relations intenses, riches et fructueuses du point de vue professionnel. Il m'est néanmoins arrivé d'avoir à « recadrer » certaines personnes qui ne me reconnaissaient pas comme légitimement au final le « décideur ».
J'ajoute que, dans mes responsabilités associatives, j'ai aussi pu me trouver face à des situations, où une directrice – oui, mon expérience m'a souvent confronté à des femmes ! – se trouvait en conflit avec moi.
Je dois à la vérité de reconnaître que, dans tous les cas où j'étais « décideur », la crainte de la rupture, de devoir trouver quelqu'un d'autre, me renvoyant sans doute à ma vie affective personnelle et à ses aléas, me conduisait en général à transiger, d'ailleurs au fond positivement pour l'objectif commun.

3) *L'insertion sociale et les allocataires du RSA*

Mission fondamentale des départements, le versement du RSA (Revenu de Solidarité Active) à ses allocataires[46] suppose la reconnaissance de leur statut « d'ayant droit à », la mise en place d'un « référent social » unique et la signature d'un « contrat d'insertion » ; la CAF est chargée du versement effectif de l'allocation et des vérifications, de fait nombreuses - à

---

[46] Je ferai « la guerre » aux services pour que le terme « allocataires » soit utilisé et non « bénéficiaires » car une allocation de l'ordre de 400 euros n'est pas vraiment un « bénéfice » mais au contraire un « droit » j'y reviendrai. Cette terminologie ne sera pas conservée après mon départ…

contrario des discours sur les fraudeurs au RSA[47]. Le nombre d'allocataires augmentera hélas beaucoup au cours de mon mandat : avec 20 à 25 000 allocataires, les sommes en jeu vont de 80 à 110 millions d'euros annuels (le budget de fonctionnement du département était à l'époque d'environ 1,2 milliard d'euros).

Avec le service et nos partenaires, nous avons travaillé sur plusieurs aspects, structurés dans le PDI (Plan Départemental d'Insertion) et, plus tard, inclus dans notre « Plan départemental de lutte contre la pauvreté et l'exclusion » : mieux repérer les allocataires potentiels (notamment lors de la mise en place du plan de lutte contre la pauvreté) ; veiller à ce qu'ils aient tous un référent et un contrat[48], et fixer des objectifs chiffrés à chaque MDS, une démarche nouvelle pour elles ; diversifier les actions d'accompagnement, notamment en terme d'aides au retour à l'emploi[49].

Ce champ est évidemment assez technique, et l'appui des professionnels de la DILEE, Martial Le Nancq et Gwenaelle Ody[50] ainsi que de mes collaboratrices Aurore Duffau puis Gwenaëlle Sébilo, était appréciable dans la préparation des rapports devant l'assemblée départementale ou, par exemple, de mes interventions[51] devant l'ensemble des CCAS du département.

Cet aspect de mes responsabilités était assez frustrant car malgré les actions innovantes dont je viens de parler et la mise en place d'objectifs chiffrés, la situation économique entrainait une augmentation mécanique du nombre d'allocataires et renforçait les difficultés du retour à l'emploi. Il fallait mobiliser les partenaires, MDS, CCAS, PLIE, Pôle Emploi, CAF, SIAE, associations spécialisées dans l'appui aux allocataires (actions culturelles, de relooking, d'aide aux déplacements ...). Tout un monde méconnu, souvent dans l'ombre !

En outre, les allocataires eux-mêmes participent aux « *équipes pluridisciplinaires locales* », comités locaux où siègent deux de leurs représentants, volontaires après appel à candidatures, et examinent les cas litigieux en matière de RSA ; par ailleurs ils alimentent de leurs contributions les réflexions départementales conduites dans un « *groupe ressources* » qui participe au pilotage du PDI. Là aussi de belles rencontres humaines.

---

[47] La fraude avérée ne dépasse pas un demi pour cent ... alors que le non recours au droit est estimé à au moins 25%. Beaucoup de sommes réclamées par la CAF, les « indus », résultent en fait des procédures de déclarations, avec des décalages pouvant être importants dans la prise en compte des nouveaux éléments professionnels et familiaux. De plus, les contrôles sont très nombreux, et si le fisc faisait la moitié de tels contrôles, les sommes récupérées seraient sans commune mesure avec ce qu'elles sont actuellement !

[48] Malgré le frein dû aux services de Pôle emploi chargés du suivi de la majeure partie des allocataires mais aussi aux questions du personnel social en nombre insuffisant dans les MDS (Maisons Des Solidarités du Département).

[49] J'ai ainsi fixé aux structures d'insertion par l'activité économique (les SIAE) un objectif minimum d'allocataires du RSA dans leur public en insertion ; de même, l'aide du département aux PLIE (Plan Local pour l'Insertion et l'Emploi) a été modulée en fonction de tels objectifs ; enfin, nous avons été un des premiers départements à mettre en place un partenariat spécifique avec Pôle Emploi pour que des procédures spécialement adaptées soient utilisées dans ce but.

[50] Ils quittèrent la DILEE pour d'autres services – peut-être un peu fatigués ! - autour de l'été 2014 et Alice Lapray remplaça Martial à partir d'octobre. Après un moment d'adaptation, la collaboration sur la fin de mon mandat se poursuivit dans de bonnes conditions.

[51] Beaucoup d'occasions de discours (réunions plénières, interventions en séance, invitation à des manifestations diverses, ...) que j'essayais de rendre les plus concrets possibles. Pour cela j'étais assez en phase avec mes collaboratrices - qui me préparaient le plus souvent une trame détaillée - car, non politiques, elles n'avaient pas le moule des grandes envolées.

Pour toutes ces actions, il faut communiquer, expliquer, convaincre et mobiliser. Je crois avoir déjà dit que ce travail de « mise en mouvement » de partenaires – comme j'avais pu l'expérimenter lors de ma délégation au logement à ma mairie de Massy (voir première partie, chapitre 4, section 2) -, je l'aime et je crois y parvenir assez bien. Quant aux résultats, c'est difficile à mesurer[52] et surtout est ce durable ? La nouvelle équipe de droite maintiendra l'essentiel de ces acquis, déjà bien assimilés par le service, même si le fantasme de la chasse aux fraudeurs et des chômeurs qui n'ont qu'à créer leur entreprise envahira le discours politique (je ne nie pas que cela soit deux sujets réels mais dans l'affichage d'orientations politiques, le choix des sujets sur lesquels on braque les projecteurs n'est pas anodin).

4) L'insertion par l'activité économique

Pour le coup, je me trouvais là en terrain un peu connu. Ce champ recouvre les entreprises d'insertion (EI) dans le champ concurrentiel mais avec une aide financière de l'Etat pour chaque poste d'insertion pour compenser la moindre efficacité des salariés et financer l'accompagnement socio-professionnel, les associations intermédiaires (AI) qui mettent du personnel à disposition, le plus souvent pour des tâches de service, et les ateliers-chantiers d'insertion (ACI) qui emploient les personnes les plus éloignées de l'emploi dans une logique de remobilisation. Tout cela est actif en Essonne et, pour les deux dernières catégories, très soutenu financièrement par le département. En plus il y a des ETTI, entreprises de travail temporaire d'insertion qui, comme leur nom l'indique peuvent être en concurrence avec les EI et les AI et sont souvent liées aux grands groupes du bâtiment ou des services et qui n'avaient pas le feu vert du département pour s'implanter en Essonne.
Par ma bouche, le département revendique de co-animer l'IAE avec l'Etat responsable, j'interviens en ce sens auprès du préfet délégué à la politique de la ville, M. Lambert, qui coiffe ce secteur. C'est un haut fonctionnaire, mais qui aime le terrain. Je l'ai croisé plusieurs fois en tant que conseiller régional aux assemblées générales du PLIE du secteur de Massy ou de la Mission locale, et il reconnaît que le « plan départemental d'insertion par l'activité économique » dont l'Etat a la responsabilité n'a pas réellement le contenu d'un plan stratégique. Je prends donc l'initiative d'une grande réunion de toutes les structures de l'IAE à l'hôtel du département, le 3 Novembre 2011, où je leur présente mes axes d'intervention pour le mandat :
     - professionnaliser les structures : vues les difficultés que j'ai eu avec API-Services et Vyme, je sais un peu le chemin qu'il y a à faire, mais je sais que plusieurs des structures ont à leur tête de nouveaux jeunes dirigeants qui seront mes alliés sur ce champ ;
     - chainer en complémentarité du chantier d'insertion à l'entreprise d'insertion, éventuellement en articulation avec les AI (et les ETTI que j'aiderai à s'implanter en Essonne) ;
     - faire une place plus importante aux publics prioritaires du département, les allocataires du RSA, en contre-partie de l'appui financier important que nous apportons.

Ce discours suscite quelques réactions, d'autant plus que dans les trois premiers mois après mon arrivée j'ai eu à intervenir dans le même esprit auprès de plusieurs structures. Je pense

---

[52] Un échec de ma part sera le retard à la mise en place d'une évaluation longitudinale du devenir des allocataires (communément appelée étude de cohorte). De par ma formation scientifique, cette préoccupation me paraissait prioritaire, même si elle demandait un lourd travail de recherche dans des dossiers passés et de recontacts avec les personnes, et donc un coût notable : son cahier des charges était sur le point d'être finalisé lors de la fin de mon mandat, et je ne crois pas que la démarche ait été poursuivie.

en premier « aux saveurs de Yénéka » un restaurant entreprise d'insertion dans un quartier défavorisé de Viry Chatillon, dirigé par Ghyslaine Guézard que je retrouve avec plaisir, toujours aussi militante, mais accompagnée d'un conseil d'administration ne voulant pas trop entendre parler d'équilibre financier et de rentabilité, et donc appelant au secours financier, dès mes premières semaines de présence, lors d'un rendez-vous le 18 mai. Je dis que nous les aiderons mais qu'il faut qu'ils évoluent … Je participe aussi le 7 juin à l'assemblée générale du CAIE, le collectif des acteurs de l'insertion par l'économie, créé initialement par les associations intermédiaires, et plutôt ronronnant, dans une logique, utile, d'organisateur de formations spécifiques pour leurs salariés … Je vais aussi, le 29 juin, à un comité de pilotage des « Potagers de Marcoussis » un chantier d'insertion dans le domaine du maraichage qui a un beau projet de valorisation de ses productions par la création d'une conserverie : dès que je prononce le mot d'équilibre économique, là aussi beaucoup, attachés à juste titre au rôle social que joue leur structure, sont choqués, presque agressifs… Ce n'est pas le cas du directeur, un jeune entrepreneur qui est − je l'apprendrai après − le compagnon d'Aurore, ma collaboratrice fraichement arrivée.

Cette compréhension difficile que l'IAE c'est de l'économie à finalité sociale mais sur une base économique d'équilibre recettes-dépenses, n'épargnait pas d'autres interlocuteurs. Par exemple, j'eus beaucoup de mal avec la direction générale des services du Département qui trouvait que nous financions trop ces activités de l'IAE (près de 4 millions d'euros annuels à l'époque) et surtout que les structures qui avaient des fonds pouvaient accepter d'en rendre une partie, comme si c'étaient des subventions non utilisées. Il me fût très difficile de faire comprendre à ces hauts fonctionnaires que l'IAE c'est d'abord de l'économie, et qu'une entreprise, fût-elle sous forme associative comme les associations intermédiaires, a besoin de fonds propres lui assurant une trésorerie suffisante, puisque l'essentiel de ces charges sont des charges de personnel ! Je me souvenais bien des difficultés causées à API-Services par son absence de fonds propres (en plus de sa gestion trop peu professionnelle).

A l'appui de cette stratégie, dans les années suivantes je provoquerai une étude-diagnostic de l'IAE en lien avec les bassins d'emplois pour définir des secteurs prioritaires à développer, que ce soit géographiquement ou thématiquement, et refondrai le système des aides financières départementales dans une logique où la collectivité impulse, favorise et appuie les initiatives les plus utiles. Ce discours et les financements qui l'accompagneront auront leurs effets, à la fois en dynamisant les plus jeunes et plus professionnelles des directions de structures, en bousculant le CAIE - jusqu'à lui couper les crédits - au profit d'une nouvelle coordination plus dynamique, Act'Essonne qui verra le jour sur la dernière année de ce mandat si court … mais qui perdure avec dynamisme aujourd'hui.

Cette logique se heurte parfois à des volontés d'élus locaux d'avoir « leur chantier d'insertion », souhaits généralement très justifiés − je pense à Philippe Rio maire de Grigny - mais appliqués à des supports professionnels peu mobilisateurs ou débouchant peu sur de vrais métiers : dans de telles situations, la souplesse relative d'intervention du Conseil général et ses moyens financiers facilitent un dialogue « armé », avec du donnant-donnant.
Ce fût aussi ma décision de fermer un chantier d'insertion voulu par Michel Berson lorsqu'il était président, dans le cadre de la requalification du domaine départemental de Méreville, à l'extrême sud du département. En effet, très excentré, pas du tout accessible en transports, accompagné d'aucune formation dans des domaines forestiers ou d'aménagement d'espaces

verts, il trouvait peu de candidats, et il avait des résultats médiocres ern matière d'insertion. Nous préférâmes, à partir des besoins d'insertion recensés par les travailleurs sociaux dans le sud Essonne, construire un chantier répondant aux besoins de femmes sans formation dans les domaines du service, de la blanchisserie et du nettoyage, qui recrutaient sur le périmètre d'Etampes, par exemple l'hôpital Barthélémy Durand : ce projet s'appuyait sur le centre de formation « Horizons » implanté dans le Pôle d'économie sociale et solidaire d'Etampes – regroupant divers types de SIAE - et l'équipe de ce dernier.

Face à l'envie des élus d'agir à leur échelle, on est confronté à la difficulté du fouillis des compétences entremêlées des collectivités locales : le développement économique n'est pas le rôle des départements, encore moins maintenant, mais comment s'en désintéresser dans un département où par exemple la Recherche est très développée, à Orsay-Saclay ou à Evry-Génopole, et où le soutien départemental peut provoquer des mises en application industrielle ?

L'IAE est du ressort de l'Etat, mais l'insertion du ressort du département : à une époque où l'Etat départemental, en bonne partie déshabillé, n'a pas de visées stratégiques, j'étais fondé à réclamer un pilotage – au moins un co-pilotage officiel – de ce champ.

Chaque champ requiert, me semble-t-il, un chef de file, accepté par les autres intervenants, et dans une logique de coopération, et de délégation. La subsidiarité en somme, à condition que le chef de file assume son rôle, et rien que son rôle : par exemple pour les politiques de solidarité, ce doit être l'Etat national, fixant par la loi le montant du RSA mais aussi un objectif quantifié de moyens mis en œuvre pour les politiques d'insertion accompagnant le versement de l'allocation, puis déléguant la mise en œuvre aux départements puisqu'ils ont la compétence sociale générale, charge au département par le biais d'un PDI et d'une organisation sub-départementale (sur un bassin d'emploi, ou encore sur un territoire de Maison des Solidarités (MDS)), d'animer la mise en œuvre adaptée aux particularités de chaque territoire.

Pour l'IAE, la compréhension des préfets délégués Pierre Lambert jusqu'en 2012, Seymour Morsy jusqu'en 2014 puis Joël Mathurin avec lequel j'eus une grande connivence, me permit de prendre une place essentielle dans la réflexion stratégique … bien que formalisée un peu tardivement à mon goût, car le lancement par l'Etat de l'élaboration, avec ses partenaires, d'un « plan stratégique départemental d'insertion par l'activité économique », ne se fit que dans une réunion tenue le 19 mars 2015 … 3 jours avant le renouvellement ! J'y prononçai une intervention*[29] un peu « testament » résumant les orientations que j'avais défendues durant les années précédentes, mais le travail entre l'Etat et la DILEE se poursuivit, avec notamment les compétences de ma collaboratrice d'alors, Gwenaëlle Sébillo, qui assuma son contrat de travail[53] à la DILEE jusqu'à l'été.

Un autre outil pour l'IAE fût la mise en place des clauses d'insertion dans les marchés publics du département, j'y consacrerai une partie de ce texte un peu plus loin, car ce fût un travail enthousiasmant et positif. En l'occurrence, la dynamique de la prise en compte des clauses par tous les services fit que la direction chargée des collèges (100 en Essonne) proposa à

---

[53] Il faut avoir en tête que les emplois de cabinet sont temporaires, liés au mandat, et que le basculement prévisible du département en mars 2015 mettrait automatiquement fin à son contrat. J'avais donc négocié avec l'administration une prolongation de son contrat, avec affectation dans un service, pour quelques mois.

l'ensemble des associations intermédiaires du département un marché de remplacement des personnels d'entretien en cas d'absence : ce sont des centaines d'heures annuelles qui furent ainsi confiées à des salariés en insertion, avec une efficacité et une souplesse qui convainquit rapidement les principaux de collège.

Quand je vois ce qu'est devenu l'IAE en Essonne, je suis frappé par son dynamisme : le 25 septembre 2019, participant au 5ème anniversaire de la création d'Act'ESSonne, le collectif des acteurs de l'IAE que j'avais suscité et aidé à démarrer, j'y ai retrouvé des structures bien connues et animées par de jeunes professionnels – hommes et femmes - socialement motivés et techniquement bien outillés.

5) *Aider au développement de l'ESS en Essonne*

J'ai expliqué qu'écologiste, j'arrivais dans une assemblée d'élus formés sur le moule dominant du développement économique et de la croissance : à droite en faisant confiance au marché … mais aussi en aidant financièrement la recherche-développement, les chambres consulaires, une agence de développement …, à gauche en insistant sur l'initiative et la coordination des actions par les élus du territoire …, mais tous d'accord sur les mêmes outils. Au milieu de cela je souhaitais poser la question du développement soutenable (l'agenda 21 du département portait l'intitulé « pour le développement durable et solidaire »[54]), du sens de ce développement pour les acteurs et les consommateurs, des modes de fonctionnement de ces activités économiques.

Le terme, connu même par eux, d'ESS (Economie Sociale et Solidaire) se réduisait à des aspects sociaux – et non sociétaux comme le mot anglais « social » le comprend – en un mot, ce n'est pas de la « vraie » économie. Bien sûr, la DILEE avait intégré l'importance de l'IAE et en principe des préoccupations sur l'emploi (le deuxième E du sigle), mais pour moi, il était indispensable de m'appuyer sur le service du conseil général en charge de l'économie. Gageure, d'autant que leur élu référent, Francis Chouat, maire d'Evry après Manuel Vals, était un bon représentant de ces élus productivistes, ne se posant pas de question sur le développement économique car il était source de redistribution via les services publics.

Néanmoins, grâce à l'appui du Président et de son cabinet - et surtout au professionnalisme d'Aurore Dufau -, j'ai pu provoquer la constitution dès juillet 2011 d'un groupe transversal inter-directions du conseil général, animé par la Direction du Développement Economique et de la Recherche (DDER), qui s'est appuyé sur le recrutement en novembre d'une chargée de mission ESS au sein de la DDER.

L'ESS représentait tout de même environ 8% du PIB essonnien et 28000 emplois dans le département, donc une vraie réalité !

La stratégie suivie était donc plutôt pragmatique et adaptable :

- constituer un collectif ESS réunissant les acteurs essonniens, « *le comité partenarial ESS* »,

- s'appuyer sur certains territoires déjà engagés sur l'ESS[55],

---

[54] J'ai souvent dû expliquer à mes collègues que le développement durable n'est pas celui qui dure et qu'une vraie vision écologique ne dissocie pas l'environnement naturel de l'humain et donc du social.

[55] Particulièrement Les Lacs de l'Essonne avec les communes de Viry-Chatillon et de Grigny. Gabriel Amard, alors principal lieutenant de Mélenchon, offrait un curieux contraste avec son mentor : certes une expression publique vive et souvent agressive, mais par ailleurs un président d'agglomération, après avoir été maire de Viry, profondément ancré dans le concret (je pense à la politique de l'eau et à sa mise en régie, à l'ESS explicitement soutenue comme telle avec des lieux innovants dans lesquels plusieurs manifestations dédiées se

- identifier des filières dans lesquelles l'ESS pourrait être particulièrement adaptée (développement des recycleries, services à la personne, notamment aux personnes âgées),
- encourager la responsabilité sociétale des entreprises (RSE) en lien avec la CCI et avec la création d'un club FACE[56] en Essonne.

Je m'appuyais aussi sur les informations et expériences partagées lors du premier Forum International de l'économie sociale et solidaire (FIESS) tenu à Montréal en octobre 2011. Toutes les composantes de ce mouvement étaient présentes, de tous les continents, avec des acteurs souvent très jeunes et très professionnels. Et, cerise sur le gâteau, cela me permit de revoir le Québec, cette fois en compagnie de Michel Pouzol, élu du canton de Brétigny, en charge des actions internationales du département.

Pour faire connaître concrètement cette économie, nous avons profité du mois de l'ESS organisé nationalement : le *comité partenarial* a été mobilisé à nos côtés pour organiser en novembre 2012 le premier mois de l'ESS en Essonne, avec diverses manifestations dont un forum de l'ESS à Sainte Geneviève des Bois, et avec une communication départementale forte s'appuyant sur le magazine départemental et sur l'affichage dans une grande partie des abri-bus du département.
Deux souvenirs forts de ce mois sont la visite de l'imprimerie HELIO Corbeil, qui avait été reprise par les salariés au moment de sa liquidation et transformée en SCOP, et l'affiche du mois de l'ESS pour laquelle nous avions choisi le slogan : « l'ESS, l'économie qui met l'humain au cœur », affiches apposées même à la CCI et que son Président avait trouvé un peu « provocatrices » ! C'était bien le but !
On le voit, j'arrivais à travailler avec la CCIE, son président Philippe Lavialle et sa collaboratrice Marie-Laure Lalé, même si des questions de répartition des rôles entre département, CCIE, AEE (l'Agence pour l'Economie en Essonne) et Essonne Active entrainaient quelques lenteurs. Pour ce qui est de l'Agence pour l'Economie Essonne, la dimension ESS fût introduite petit à petit, surtout après le remplacement de Francis Chouat par David Ross comme Président, et une personne y fût en bonne partie dédiée en la personne de Myriam Beauvallet, notamment pour le montage du dispositif Inn'Ess d'appui à l'émergence d'entreprises de l'ESS dont je parlerai plus loin.
Par contre, après le changement d'équipe de mars 2015, l'ESS en tant que telle disparut du vocabulaire et des actions du conseil départemental[57], et la CCIE, soumise aux fortes turbulences de la quasi-fusion des CCI d'ile de France et de la réduction des moyens en résultant, abandonna ce champ.

Le travail des services sur ce champ transversal fût inégal : fort à la DILEE avec l'IAE notamment, fort aussi au service de la commande publique que j'avais convaincu de l'enjeu

---

tiendront, aux entrepreneurs innovants soutenus …). J'ai aussi retrouvé ce contraste chez Olivier Thomas, que j'avais rencontré comme premier secrétaire du PS de l'Essonne, alors très proche, même amicalement, de Mélenchon, et qui, une fois devenu maire de Marcoussis, sera dans le concret et adopté par une commune plutôt bourgeoise (depuis plusieurs mandats il est élu aux municipales … sans même de liste d'opposition).

[56] Fondation Agir Contre l'Exclusion, crée par Martine Aubry en 1993 avec de grandes entreprises.

[57] De même, après le changement de majorité au conseil régional en décembre 2015, Valérie Pecresse supprimera quasiment tout soutien à l'ESS : la subvention triennale qui avait permis le lancement d'Inn'Ess ne sera par exemple pas renouvelée.

des clauses sociales, réel à la DDER, mais surtout sur le volet innovation que je voulais pousser (l'innovation sociale pour faire pendant à l'innovation scientifique et technologique chère au département, avec la création en 2013 du « Prix de l'innovation sociale »), faible dans le service des personnes âgées et handicapées (l'ESS est de fait fortement présente dans ce secteur souvent associatif, mais ces structures sont souvent un peu anciennes, le fait de bénévoles aux méthodes peu professionnalisées et donc en concurrence forte avec de gros acteurs privés à l'affût de champs d'action lucratifs), et bien lente dans le secteur des déchets où les recycleries nouvellement créées l'étaient le plus souvent sur le mode de l'IAE.

- **Mise en place des clauses sociales et environnementales**

Après ma présentation à l'exécutif départemental de mes projets sur l'insertion et son lien avec l'économie, Jérôme Guedj et Claire Robillard, Vice-présidente en charge du développement durable, de l'environnement et de l'agriculture et qui, dès le mandat précédent, devait mettre en place les clauses sociales et environnementales dans les marchés publics du département, mais n'était pas très motivée, me proposent d'en assumer la responsabilité.
Bien que je sois déjà assez chargé, j'accepte et je ne le regretterai pas !
Pour ce champ d'action, je suis en prise directe avec le service des finances et de la commande publique et je connais un peu le sujet, ayant, lorsque j'étais à API-Services et conseiller régional, profité d'une formation sur le sujet par l'expert français le plus reconnu, Patrick Loquet maitre de conférences en droit à l'Université de Valenciennes et du Hainaut Cambrésis. Je profite aussi de la motivation de Christine Peyré, chargée de missions transversales à la DILEE qui fera le lien avec les PLIE chargés de dialoguer avec les entreprises sur leurs besoins en personnel correspondant à la dimension « insertion » de leur marché public. Je veille à ce que Patrick Loquet soit missionné en appui du service et l'accroche se passe fort bien. L'idée de base est de créer une obligation d'insertion à hauteur de 5% du volume d'heures mais de proposer aux entreprises un service qui leur permette de gérer sans difficulté cette obligation. Fin 2012, 12% des marchés du département font l'objet de clauses sociales, je fixe l'objectif de 50% d'ici la fin du mandat.
Ceci suppose que chaque service du département analyse ses commandes et propose des clauses adaptées. De fait les choses vont très vite, avec des initiatives du groupe technique d'animation inter-services, « titillé » par mes collaboratrices successives, par exemple en me proposant à l'automne 2012 de passer un marché spécifique « insertion » (dit « article 30 ») avec les structures de l'IAE sur le remplacement des agents techniques des collèges, après avoir testé l'opération sur 2012 avec les seules AI dans le cadre de lettres de commande par territoire.

Sur cette action de modernisation de la commande publique, j'ai trouvé des fonctionnaires très motivés par la méthode : objectifs ambitieux mais raisonnables, moyens techniques grâce aux partenaires PLIE, appui méthodologique avec un consultant efficace. A leur initiative aussi, a été lancé un « réseau des acheteurs socio-responsables » regroupant des collectivités franciliennes actives dans ce champ dont la première rencontre s'est tenue dans le cadre du mois de l'ESS, le premier décembre 2014.
En janvier 2015, deux mois avant la fin du mandat, je pourrai présenter à l'assemblée départementale un rapport de bilan très satisfaisant puisque plus de 50% des marchés clausables étaient effectivement clausés, que près de 40% du total des marchés publics du

département contenaient ces clauses ; il traduisait surtout, de mon point de vue, le fait que la démarche ait été bien intégrée par les services responsables et donc une condition de pérennité. Avec cette action, nous avions trouvé pour le service de la commande publique une valorisation de leur travail mais aussi un challenge professionnel dynamisant. Quittant le département après le renouvellement départemental de 2015, le Directeur le plus impliqué m'a remercié du chantier qui lui avait été confié et qui l'avait techniquement enrichi.
Une belle satisfaction personnelle.
Je crois savoir que cette action a été poursuivie, les services étant restés porteurs et cette action n'étant pas contradictoire avec les nouvelles orientations politiques. A contrario, dans le cas de la politique analysée précédemment en faveur du développement de l'ESS, la mue des services économiques du département n'étant pas acquise et l'orientation politique de la droite essonnienne n'y étant pas favorable, l'action fût abandonnée.
(sur cette question de pérennité des changements, voir aussi l'encadré dans la deuxième partie, section 4)

- **Prix de l'innovation sociale et dispositif Inn'Ess**

Dès le tour d'horizon préalable à la mise en place d'une politique départementale dans le champ de l'ESS et notamment en matière de facilitation de création et de développement d'entreprises sociales, avec Aurore Dufau et Alix de Saint-Aulaire directrice d'Essonne Active, notre principal partenaire dans ce champ de l'ESS, nous constatons l'absence d'un maillon : celui initial, permettant le passage d'une idée à la formalisation d'un projet. Les maillons suivants existent, sans spécificité particulière ESS – ce qui dans une logique de généralisation de l'ESS me va bien – avec la CCIE et le réseau « Entreprendre », plus ou moins animé par le département. Plusieurs modèles existaient mais assez rapidement nous choisissons de nous appuyer sur certains acteurs motivés du comité partenarial ESS – Essonne Active, les deux agglomérations engagées, l'AEE et la CCIE - et de commander une étude de préfiguration d'un tel dispositif départemental. Ce travail conduisit ensuite les partenaires pré-cités à s'appuyer sur l'AEE et Essonne Active du point de vue opérationnel et à lancer un dispositif appelé Inn'Ess (pour Innovation, ESS, Essonne) dédié à l'accompagnement à l'émergence d'entreprises sociales à partir d'appels à projets individuels ou collectifs, éventuellement repérés ou suscités par les deux collectivités membres fondatrices, dont certains, après expertise, sont « incubés » par les acteurs du dispositif. Appuyé financièrement dans sa phase de lancement, principalement par le département et la Région Ile de France, le dispositif a pu aider plusieurs structures[58], et, après 2015, abandonné par le département et l'AEE ainsi que par les agglomérations, il a été repris totalement par Essonne Active et est actuellement en phase de généralisation par France Active en Ile de France sous le vocable « *Emergence* ».

Parallèlement Aurore lança l'idée d'un concours départemental sur l'innovation sociale. Mon terrain géographique étant le secteur de Massy et ma formation la Recherche scientifique, l'image très prégnante au conseil départemental de l'Essonne comme terre d'innovation technologique avec le Pôle de Massy Saclay et Génopôle à Evry, entre autres, me donnait l'envie de dire qu'il y avait aussi des innovations sociales, importantes pour le quotidien des

---

[58] Je pense à par exemple à « La Recyclerie Sportive » http://recyclerie-sportive.org/ fondée par Marc Bultez de Massy, que j'avais reçu au département en lui conseillant de candidater au prix de l'innovation sociale, ce qu'il a fait avec succès avant d'être accompagné plus avant par Inn'Ess puis aidé financièrement via Essonne Active.

habitants. Compte tenu de nos réflexions globales dont j'ai parlé ci-dessus, nous avons proposé un Prix original : en février-mars de chaque année, après appel public à initiatives, nous sélectionnons 10 idées/projets plus ou moins avancés ; de mars à septembre, en s'appuyant sur sept partenaires volontaires (Essonne Active, la CCIE, l'URSCOP, l'incubateur social, les deux CAE – coopératives d'activités et d'emploi – et Inn'Ess) les sélectionnés sont accompagnés, tant individuellement que dans des ateliers collectifs, pour le montage et la structuration de leurs projets innovants, éthiques, créateurs d'emplois en Essonne ; ils présentent ensuite leurs projets devant un jury qui décerne un ou plusieurs « *Prix de l'Innovation Sociale en Essonne* », répartissant une enveloppe financée par le département, celui-ci utilisant ensuite ses outils de communication pour faire connaître les lauréats.

La première promotion fût celle de 2013, avec 35 candidats dont 10 sélectionnés. Les prix seront remis le 29 Novembre 2013 par Benoit Hamon, ministre délégué à l'ESS, Jérôme Guedj et moi-même en final d'une matinée au Génocentre sur le thème « *Essonne : l'innovation dans tous ses états, regards croisés sur l'innovation sociale et l'innovation technologique* ».

J'avais constitué un jury de qualité, présidé par l'ancien ministre Christian Sautter, Président de France Active et Vice-président du Labo de l'ESS, avec Catherine Barbaroux, Présidente de l'ADIE (Association pour le Droit à l'Initiative Economique), et ancienne directrice générale des services régionaux lorsque j'y siégeais …, Edith Lévy de la Fondation MACIF, Xavier Corval, administrateur au MOUVES, Max Peuvrier Président du réseau CREE Essonne, Claire Marenco Directrice de l'Atelier - Centre de Ressources ESS en IDF et Gaspard Verdier de l'Incubateur Social d' HEC. Je dois dire que j'étais assez content de la qualité des membres du jury, de leur écoute bienveillante des 10 candidats, ainsi que de la matinée de remise des prix - avec la présence effective au final du ministre délégué à l'ESS, Benoit Hamon -, dans des domaines très variés, puisque allant d'un projet de structure d'insertion axée sur la récupération du pain pour le reconditionner en aliments pour animaux (Moino91), à la création d'un site internet comparateur d'offres de tourisme durable (EcoSapiens), en passant par une plateforme internet d'échanges de gardes d'enfants (Troctagarde).

Un mot au passage sur l'incubateur social d'HEC. J'ai dit qu'Aurore était diplômée de cette école, qui possède alors une chaire « *Alternative management ; Social Business* » centrée sur l'économie sociale, alors dirigée par Nathalie Lugagne, et un incubateur social, notamment à destination des femmes habitantes des quartiers en Politique de la Ville, StandUp HEC dirigé par Hubert Bonal. Souhaitant associer HEC à nos initiatives en Essonne, bien qu'Aurore ait quitté le conseil général et ait été remplacée par Gwenaëlle, nous déjeunons tous les 4 en mars 2013 et esquissons une possible collaboration. Je croise au passage au restaurant d'HEC Martin Hirsch, alors président d'Emmaüs, ce qui me permet de le féliciter d'avoir créé le RSA mais de lui dire que malheureusement c'est un peu une usine à gaz pour les allocataires. Plus tard, le 26 mai 2014, nous irons à Saint-Denis rencontrer une promotion des jeunes femmes issues de l'opération « StandUp » et envisagerons une opération similaire en Essonne. Ceci ne pourra pas se concrétiser mais Gaspard Verdier, collègue d'Hubert Bonal, participera au jury du prix de l'innovation comme je l'ai indiqué. J'ai regretté que nous ne puissions aller plus avant car pour l'Essonne, fière de ses grandes écoles, et pour l'image de l'économie sociale cela aurait été bénéfique.

Le prix connaitra d'autres promotions, en 2014 le jury sera présidé par Jean-Marc Borello, président du groupe SOS, avec 45 candidats cette année-là, et les 4 lauréats iront de la start up « Wandercraft » avec son exo-squelette, d'un service de médecine du travail adapté aux structures de l'IAE, d'un support numérique, « Le cartable fantastique » adapté aux enfants en situation de handicap à la Scop « Colibree » autour de la mise à disposition pour les entreprises et les collectivités de flottes de vélos électriques.

Il se poursuivra ensuite, repris par la Vice-Présidente au développement durable, moyennant sa transformation en « *prix de l'innovation durable* » mais l'originalité du prix, avec son accompagnement multiple, professionnel et individualisé avant sélection finale des lauréats, subsistera, principalement je crois grâce à la mobilisation du partenariat d'accompagnateurs, bien motivés, et animés par Essonne Active avec l'appui du département.

Un clin d'œil plus personnel aussi au côté « Prix », « Jury », « Soutenance » : je me retrouvais là un peu dans mon univers universitaire, je pouvais me permettre d'être à la fois élitiste dans la qualité du Jury et dans les modalités de sélection des candidats, mais j'appréciais aussi – peut être par différence avec ce que j'avais personnellement connu professionnellement – la bienveillance des personnes, cherchant à mettre en évidence ce qui était positif, ne s'attardant pas sur les limites de certains candidats.

Dans ce même esprit de culture scientifique, j'aurais voulu aller plus loin dans le champ de l'évaluation des politiques publiques que je contribuais à mettre en place, mais la culture des élus, et celle d'une majeure partie des fonctionnaires, n'est pas celle-là. Les élus sont généralement dans le temps court du mandat et l'évaluation se limite logiquement pour eux à la satisfaction des populations permettant le renouvellement de leur mandat ; l'administration n'a le plus souvent pas été formée à l'évaluation autrement que sous la forme de *bilans* annuels, incapables de rendre compte de l'impact durable de telle ou telle action, et dont trop souvent rien n'est tiré comme enseignements !

6) *Quelques autres champs d'action*

Ce qui est passionnant dans cette vie d'élu local, municipal, départemental ou régional, c'est la variété des champs auxquels on est confrontés. Je vais évoquer rapidement certains d'entre eux : la présidence de l'Ecole de la deuxième chance, le PNR de Chevreuse et encore un peu celui du Gatinais, les emplois d'avenir et la politique de l'emploi pour les jeunes.

• E2C : l'école de la deuxième chance

Les écoles de la deuxième chance existent sur tout le territoire national et au-delà, et en Ile de France, il y en a une dans chaque département. Elles font bénéficier leurs élèves du statut de stagiaire de la formation professionnelle, avec l'indemnité correspondante ; elles s'adressent à des jeunes sortis du système scolaire sans formation mais qui souhaitent reprendre une formation, souvent très basique, et orientée vers la recherche de leur voie personnelle. Ce qui est intéressant, c'est l'absence de pré-requis, la « sélection » se faisant sur la volonté réelle des jeunes de s'impliquer dans un parcours de près d'une année comportant à la fois des remises à niveau de base, des stages auprès d'employeurs qu'ils doivent trouver eux-mêmes avec l'aide des formateurs, etc ... Ils peuvent arriver avec un projet professionnel, tester leur motivation après un premier stage, vouloir se réorienter et re-tester : au bout du cursus, les deux tiers des jeunes trouvent leur voie et un travail ou une formation plus spécifique. Créée en 2004 en Essonne à Ris-Orangis à l'initiative de Thierry Mandon, alors maire et conseiller général, elle a ensuite essaimé à Courtaboeuf, notamment grâce à l'appui de Dominique Fontenaille, maire de Villebon sur Yvette. Quand je suis arrivé comme président en septembre 2012 à la suite de la démission de Thierry Mandon du conseil général consécutive à son élection comme député, il y avait un projet d'implantation d'une troisième antenne à Etampes. Mais, au vu du potentiel insuffisant en nombre de jeunes, de la difficulté à trouver des locaux et du déséquilibre financier que cela apporterait, en phase avec le directeur, j'ai proposé au département et aux intercommunalités, principaux financeurs locaux (à côté de la Région et de l'Etat) d'abandonner cette idée, de faciliter les déplacements des stagiaires du Sud-Essonne vers Ris ou Courtaboeuf et d'accroître la taille de l'implantation de Ris. Sous la direction de Dominique Dujardin depuis sa création, ce sont environ 300 stagiaires qui passent annuellement par cette formation et j'ai aimé le contact avec les promotions et l'idée de base de donner une seconde - et parfois une troisième – chance à ces jeunes, décrocheurs mais motivés pour s'en sortir. Parallèlement nous eûmes des échanges entre présidents d'écoles de l'Ile de France suite à la demande de coordination, voire plus, du conseil régional. A ma demande, j'ai intégré comme personnalité le conseil d'administration de l'E2C91 après mon remplacement en 2015 par Dominique Fontenaille, proposant notamment de l'appuyer dans ces actions de coordination ; au bout de quelque temps, n'étant que bien peu sollicité, j'ai préféré démissionner du Conseil.

- **Encore les PNR**

J'ai parlé en détail du PNR du Gâtinais dans la partie consacrée à mon mandat d'élu régional, et en 2011, j'ai souhaité découvrir l'autre PNR essonnien, celui de la vallée de Chevreuse, même s'il est principalement situé dans les Yvelines avec le secteur de Rambouillet. Son assise géographique avait été fortement accrue à l'époque où j'étais à la région – le parc est alors passé de de 19 à 51 communes et sa superficie de 250 à 633 km^2 - et avec les Verts locaux, les élus régionaux Verts avaient bataillé auprès du maire socialiste de Dourdan, Yves Tavernier, aussi conseiller régional, pour qu'il accepte que sa commune fasse au moins partie du périmètre d'étude de l'extension. Peine perdue, comme beaucoup d'élus il ne voyait dans les PNR que des contraintes à l'urbanisation et selon ses dires « *il faut demander la permission pour aller pisser ...* ». Cette obstruction et la politique d'urbanisation intense du maire avait poussé les Verts locaux à se placer en opposition : cette division à gauche avait entrainé en 2008 la victoire, avec moins de 40% des voix, de la liste de droite conduite par Olivier Legois dans une triangulaire face à deux listes de gauche. Alors secrétaire départemental des Verts du 91, avec ma collègue Marianne Louis du PS91 nous avions tenté sans succès une médiation. En 2014, la liste EELV, bien que pouvant se maintenir, se retira sans fusionner pour ne pas empêcher la victoire au second tour de la socialiste Maryvonne Bocquet avec 47% des voix. Entre temps l'opposition des élus dourdanais au PNR s'était estompée et la ville devint « Ville-porte » du PNR.

Ce PNR, le plus ancien de France, était présidé depuis longtemps par le député UMP Yves Vandewalle (élu comme suppléant de Valérie Pécresse) et Vice-Président du département des Yvelines. Beaucoup plus tourné vers la préservation des espaces naturels – et de sites privilégiés pour une population elle-même privilégiée – il me fût plus difficile de les sensibiliser à la question de création de logements bon marché voire sociaux et au développement d'activités économiques locales, même si certains des maires étaient sensibles à cette question de la revitalisation du territoire, voire même à l'ESS pour certains membres de la commission du développement économique du PNR. Au total, une expérience prenante - compte tenu des distances pour participer aux réunions - mais assez peu fructueuse.

Dans la même période, je participais aussi à certaines réunions du PNR du Gatinais et m'efforçais, dans le cadre des financements de ma délégation à l'insertion et à l'ESS d'appuyer la création de la recyclerie d'insertion du Gatinais et d'une usine pour le développement de la filière chanvre cultivé dans le parc en le transformant en matériau de construction – encore à Prunay avec Guy Cappé dont j'ai parlé plus haut !- , ainsi qu'à la filière bois-énergie avec la création de la première SCIC de l'Essonne (Société Coopérative d'Intérêt Collectif associant des collectivités locales aux acteurs privés) associant le département, des communes, le PNR, les propriétaires de bois et forêts privés, … J'ai aussi participé à des inaugurations de logements aidés dans la suite de mes actions de conseiller régional.

- **L'emploi, notamment pour les jeunes avec les emplois d'avenir**

L'intitulé de ma délégation contenait comme derniers mots « et aux nouveaux emplois », termes plutôt mal définis.

En premier lieu, j'eus à gérer la fin des aides départementales aux *emplois tremplins* de la Région Ile de France, puisque celle-ci les avait arrêtés : des subventions complémentaires ont été attribuées au cas par cas à certaines associations pour compenser le dispositif disparu et par ailleurs le dispositif des « *emplois d'avenir* » a pu aussi les aider.

Pour les allocataires du RSA nous disposions des *contrats aidés* que l'Etat à l'époque nous pressait de distribuer en quantité, le coût en étant quasiment totalement pris en charge par l'Etat : chaque année le Préfet délégué nous sollicitait pour augmenter la convention de prise en charge par le département. Pour ma part, malgré les réserves politiques de certains de mes collègues – notamment ma prédécessrice Marie-Pierre Oprandi et les élus du groupe Front de Gauche – je plaidais, par exemple auprès des collèges de Massy, pour qu'il y soit fait recours car pour les personnes, même si ce n'était que pour deux années, cela leur mettait vraiment le pied à l'étrier et était évidemment un atout pour une embauche ultérieure, même si bien sûr j'aurais préféré un dispositif plus pérenne.

Je dois dire que dans les conseils d'administration des collèges, les refus n'étaient pas rares du fait des syndicats et des réticences des proviseurs face aux risques courus en tant qu'employeur, aux prud'hommes notamment. Bien sûr, les SIAE pouvaient bénéficier de tels contrats aidés.

Pour le reste, le département n'ayant pas réellement de compétence « Emploi », nous étions un peu démunis.

Par contre, après la mise en place des « *emplois d'avenir* » pour les jeunes de 16 à 25 ans par François Hollande en 2012, l'ambition du président Guedj était forte de façon à bien placer l'Essonne vis à vis du gouvernement – qu'il ne manquait pas de critiquer par ailleurs après qu'il fût devenu député en remplacement de François Lamy appelé au ministère de la politique de la Ville. Du coup, nous eûmes des objectifs ambitieux, coûteux puisque nous assurerions le complément de la rémunération non pris en charge par l'Etat (de 10 à 25% du coût salarial) :

- *au niveau des services* : 100 emplois sur 2013 et 2014,

- *au niveau des établissements employeurs* du domaine social en les autorisant à recruter hors enveloppe financière existante (200 postes envisagés), ainsi que de certaines associations employeuses suffisamment solides (300 postes envisagés),

- *au niveau des collectivités locales.*

Après débat, je fus chargé du pilotage de ce dossier – qui aurait pu être pris en charge par Bruno Piriou, conseiller général communiste du canton de Corbeil[59], en charge de la jeunesse. Il fallait évidemment mobiliser les OPCA, organismes chargés de la formation professionnelle, pour que, conformément aux textes, une formation accompagne cet emploi tout au long des 3 à 5 années possibles, et aussi la Région Ile de France pour qu'elle renforce le financement des formations. En parallèle il était indispensable de mobiliser les 10 missions locales pour qu'elles orientent des jeunes, notamment ceux des quartiers prioritaires, en direction de ces emplois d'avenir.

Lancé officiellement par une délibération de l'assemblée départementale le 17 décembre 2012, ce fût un travail intéressant de « public- relation » en rencontrant les 10 missions locales, les OPCA du secteur, l'ensemble des structures employeuses du champ social, territoire par territoire : il fallait rassurer, dynamiser, convaincre de l'intérêt pour les jeunes bien sûr mais aussi pour les structures. En interne cela fonctionna bien au niveau de la mobilisation des services pour proposer des postes utiles aux jeunes, mais n'ayant pas pour seul effet d'éviter une embauche statutaire. Au niveau des structures du domaine social cela leur permit d'améliorer leur taux d'emploi de personnes handicapées (la limite de 26 ans était repoussée pour elles à 30 ans) et surtout d'anticiper les recrutements nécessaires à leur fonctionnement compte tenu de leur pyramide des âges.

Le 8 avril 2013, 4 mois après le démarrage, je pus présenter à mes collègues de l'exécutif un premier bilan avec une montée en charge satisfaisante. Restait la question financière, lourde pour le département car il était simultanément frappé par certaines baisses des dotations de l'Etat et par l'augmentation des charges principalement liées aux allocations obligatoires : RSA et APA (personnes âgées), au financement très insuffisamment compensé par l'Etat.

J'ai été frappé dans cette période par le côté très centralisé autour du Président de certaines orientations : le rôle assumé par lui d'être exemplaire dans la mise en oeuvre d'une politique nationale – qu'il approuvait en l'occurrence – faisait que le cabinet et toutes les directions de l'administration étaient en propositions fortes, même s'il leur semblait que cela pouvait être au détriment d'autres de leurs actions, notamment à cause de la nécessité de redéploiement budgétaire. Mon rôle à l'exécutif fût justement, par mes propositions, d'encadrer d'une façon un peu réaliste le challenge du Président, en étalant la réalisation des objectifs de départ d'une façon compatible avec une bonne mise en place du dispositif pour les jeunes et en présentant des scénarios chiffrés d'enveloppes budgétaires supplémentaires à dégager. Je trouve tout cela normal, mais je crois que je n'y ai réussi que parce que j'avais une certaine autonomie politique, seul écologiste, non membre du PS qui me permettait non pas de m'affronter au président mais d'encadrer sa fougue. Cela me rappelait ma période avec Claude Germon et la confiance qui pouvait s'établir de par l'absence de rivalité.

J'ajoute aussi qu'écologiste, en charge de l'ESS et d'emplois socialement utiles, ces emplois d'avenir, compte tenu des champs dans lesquels ils étaient positionnés, entraient totalement dans le champ de mes préoccupations.

---

[59] Qui vient en juin 2020, et après plusieurs tentatives, d'être élu maire de Corbeil-Essonnes, mettant fin à l'ère « Dassault ».

7) Et le terrain cantonal !

Je rappelle que j'ai été élu par les citoyens du secteur Ouest de Massy et donc qu'il était essentiel pour moi d'être présent sur ce territoire et de rendre compte régulièrement de mon action et plus généralement de ce qui se décidait au Conseil général.
Je siégeais dans le conseil d'administration du collège Gérard Philippe, à Villaine, comme titulaire et exceptionnellement dans les autres collèges de Massy comme suppléant du Président Guedj. Ma présence – comme dans les lycées lors de ma mandature de conseiller régional – permet de fluidifier les relations entre l'administration et les enseignants du collège d'une part, les services du département d'autre part, par exemple sur les questions des toilettes ou de la mise à disposition de tablettes numériques, sur l'accélération de travaux d'entretien ... J'ai aussi participé à des séances de débats entre assistantes sociales du collège, conseillères conjugales du Département et petits groupes d'élèves sur les relations filles, garçons, y compris sur le plan sexuel, à partir d'un livre très pédagogique réalisé par le département.
J'intervins aussi auprès des services académiques lors des restrictions de postes de façon à provoquer des rencontres efficaces[60], n'hésitant pas à voter des motions proposées par les enseignants. Je dois souligner la motivation forte de ceux-ci comme de l'administration pour la meilleure qualité possible de l'enseignement et des relations élèves-professeurs. Pour ceux du Grand-ensemble, sur le canton-Est, j'ai été impliqué dans le projet d'internat à Blaise Pascal et de rénovation-agrandissement de Diderot ... même si je regrette que les chiffres sur l'augmentation de la population scolaire, fondés sur les prévisions de construction, aient été sous-estimés par la Ville de Massy et les services du Conseil général.

J'étais régulièrement présent aux réunions du Centre social de quartier, l'APMV, notamment lors de la refonte de son projet social vis à vis de la CAF ou des interventions pour obtenir de la Ville des locaux plus adaptés aux conditions de sécurité et d'accueil des utilisateurs.
Il y a eu aussi les nombreuses réunions pour le redémarrage d'un club de prévention à partir de celui de Chilly-Mazarin après les problèmes qui entrainèrent la fermeture du club massicois « *Perspectives* » en juin 2013.
Il y eut aussi l'implication du département dans le projet ZOLA et celui construit avec la mission locale, 100 jeunes pour l'emploi ou encore une médiation au Clos de Villaine entre l'association et le bailleur (me rappelant celle conduite avec les mêmes acteurs ou presque en 1989 !).
Il y eut aussi les voeux annuels en janvier, occasions pour Jérome et moi-même de rencontrer les habitants et les associations de Massy et Chilly (les vœux se faisant en commun sur les 3 cantons de Chilly, Massy-Est et Massy-Ouest) dans l'un ou l'autre des collèges.
Il y eut aussi les conseils cantonaux, tenus avec l'appui de l'administration départementale, pour présenter régulièrement les politiques départementales aux habitants et aux associations.

---

[60] Je me rappelle une réunion à laquelle je participais avec les représentants des enseignants reçus à l'inspection académique à Evry par l'inspecteur - que je trouvais très ouvert - réunion légèrement perturbée par un exercice d'alerte incendie dans le bâtiment de la préfecture ...

8) Encore l'AISH !

Même Vice-Président du département, ma responsabilité de Président de l'AISH demeurait. Comme je l'ai expliqué dans l'*Interlude,* il me fallait poursuivre mes efforts pour faire avancer le projet de construction d'une résidence sociale destinée au remplacement des pavillons « provisoires » de Massy dédiés au logement temporaire. De plus, les bureaux de l'association étaient sur le canton de Massy-Ouest !

Arrivé au département, j'ai découvert qu'une parcelle de terrain était disponible, rue de Vilgénis à Massy, à côté du bâtiment des pompiers : elle était propriété du département, le centre départemental d'incendie et de secours n'ayant pas eu besoin, pour se construire, de la totalité du terrain acquis à cette fin sous la présidence de Michel Berson. J'ai alors plaidé auprès du Président pour qu'il puisse servir à y construire la résidence sociale indispensable au secteur nord-ouest de l'Essonne. Il n'était pas fermé à cette idée mais, toujours sensible aux enjeux de communication et d'exemplarité du département, ce fût l'idée d'en faire un outil de « *mise à l'abri des femmes victimes de violence* » qui le décida. La présence à Massy de l'association « Paroles de femmes 91 » créée par Evelyne Mespoulhès et présidée par Nicole Crépeau, ainsi qu'au département de celle de Maud Olivier, conseillère générale du canton des Ulis, militante féministe et Vice-Présidente en charge des droits de femmes, compta bien sûr dans ce choix.

De plus, comme à l'initiative d'Emmanuelle Cosse, écologiste ministre du logement qui souhaitait que l'Etat fournisse des terrains à des prix permettant d'y construire des logements sociaux (action ancienne, voir plus haut dans l'*Interlude* mes efforts sur cette préoccupation avec Dominique Figeat), et que, comme je l'ai évoqué à propos des emplois d'avenir, Jérôme souhaitait être exemplaire dans la mise en œuvre de certaines orientations gouvernementales, celui-ci choisit de faire un exemple avec ce terrain. Il proposa donc à l'assemblée départementale de le vendre à l'euro symbolique à un bailleur social*[30] pour y construire des logements sociaux, notamment des appartements dédiés aux femmes victimes de violence ... et, accessoirement pour lui, même si nous fîmes tout le travail, la Résidence Sociale de l'AISH. C'est ainsi que la société Logial Oph – en réponse à un appel à projet sur les violences faites aux femmes - construisit sur ce terrain un bâtiment de logement sociaux et le bâtiment de la Résidence que nous baptiserons ensuite « La Parenthèse » et inaugurerons le 8 octobre 2016 (5 logements temporaires spécifiquement réservés aux femmes victimes de violence, 13 en résidence sociale et 9 en autres logements temporaires). Pour moi, il reste dommage que l'impératif politique de « faire plaisir » à Jean Luc Carvounas député-maire d'Alfortville et Président de l'office public Logial, et alors lieutenant de Manuel Valls, conduisit Jérôme, avec son Vice-Président à l'Habitat, Frédéric Petitta, conseiller général de Sainte Geneviève des Bois, à privilégier cette petite société, dont notre expérience depuis quatre ans a montré le peu de professionnalisme. Les deux autres sélectionnés pour concourir étaient l'OPIEVOY - que j'avais poussé « pour leur renvoyer l'ascenseur » suite à leur implication aux côtés de l'AISH dans les précédents projets de construction -, et I3F qui vint à la réunion de rendu des offres pour nous expliquer qu'ils n'avaient pas travaillé (pour cette société, le choix était déjà joué). Hélas c'est maintenant nous AISH - comme les locataires de Logial - qui essuyons les plâtres de ce choix un peu politicien.

A côté de tous ces engagements de terrain, il y avait bien sûr ma communication personnelle d'élu EELV au moyen de mon site internet *guybonneau.fr* et de mes lettres de canton[61] dont j'ai réalisé 12 numéros*[28] sur les 4 années de mandat en m'appuyant sur mes collaboratrices du groupe SER (socialiste, écologiste et républicain). Je diffusais cette lettre, d'une part moi-même sur les marchés et lieux publics, et d'autre part dans la quasi-totalité des boites aux lettres du canton, aidé par des copains d'EELV comme de certains socialistes, puisque j'avais été soutenu par ceux-ci lors de la campagne de 2011.

Bien que nous soyons à peu près sûrs que le département allait basculer à droite - compte tenu du dégagisme qui avait frappé en mars 2014 de nombreux maires de gauche en Essonne comme ailleurs en France – l'action départementale ne s'est néanmoins pas mise en vacances fin 2014. Pour ma part, n'étant pas destiné à revenir au département, étant sans doute un peu déprimé par ce fait et par le basculement annoncé, je continuais jusqu'au dernier jour mon travail de Vice-Président, avec des occasions importantes, par exemple avec la signature d'une convention entre le département et Pôle Emploi sur le renforcement de l'accompagnement des allocataires du RSA en recherche active d'emploi ou encore, on l'a vu, avec la réunion de lancement de l'élaboration du nouveau plan stratégique de l'Etat sur l'IAE.

Cette dernière semaine me permit aussi d'organiser un pot de fin de mandat[62] où je pus inviter et retrouver beaucoup d'acteurs du département, au conseil général comme dans des structures de l'IAE ou autres. Encore une occasion de parler*[31] de ces 4 années, avec beaucoup d'émotion d'ailleurs, un bel au-revoir !

En commençant cette quatrième partie, j'ai évoqué les changements de mode d'élection des conseillers généraux qui avaient fait que mon mandat, initialement prévu pour 3 ans avait duré 4 années par suite de la mise en place d'un nouveau système électoral assurant la parité dans l'assemblée départementale. Concrètement les 42 anciens cantons, tous à renouveler en mars 2015, sont ramenés à 21 cantons représentés chacun par une doublette femme-homme de conseillers cantonaux – et une doublette de suppléants. L'élection se fait au scrutin majoritaire à deux tours, donc pas de scrutin de liste ni de fusion entre deux tours comme c'est le cas aux municipales et aux régionales. Ceci a deux conséquences : d'une part les communes de Massy et de Chilly-Mazarin sont réunies pour composer le canton de Massy, d'autre part la candidature de Jérôme Guedj, Président sortant, étant incontournable, moi-même étant du sexe masculin, étant dans une logique d'union écologistes et gauche, je ne peux être candidat sur ce nouveau canton. Naturellement comme l'essentiel des sortants sont des hommes, beaucoup ne peuvent se représenter du fait de l'exigence paritaire. Au total, je ne me représenterai donc pas, sauf comme suppléant de Jérôme Guedj. La candidate féminine, originaire de Chilly l'autre ville du canton, sera Rafika Rezgi, maire de Chilly battue aux municipales de 2014[63]. Un accord entre EELV et le PS nous assure enfin les deux sièges de

---

[61] Un recto verso donnant des nouvelles de mon action en tant que Vice-président, de mes interventions en séance sur certaines politiques du département, de mes interventions et actions de terrain sur la ville de Massy.

[62] Naturellement financé sur mes deniers !

[63] Mais qui vient d'être brillamment réélue en mars 2020 avec 55% des voix.

conseillers départementaux justifiés par notre poids électoral, le minimum recherché depuis de nombreuses années.

En fait, la défaite de la majorité sortante fût nette, comme aux municipales de l'année précédente, puisque de 26 élus pour la majorité sortante, seuls 12 composeront la nouvelle opposition départementale : pour EELV, Anne Launay d'Igny est élue aux côtés de David Ros maire d'Orsay sur le canton de Palaiseau, Igny, Bures, Orsay tandis que Hélène Dian-Leloup du Plessis-Paté l'est aux côtés de Stéphane Raffali, maire de Ris-Orangis, sur le canton de Ris, Bondoufle, Le Plessis-Paté, Vert-le-Grand, Vert-le-Petit.

La campagne était conduite en bonne intelligence sur les 21 nouveaux cantons avec 10 candidats EELV généralement en doublette avec des socialistes, voire en doublette EELV. Le programme avait été élaboré en commun et la campagne menée ensuite localement. Sur Massy-Chilly, j'apparaissais clairement et utilement comme suppléant de Jérôme compte tenu de ma coloration écologiste et de mon implantation locale, et Rafika était suppléée par Valérie Bouge directrice d'école. Vincent Delahaye était « présent » à travers le binôme de droite Pierre Ollier, adjoint à la culture, déjà candidat en 2011 et Martine Cinosi-Girard (UMP), le Front de gauche avec Colette Jan communiste massicoise et Philippe Juraver du parti de gauche et le FN. Le 22 mars, avec 45% de votants, la doublette PS recueillait 40% des voix (40,83% à Massy), la droite 33,55% (35,21% à Massy), le Front de gauche 7,30% des voix (7,68 à Massy) et le FN 19,13% des voix (16,25% à Massy). Le second tour s'annonçait assez serré et de fait le PS gagna avec 51,54% des voix (52,69% à Massy mais seulement 48,71% à Chilly).

Avec mon appui, Jérôme était donc réélu en compagnie de Rafika, mais il perdait la place de Président du conseil départemental. Gardant ce seul mandat, il tentera sans succès en 2017 de garder pour le PS le siège de François Lamy parti à Lille chez Martine Aubry, mais, à mon grand regret, il n'assurera pas de présence visible de l'opposition départementale comme conseiller départemental à Massy.

Ainsi, en mars 2015 s'achève ma « vie » d'élu local, celle de responsable politique ayant pris fin en 2006, même si, aujourd'hui encore, je reste adhérent et militant écologiste au sein d'EELV pour lequel je fus – encore une fois – candidat, mais comme suppléant d'Anne-Charlotte Bénichou, conseillère municipale de Chilly, lors des législatives de 2017.

Essai de conclusions

La politique et/ou la vraie vie ? [64]

J'ai commencé ce texte dans ma soixante-treizième année, en profitant du confinement imposé par l'épidémie de Covid19. Au-delà de son intérêt familial et de l'exercice personnel que représente ce retour sur cinquante années d'engagements, j'ai la prétention de penser que ces éléments pourraient contribuer aux réflexions sur l'évolution de l'action politique nécessitée par le désamour des citoyens pour beaucoup de leurs élus, le rejet massif de la politique et la demande forte de participation aux choix et aux décisions, toutes choses illustrées par l'abstention croissante et, par exemple, par le mouvement des « gilets jaunes ».

Cette prétention s'illustre aussi par l'emploi constant de la première personne, même si tout ce qui a été ainsi relaté est très souvent le résultat de démarches collectives, notamment à travers cette association « MASSY-*autrement* » qui est le fil rouge de ces mémoires.

Cette prétention pourrait aussi faire croire à une certaine auto-satisfaction, alors qu'en fait, par beaucoup d'aspects, l'intérêt et le plaisir trouvés dans l'action, et sur lesquels j'insiste dans ces pages, s'accompagnent de nombreuses déceptions devant les échecs sur lesquels j'ai essayé de présenter des éléments d'analyse :
- des scores électoraux corrects, mais décevants vis à vis de l'action conduite (je pense particulièrement aux premiers tours des élections cantonales de 1992 et de 1998 ou celui des municipales de 1995) ;
- la non inscription dans la durée des changements que mon action avait pu entrainer (je pense par exemple aux efforts pour un fonctionnement plus rationnel, méthodique et apaisé du conseil départemental des Verts Essonne, ou à l'impulsion d'une politique départementale en faveur du développement de l'ESS) ;
- le faible nombre d'adhérents aux Verts à Massy, malgré quelques pics, et la faiblesse du renouvellement, notamment auprès des jeunes générations,
- ...

La symbolisation de ces échecs pourrait être la non-réalisation de mon rêve de devenir le maire de Massy !
Dans un premier temps, j'ai sans doute été victime du syndrôme du minoritaire : rester « pur », ne pas accepter de compromis politique, préférer être influent voire leader dans un petit groupe ou dans la candidature autonome à une élection qu'accepter d'être une partie d'un ensemble plus grand, de négocier des alliances. Par exemple, en 1992, après le premier tour de l'élection cantonale, nous n'avons pas voulu « négocier » notre retrait pour une place plus importante dans la municipalité qui aurait peut-être pu déboucher ultérieurement sur le premier rôle dans le contexte de la démobilisation de Claude Germon et des luttes internes au PS massicois.

---

[64] Clin d'œil au film de Michel Drach de 1970 : « Elise ou la vraie vie » d'après le livre de Claire Etcherelli, film qui m'a beaucoup marqué au début de ma prise de conscience politique par l'articulation engagement - vie personnelle.

Plus tard, confronté à la volonté d'hégémonie du PS, je n'ai sans doute pas su faire comprendre que, dans le paysage politique local, j'étais peut-être le plus apte à rassembler les suffrages d'une majorité de massicois face au maire de droite. Encore aurait-il fallu que je sache entrainer dans l'action quotidienne de nombreux citoyens tout au long des mandats d'opposition : avec mes amis nous avons plutôt suscité la création de collectifs ou la conduite d'actions, non insérées directement dans le champ politique. Dans les années 2000, je n'ai sans doute surtout pas su mobiliser et rassembler autour de moi et d'EELV de nouveaux citoyens, désireux de politique, le faible nombre d'adhérents écologistes en témoigne. Susciter la mise en avant de nouvelles personnes comme Roger en 2008, était-ce la méthode la plus efficace pour crédibiliser une candidature solide à la mairie ? N'était-ce pas encore renforcer ce côté de « minoritaire » ?

J'écris ces dernières pages dans le contexte des excellents résultats des écologistes aux municipales de 2020 : si ceux-ci n'ont bien sûr été possibles que dans le contexte de l'abandon forcé par le PS de cette volonté d'hégémonie, de la montée des préoccupations des habitants pour réaliser une transition écologique et naturellement dans une forme de rejet des équipes en place depuis très longtemps, ils reposent aussi sur le travail politique de fond assuré par des animateurs bien reconnus.

Néanmoins, à côté de cet échec ressenti périodiquement, ce qui domine positivement dans mon vécu personnel, quand je regarde ces cinquante années, c'est le plaisir et l'intérêt que j'ai trouvé dans les périodes où j'exerçais des responsabilités : délégué au logement (première partie, chapitre 4), responsable des Verts Essonne, au moins dans la période 2001-2004 (première partie, chapitre 7), conseiller régional dans la majorité (deuxième partie) et surtout mes quatre années de vice-présidence au département (quatrième partie) auquel j'ajouterai évidemment les actions associatives présentées dans *l'interlude* et tout au long de ce texte.

Mais au fond, cela fait beaucoup de temps, beaucoup d'énergie ainsi dépensée ! Une des questions centrales à ce texte dans sa démarche de « mémoire personnelle » ne serait-elle pas finalement d'essayer de répondre à la double question : « pourquoi dépenser tant d'énergie à la politique ? pourquoi Guy Bonneau l'a-t-il fait ? »

Je pense avoir longuement détaillé l'intérêt que l'on peut trouver dans l'action politique locale, mais je voudrais dans le cadre de ces « mémoires » essayer de répondre à la question de l'origine de ce choix personnel de m'y investir autant, avec comme on l'a vu moins de succès qu'espéré !

Une première piste possible serait bien sûr à chercher dans mon éducation, faite de rigueur morale accompagnée de sa dose de sentiment de culpabilité chrétienne : ceci aurait pu me conduire à rechercher du sens à mes actions en tant que réalisation de « bonnes actions » au service des personnes moins favorisées que moi. Au-delà de « l'indignation », pour reprendre une expression signifiante, je ne crois pas que cette piste soit dans mon cas déterminante.

J'ajouterai néanmoins dans ce rôle à rechercher du côté de l'éducation, la marque de ma formation scientifique : les raisonnements pseudo-scientifiques des économistes (à Centrale d'abord, dans mes lectures ensuite) sur les prétendues « lois » (de l'offre et de la demande, du marché …) en s'appuyant sur force courbes et modèles mathématiques, tout autant que ceux des tenants du tout nucléaire évoquant la « loi » du doublement tous les dix ans de la consommation énergétique – sans vraiment comprendre ce qu'est une courbe exponentielle ! –, me faisaient comprendre *a contrario* que le fonctionnement de la société découlait, non pas de « lois » mais de choix politiques qui pouvaient donc être contestés, critiqués, remis en cause.

Mais ces facteurs liés à mon éducation se sont trouvés confrontés avec celui, plus tardif, de la recherche « égoiste » du plaisir, sans doute du fait de l'absence d'une telle recherche dans mon adolescence. D'autre part, et de façon plus déterminante, mon premier contact avec la politique s'est inscrit dans le contexte post-soixante-huitard du collectif universitaire dans lequel j'ai fait mes premiers pas, y suivant la femme dont j'étais alors amoureux, collectif militant qui justement questionnait le sens de son engagement au service des plus défavorisés (les travailleurs immigrés des foyers-taudis de la fin des années 60) au nom de la subjectivité de l'individu « militant » et donc du plaisir à trouver dans des actions que nous refusions de placer sous le signe du registre « caritatif ». Et de fait, on l'a vu, j'évoque souvent dans ce texte *le plaisir* que je trouve à influer, à modifier, à transformer la « réalité » mais aussi à animer, à faire exprimer les capacités des uns et des autres (voir par exemple la première partie, chapitre 4, section 2). Et je crois que c'est principalement là, dans une certaine mesure par goût du pouvoir, « par besoin d'avoir prise sur », que se trouvent mes motivations à mes engagements.

Non pas que la trace éducative du « devoir » bien faire – sinon de faire le bien - me soit étrangère, et au contraire elle a trouvé à s'alimenter, à se « déplacer » dans la formation scientifique avec sa rigueur et son caractère méthodique (voir l'encadré en première partie, chapitre 7, section 1 : « *un peu de discours de la méthode !*») ; de plus je dois reconnaître qu'une grande partie du temps passé dans le cadre de ces engagements politiques était peu plaisant (certaines réunions par exemple !) mais pour moi ils faisaient partie du « paquet » et il me fallait les assurer quand même, le « devoir » en quelque sorte, peut-être « sublimé » pour employer un terme psychologique.

Mais, pour approfondir le contenu de ce plaisir trouvé dans l'action politique locale à côté de ceux de ma vie professionnelle et de ma vie affective dont je parlerai un jour, il me faut en premier lieu revenir sur le fait qu'à l'adolescence je rêvais, par exemple, de construire des ponts ...[65], d'où sans doute mes études pour intégrer une école d'ingénieur (je suis passé par l'Ecole Centrale de Paris entre 1966 et 1969). Mais, face à une partie du corps enseignant, composé en grande partie d'ingénieurs, je découvrais des professionnels qui ne me paraissaient pas motivés par des idéaux enthousiasmants, c'était notamment un peu avant et pendant les évènements de mai 68. En partie par réaction, je me suis alors dirigé vers la recherche scientifique pure en physique théorique des hautes énergies[66], avec une image sans doute idéalisée de la recherche et du chercheur : d'où une certaine tension entre le plaisir de la réflexion intellectuelle face à un problème, plaisir inhérent à la recherche scientifique, et le manque de mise en œuvre concrète, accentué par le caractère très spécialisé de mes travaux qui, comme je ne suis pas du niveau de ceux qui découvrent de nouvelles théories, ne les rendait rarement intéressants pour plus de cent personnes dans le monde. Je suis toujours

---

[65] Membre des Scouts, entre 14 et 17 ans j'ai eu par exemple l'occasion de construire des tables et bancs en rondins pour nos camps, ou une table d'orientation sur une colline près de Montpellier, ou encore une cheminée de briques dans notre local ...

[66] Dans ce champ, théorie et expérimentation ne procèdent pas des mêmes métiers : les expériences mettent en jeu des dizaines voire des centaines de personnes autour d'énormes instruments (les accélérateurs de particules par exemple) pour tester des théories ou plutôt des bribes de théories élaborées dix ans plus tôt par les chercheurs dans leurs « laboratoires », qui sont de fait des bureaux-bibliothèques-ordinateurs.

resté un peu orphelin de cette non visibilité et de la difficulté à communiquer avec mon entourage proche sur la nature et le contenu de mes recherches et avancées. A contrario, l'action associative m'apparaissait en prise avec la réalité, mais pour être source de plaisir personnel, il me fallait qu'elle nécessite initiatives, imagination, invention … mes marques personnelles, mais aussi des contacts humains riches et variés, ce que je crois avoir réussi à vivre, au moins en partie, durant ces cinquante années.

En second lieu, il me faut sans doute mettre en regard de l'origine de cet investissement en politique le caractère pour le moins agité de ma vie affective : j'ai dit plus haut que ma première participation à un collectif politique provenait de mon envie d'être aux côtés d'Annie, la femme que j'aimais alors ; j'ai ensuite, entre 1973 et 1978, été principalement occupé par les aléas de ma vie sentimentale – et les interrogations sur la réorientation de ma vie professionnelle ; c'est alors qu'une certaine stabilité avec la naissance de ma première fille, Annais, mais aussi une certaine insatisfaction dans ma vie professionnelle, ont provoqué chez moi le besoin de donner à ma vie encore plus de sens, par de l'action à l'extérieur, action associative puis politique avec la création de « MASSY-*autrement* » comme décrit dans le préambule de ce texte. J'ai expliqué aussi comment, lors de grosses déceptions politiques (défaite de juin 1989 ; nouveau creux au printemps 2001 ; ou encore à l'automne 2009 lors de ma mise à l'écart lors des désignations internes pour rempiler au conseil régional), mon état affectif interagissait beaucoup avec la poursuite de ma motivation.
Pour résumer, je dirais que mon engagement politique ne *résulte* pas de frustrations affectives, mais je reconnais l'importance de ces liens engagements-vie affective. Ceci rejoint ce que j'ai énoncé en préambule sur mon souci personnel de cohérence entre mes pratiques (objectives donc) et mes idées (donc dépendant du sujet que je suis).

Pour revenir au sujet de fond que j'évoque en début de cet essai de conclusion, la désaffection du politique, voire du fonctionnement démocratique, je veux insister à nouveau sur l'enjeu de permettre aux citoyens d'avoir *prise sur leur vie, sur les choix, sur leur avenir …* Cela rejoint les débats autour de la démocratie à réinventer ou à propos de l'élaboration collective de l'intérêt général[67] , élaboration qui nécessite obligatoirement du temps et qui demande un autre rapport à l'expertise, « scientifique » ou pas.
A propos de ces enjeux, j'ai évoqué l'importance d'une bonne méthodologie d'élaboration des projets (première partie, chapitre 7, section 1), de la prise en compte de la complexité mais sans s'abriter derrière elle pour ne jamais rien arbitrer, du rôle des fonctionnaires des services administratifs ou techniques lorsqu'ils sont à la fois respectés dans leur technicité et munis d'orientations claires (première partie, chapitre 1, section 4 ; deuxième partie, section 4 ; quatrième partie, section 5), de la clarté dans les rôles respectifs des administrations et des élus[68], de la valorisation des personnes et de la conviction qu'elles peuvent faire mieux, être tirées vers le haut (première partie, chapitre 4, section 2). A contrario l'excès d'administration

---

[67] A cet égard, la « conférence des 150 citoyens » qui a récemment achevé ces travaux me paraît prometteuse, si ses conclusions sont suivies d'effet. Un exemple me paraît instructif : la proposition de limitation de la vitesse sur autoroute à 110 km/h, mesure absolument pas consensuelle dans la société, a réussi à apparaître nécessaire, d'intérêt général – dans tout un panel de mesures dont il ne faudrait pas l'isoler bien entendu – à la grande majorité de ces citoyens tirés au sort.

[68] Que ce soit en interne à la collectivité ou à l'extérieur : combien de fois m'a-t-on demandé « vous travaillez toujours à la Mairie ?» alors que je n'y ai jamais fait que partie du conseil municipal !

sans réel dialogue humain, peut-être accentué par le numérique, conduit à une perception kafkaïenne de décisions opaques[69], puis à la méfiance devant tout argumentaire rationnel.

A propos de la question du temps nécessaire à l'élaboration des choix, j'ai relevé que la pérennisation des changements supposait du temps long dont je n'avais pas disposé, ce temps long étant contradictoire avec le temps court des élus.

Enfin, et naturellement sans prétendre clore le sujet de la démocratie réinventée, pour la bonne compréhension des citoyens il faudrait arriver à une clarification des niveaux et des lieux de compétences des personnes ou institutions responsables des décisions et de leur mise en œuvre.

En conclusion, j'espère que ce texte aura pu montrer qu'un élu, avec des convictions mais sans dogmatisme idéologique, proche des préoccupations des habitants, outillé au niveau intellectuel, sachant consulter et utiliser les compétences des associations et des services municipaux, un tel élu mettant en œuvre une vraie démocratie participative peut contribuer à changer la vie quotidienne des habitants, tout en y trouvant sens, intérêt et plaisir.

Massy, avril-juillet 2020

---

[69] La décision extravagante des autorisations à se donner soit même pour déroger au confinement pur, en imprimant des documents, en principe à changer chaque jour en est un bon exemple, sans parler de l'interdiction, uniforme sur tout le territoire français, d'aller en forêt ou sur une plage mettant dans le même sac la forêt de Rambouillet et le Bois de Boulogne …

Un scientifique en politique, 50 ans d'engagements
mémoires « politiques » de Guy Bonneau
contribution à l'histoire politique de Massy

Table des chapitres

Un scientifique en politique, 50 ans d'engagements

Annexes

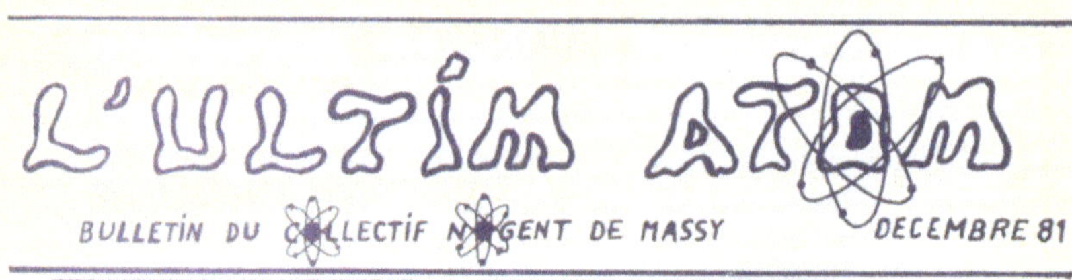

NUCLEAIRE : des promesses non tenues, un débat escamoté !

En Juin dernier, le gouvernement Mauroy annonçait pour l'automne un débat national sur la politique énergétique et le programme nucléaire. Ceci, joint à l'abandon de la centrale de PLOGOFF, semblait correspondre aux projets socialistes et au programme de François Mitterand :

malheureusement :

- le 30 Juillet le Conseil des Ministres annonce le "gel " de 5 centrales jusqu'à un débat parlementaire les 6 et 7 Octobre,

- avant ce débat, et pour contraindre au silence les députés socialistes décidés avec P. Quillès à défendre leurs propositions *(définies en Congrés en Janvier et en Comité Directeur en Septembre 1981 !)* Mauroy annonce qu'il engagera la responsabilité du Gouvernement sur son programme électronucléaire .

- alors, le fameux *débat démocratique national* s'est réduit à une demie journée de discussions au sein du seul groupe parlementaire socialiste !

résultat :

Le programme Mauroy est essentiellement le même que le programme Giscard-Giraud :

- quelques réacteurs en moins (une dizaine sur les 60 prévus en 1990),
- part inchangée pour les énergies nouvelles,
- le projet (socialiste)d'un programme intensif d'économies d'énergie de 45 milliards de Francs par an est fortement compromis,
- le décret Barre du 12 Mai 1981 décidant d'agrandir la poubelle atomique de la Hague est confirmé,
- SuperPhénix n'est pas arrêté ....

RAPPEL

Le 23 Janvier 1980, F.Mitterand, P.Mauroy, G.Deferre, M.Rocard .... annonçaient qu'ils avaient signé la "Pétition Nationale pour une Autre Politique de l'Energie et pour un Débat Démocratique sur l'Energie."

Cette pétition demandait :
- des consultations et des décisions démocratiques sur les grands choix énergétiques aux niveaux régional et national,
- la suspension du programme électronucléaire tant que le débat démocratique n'aura pas été conduit à son terme (notamment de Nogent sur Seine et du Surgénérateur de Malville),
- la non extension de l'usine de retraitement de La Hague.

(x) *Terme pudiquement utilisé par les spécialistes pour désigner l'explosion nucléaire limitée qui peut se produire dans un surgénérateur.*

imp.spé.EA.

LA CROISSANCE : REMEDE MIRACLE ?

Pour le gouvernement Mauroy, la sortie de la "crise" nécessite une croissance économique forte (objectif de 3,5%); et c'est la crainte de manquer alors d'électricité qui justifie la poursuite d'un très important programme nucléaire.

CROISSANCE, CROISSANCE, QUAND TU NOUS TIENS !

Par croissance on entend augmentation du P.N.B.(Produit National Brut représentant l'ensemble des biens et services produits en France).Cette croissance est censée résoudre le problème du chomage et diminuer les inégalités ; cet accroissement continu de la production n'est pas conçu pour répondre aux besoins de la population mais pour faire tourner au maximum l'appareil industriel. On crée ainsi artificiellement de nouveaux besoins, tant en France qu'à l'étranger, notamment dans les pays sous développés, chez lesquels on exporte ainsi notre mode de développement : ceci ne peut qu'augmenter les frustrations et les inégalités.

Cette inégalité se manifeste aussi dans les consommations énergétiques :
- en France : les 10% les plus riches consomment 7 fois plus que les 10% les plus pauvres,

- dans le monde : un habitant du tiers monde consomme, en moyenne, 50 a 100 fois moins qu'un américain du nord.

Or, les ressources mondiales en énergie étant nécessairement limitées, la surconsommation des pays développés contraint les habitants des pays sous développés à la sousconsommation. L'augmentation de notre demande en énergie se fera au détriment de celle d'autres pays et ne pourra qu'augmenter les tensions internationales.

Le même problème est aussi posé par le caractère limité des ressources en matières premières et les dégradations de l'environnement résultant de tout développement industriel (minerais, air, eau ...).

Plutôt que produire pour produire, ne vaudrait-il pas mieux partir des besoins des populations ?

LA SOCIETE MALADE DE SA BOULIMIE ENERGETIQUE !

Le choix du type de production et de consommation d'énergie détermine un modèle de société. En particulier, le développement énorme de la <u>production</u> d'électricité aura des conséquences importantes :

- pour l'absorber, le chauffage électrique devra être développé (triplement prévu d'ici 1990),

- les énormes investissements nécessaires à la reconversion à l'électricité des installations industrielles devront être rentabilisés par l'utilisation intensive des machines ; ceci ne faisant qu'aggraver une situation due à l'intensité croissante de la compétition internationale (voir les tentatives du patronat d'échanger une réduction du temps de travail contre un assouplissement des réglementations actuelles : développement des 3 x 8, travail de nuit pour les femmes, travail pendant les W.E. et heures supplémentaires à discrétion),

- l'électricité n'étant plus réservée à ses usages spécifiques (éclairage , moteurs, radio..) mais utilisée partout (chauffage, régulation...), l'interruption de sa fourniture désorganiserait complétement la vie de la société, cette interruption pouvant être accidentelle (cf. la panne du 19 décembre 1979) ou criminelle (un système très concentré de production et de distribution d'électricité est une cible de choix). En cas de découverte d'une malfaçon dans un réacteur nucléaire, prendra-t-on la décision d'arreter tout le parc, nos centrales étant identiques, alors que la production d'électricité sera assurée à 70% par le nucléaire ?

-pour rentabiliser la fabrication des centrales nucléaires, l'exportation est nécessaire. On augmente ainsi le risque de prolifération nucléaire (Plutonium...).

Notre bonheur n'est plus lié à l'augmentation de notre consommation mais passe plutôt par une redéfinition de nos besoins associée à un partage équitable des ressources disponibles.

Nous invitons toutes celles et tous ceux qui veulent participer à nos actions à nous contacter : Collectif Nogent de Massy , % Guy Bonneau, 18 rue de l'Epine Montain, Massy.

Annexe 2 : création de « l'association pour le Cadre de Vie et les Alternatives »

Département de l'Essonne   République Française
————   ————

SOUS-PREFECTURE DE PALAISEAU

Bureau de l'Administration
et de la Police Générale

RECEPISSE DE DECLARATION D'ASSOCIATION

(Loi du ler juillet 1901)
Application des prescriptions de l'article 5
Modifiée par l'article ler de la loi n° 71-604 du 20 juillet 1971
et par la loi n° 81-909 du 9 octobre 1981
————

LE COMMISSAIRE ADJOINT DE LA REPUBLIQUE de l'Arrondissement de PALAISEAU
reconnaît avoir reçu une déclaration déposée aujourd'hui   27 AOUT
mil neuf cent quatre vingt   DEUX
par Monsieur Guy BONNEAU   demeurant à   MASSY (Essonne)
                        18, rue de l'Epine Montain
relative à la formation sous le titre

            "Association pour le cadre de vie et les alternatives"
d'une Association dont le siège est situé à   MASSY - 18, rue de l'Epine Montain
                        et ayant pour objet   : Assurer la défense de
l'environnement et l'amélioration du cadre de vie tant au niveau local qu'au
niveau national -notamment par la lutte antinucléaire- Développer l'information sur les alternatives sociales et énergétiques et agir pour leur réalisation.

        La déclaration prescrite par la loi du ler juillet 1901 doit être rendue
publique aux frais des déclarants au moyen d'une insertion au Journal Officiel dans
un délai d'un mois à partir de ce jour (Décret du 16 août 1901). par l'intermédiaire
de l'Administration.

        Les modifications ou changements qui viendraient à être apportés dans la
composition du Conseil d'Administration ou dans la teneur des statuts de la Société,
devront être signalés à la Sous-Préfecture et consignés sur le registre spécial coté
et paraphé par le Commissaire Adjoint de la République.

        Cette Société est inscrite à la Sous-Préfecture sous le n°   3 378   .
Ce numéro devra être rappelé dans toutes les correspondances adressées à la
Sous-Préfecture.

Le présent récépissé a pour unique objet de constater le dépôt de la déclaration et
des pièces annexées, sans préjuger en quoi que ce soit de la légalité de l'association.

                                        PALAISEAU, le   2 SEP. 1982
                                        LE COMMISSAIRE ADJOINT DE LA REPUBLIQUE.

N.B.- Si les activités même
temporaires de ce groupement
devaient être autorisées ou contrôlées en application d'une réglementation spécifique quelconque, il
appartiendrait aux responsables de
l'association d'en faire la demande   H. CHERIET
aux autorités qualifiées.

Annexe 3 : Sigle « MASSY-*autrement* » et notre panneau électoral en mars 1983

RÉPUBLIQUE FRANÇAISE   DÉPARTEMENT DE L'ESSONNE

ELECTIONS MUNICIPALES - SCRUTIN DU 6 MARS 1983

Ville de MASSY

Une autre équipe de gauche.

Nous sommes un groupe de Massicoises et de Massicois impliqués à des degrés divers dans le mouvement associatif ou syndical et ayant une pratique quotidienne des problèmes locaux. Au cours de nos activités, nous avons constaté l'impossibilité d'engager un dialogue constructif avec la municipalité et nous nous sommes lassés de certaines pratiques et du pouvoir de plus en plus personnel du maire. Celui-ci s'intéresse peu aux aspirations et aux difficultés de la vie quotidienne des Massicoises et des Massicois, obnubilé qu'il est par les réalisations de prestige et la réussite de sa carrière politique.

Absence d'informations, gestion autoritaire et conservatrice, refus du dialogue, promesses non tenues caractérisent les six années écoulées. Vie terne, ennui, cloisonnement des quartiers restent les traits dominants de Massy.

Face à la droite plus soucieuse de prendre sa revanche sur 1981 que de s'intéresser aux problèmes de Massy, nous pensons que la gauche a tout à gagner à abandonner ces pratiques qui la discréditent.

Assurer la transparence de la gestion municipale, faire la clarté sur les problèmes de la ville, favoriser une large concertation, donner aux quartiers un pouvoir de décision, rendre l'initiative aux citoyens, soutenir les organisations syndicales locales dans leur lutte pour la défense de l'emploi, instaurer une véritable politique sociale, maîtriser l'urbanisme et l'environnement, telle est pour nous une réelle pratique de gauche. Massy en est loin, et, si nous n'y prenons pas garde, nous risquons de nous réveiller dans six ans avec la droite à la mairie.

Grâce à la nouvelle loi électorale, nous serons présents au sein du prochain Conseil municipal. Pour que nos idées deviennent demain réalité, soyez nombreux à voter dès le premier tour pour MASSY-autrement.

Une femme tête de liste, une équipe comprenant un tiers de candidates :
MASSY-autrement entend ainsi marquer l'importance
qu'elle accorde à l'apport original des femmes dans la vie municipale.

Parmi celles et ceux qui figurent sur notre liste, citons :
AUSSEUR Robert, conseiller municipal sortant, responsable syndical et militant familial.
BERTHON-WARTNER Annie, militante d'associations du cadre de vie et de parents d'élèves, militante syndicale.
BONNEAU Guy, responsable d'associations du cadre de vie, militant syndical.
GADESSAUD Robert, responsable d'une union de consommateurs, responsable syndical.
GROSJEAN Didier, écologiste, responsable d'une association d'usagers des transports, de piétons et de cyclistes.
GUILLETON Eric, auteur, compositeur, interprète.
HOLLANDE Eric, auteur, compositeur, interprète et militant d'associations culturelles.
LETOURNEUR Yves, militant d'une association antifasciste.
LORIDANT Guy, militant syndical.
MAIGNIEN Annick et Patrick, responsables d'une association d'animation culturelle.
MAINGOT Marie-José, militante d'associations socio-culturelle et de locataires.
MIGNON Denise, responsable d'une association humanitaire.
ROUSSEL Philippe, militant d'associations pour la reconnaissance des cultures régionales et l'écologie.
SINOU-CAILLE Geneviève, militante d'une association de locataires.
SOUTOUL Aimé, responsable d'une association d'animation culturelle.

QUELQUES UNES DES PROPOSITIONS DE MASSY-autrement
POUR REPONDRE AUX BESOINS DE LA POPULATION DE MASSY

GESTION DEMOCRATIQUE

- un maire disponible pour Massy (pas de cumul des mandats) ;
- après information complète, recours au référendum populaire sur les questions controversées (T.G.V., aménagement du centre ville, usine d'incinération...) ;
- création d'une commission extra-municipale de l'information et expression dans le bulletin municipal de toutes les tendances représentées.

LE LOGEMENT

- programme de rénovation du Grand Ensemble, avec priorité au quartier Est : travaux d'isolation, réagencement des logements, création de m² sociaux. Grâce aux aides gouvernementales ce programme est réalisable (voir à Antony...) ;
- réhabilitation du centre ville en assurant le maintien dans les lieux de la population actuelle ;
- définition de mesures visant à lutter contre la spéculation immobilière.

L'ENERGIE

- uniformisation des tarifs du chauffage urbain, de l'eau chaude sanitaire ;
- utilisation des ressources géothermiques (rentabilité établie pour le quartier de Villaine) ;
- collecte de matériaux recyclables (papier, métaux, plastique) et utilisation systématique de papier recyclé par l'administration et les écoles.

LA SANTE

Création d'une commission extra-municipale santé regroupant médecins, infirmières, assistantes sociales et usagers, chargée de promouvoir une politique pour la santé à Massy :

- ouverture de centres de soins (structure légère par quartier) permettant l'accès à la santé pour tous et mettant l'accent sur la prévention ;
- soins à domicile pour les personnes âgées ;
- ouverture d'un centre dentaire et d'une pharmacie mutualiste.

LES TRANSPORTS

- création de navettes entre les différents quartiers de Massy ;
- amélioration des conditions de transport sur la ligne de Sceaux ;
- refus du T.G.V. s'il n'est pas enterré ;
- refus de la gare T.G.V. à Massy et de toutes les voies routières (A 10...) qui l'accompagneraient inévitablement.

LE COMMERCE

- création d'une commission extra-municipale définissant une politique commerciale au service des consommateurs ;
- amélioration des marchés existants et ouverture des marchés le soir.

ANIMATION ET VIE ASSOCIATIVE

- aménagement de nombreux lieux de rencontre dans les divers quartiers de Massy (récupération des m² sociaux) ;
- création d'ateliers de mécanique ouverts à tous (réparation des vélos, motos, autos...) ;
- accès en dehors des heures scolaires (soir, week-end, vacances) aux salles et installations sportives des établissements d'enseignement ;
- création de maisons de quartier offrant aux associations les moyens matériels nécessaires à leur fonctionnement (salles, matériel de reproduction, documentation...).

SI CES PROPOSITIONS VOUS INTÉRESSENT
VOTEZ MASSY-autrement

Vu, les candidates et candidats.

Annexe 5 : manifestation contre la démolition de l'ancienne Mairie de Massy
- Carte postale éditée par le comité de soutien (à l'adresse de Jean-Pierre Cruse membre de MASSY-autrement)
- Article du Républicain de l'Essonne du 28 Mars 1985 (ma fille Annais tient la banderolle ; Jean-Pierre Cruse avec Mme Montaufier ; M.-N. Lienemann et son second enfant, Marianne, née le 29 janvier)

MASSY

Non à la démolition de la mairie !

Mme MONTAUFIER (78 ans) : ses racines massicoises ont près de quatre siècles !

A l'appel du comité de défense de l'ancienne mairie — lequel, depuis des mois déjà, est en lutte contre la démolition de celle-ci — une manifestation drainait dimanche, en fin de matinée, quelques centaines de Massicois vers le chantier où, déjà, les annexes — plus récentes ou préfabriquées — ont été rasées.

C'EST « NON »
DE DROITE À GAUCHE

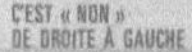

Annexe 6 : à propos de l'ouverture du centre commercial –X% le dimanche

Décembre 1986

METRO, BOULOT, GOGO ...
ou le monde vu par Monsieur - X %

Il fallait bien qu'on nous fasse, à Massy comme partout, le coup du *"pays où la vie est moins chère "*.

Sur leur affiche, c'est évidemment une jeune femme au sourire enjôleur qui nous racole : en vendant l'image de la femme, on vend mieux, c'est l'A.B.C. de la pub ! Entrez braves gens. Le conte de fées commence (reportez vous au prospectus généreusement distribué dans votre boîte aux lettres) :

" On peut même se permettre de ne pas choisir, alors on va tout s'offrir ",
"Pour une fois qu'on peut craquer sans se culpabiliser,
on ne va pas se priver ",
" On se laisse tenter ... la folie serait de ne pas en profiter ".

On vous le dit : *"C'est la fête !"* Avant d'entrer, vous étiez chômeurs ? vous aviez du mal à joindre les deux bouts ? on vous expulsait de votre appartement ? vous n'aviez pas d'argent pour partir en vacances ? Oubliez tout cela avec le Sabatier des grandes surfaces, Monsieur - X% ! Il n'y a plus de pauvres ni de riches, d'exploiteurs ni d'exploités : dans ce centre de loisirs pour vacanciers du Dimanche, on devient tous de gentils consommateurs.

Rassurez vous, on trouve de tout dans ce haut lieu de la consommation et même la culture n'a pas été oubliée . A la librairie - il serait plus exact de dire l'entrepôt pour invendus en vrac -, on peut " *s'enrichir l'esprit sans ruiner son porte-monnaie* " et le magasin vidéo comporte, bien sûr, l'inévitable rayon "porno".

Ah! les beaux Dimanches à - X%!
Comme aurait dit Coluche :" C'est...la crise !"

Mais au fait, le Dimanche, si on essayait un peu plus à Massy la discussion en famille ou avec nos amis, les promenades en forêt et les activités sportives, la lecture, la musique, les sorties au cinéma ou au théâtre .... plutôt que d'être, comme nous y invite Monsieur - X% : *"branché Hifi et cablé vidéo"* ?

- X % sur toute la ligne ....
sauf, parfois, sur les prix ......

Après de multiples péripéties (opposition des unions de consommateurs, des petits commerçants et, en dernier lieu, de CORA), le projet d'extension de RADAR Géant a vu le jour sous la forme d'un centre -X%.

Selon une tradition bien établie, le Maire et son adjoint à l'Urbanisme ont mené, en catimini, les négociations avec les promoteurs du projet. Bien que le contenu de ces discussions reste mystérieux, il semble acquis que des garanties verbales aient été données aux responsables du centre -X% à propos de l'ouverture le Dimanche. Sinon, comment comprendre que depuis son ouverture le 3 Octobre, ce Centre ait pu fonctionner le Dimanche sans autorisation et en infraction avec la loi ?

Lors de sa séance du 29 Octobre, la majorité du Conseil Municipal de Massy a voté CONTRE cette initiative du Maire (seuls les élus du P.S. ont voté pour).

Il appartient désormais au Préfet de statuer après consultation de la Chambre de Commerce et des Unions Syndicales Départementales. Espérons qu'il respectera l'avis de la majorité du conseil.

Bilan : Démocratie locale : - X % !

Si nous avons voté CONTRE, c'est parce que nous attachons une grande importance à la qualité de la vie, et que par conséquent nous dénonçons l'obligation faite aux salariés de travailler le Dimanche, avec tout ce que cela entraine comme conséquences fâcheuses sur la vie personnelle. Même si cette disposition d'ouverture le Dimanche est prévue dans leur contrat de travail , on peut s'interroger sur la liberté de choix des salariés dans la période de chomage que nous connaissons.

" Ce centre crée 400 emplois sur la commune". En disant cela, le Maire se comporte, une fois de plus, en simple comptable de l'emploi. Désirant que la balance emplois crés/emplois supprimés à Massy soit positive, il lui importe peu qu'il s'agisse de transferts d'emplois (c'est le cas par exemple avec la C.G.C.T. dont le siège social vient d'être transféré de Paris à Massy) ou d'emplois dont la qualité laisse à désirer, comme cela semble être le cas au -X% (bas salaires, en particulier pour les jeunes, précarité d'emploi..). Nous reviendrons sur ce sujet dans un prochain tract.

Bilan : pour les salariés : - X %

Et les prix dans tout ça ?

On nous dit que " *payer trop cher c'est démodé* "(cela signifierait-il que pour être à la mode les consommateurs payaient volontairement trop cher auparavant ?) alors on se dit que cela va faire le bonheur de notre porte-monnaie. Bonjour les désillusions ! Là, comme ailleurs, nous avons tout intérêt à ne pas acheter les yeux fermés. Ce centre commercial qui cherche à se donner un look avantageux est comme les autres : on y trouve des articles à des prix effectivement intéressants et d'autres qui ne le sont pas et il est faux de proclamer : " *toutes les marques qu'on aime presqu'à moitié prix* " (bonjour la publicité mensongère !)

Consommateurs attention ! Les - X% et autre "usine center" sont les dernières trouvailles de financiers jamais à cours d'idées quand il s'agit de réaliser de bonnes affaires ... sur notre dos !

Bilan : pour les consommateurs : +_X %

MASSY-autrement, 2 allée des Peupliers, Massy.

Annexe 7 : délibération du 19/12/1991 déclarant le principe d'intérêt général de la mixité Emploi-Habitat dans la zone industrielle des petits Champs-Ronds.

DEPARTEMENT DE L'ESSONNE   **EXTRAIT DU REGISTRE DES DELIBERATIONS**

Arrondissement de Palaiseau   **DU CONSEIL MUNICIPAL**

VILLE DE MASSY

DATE DE CONVOCATION
16 DECEMBRE 1991

L'An mil neuf cent quatre vingt onze, le **19 DECEMBRE 1991**
à 21 heures, le Conseil Municipal, légalement convoqué s'est réuni à la Mairie, en séance publique, sous la présidence de M.GERMON .

DATE D'AFFICHAGE
de l'ordre du jour
16 DECEMBRE 1991

Etaient présents : M GERMON, Maire, M. GUYONNEAU, Mme MOREL,
MM. MELENCHON, BOUCRIS, BERRANGER, RENAUDINEAU, BLANCHERIN,
GUEDJ, Adjoints,
MM. LECHERBONNIER, PLED, MM. DEROIN, GAUTIER, Mme LEFEUVRE,
MM. BRUNEAU, LEROY, Mme DECOUDU, MM. HERBET, CREPEAU,
BONNEAU, DUBRASQUET, BERNARDIN, Mme DOMINGO, M. CHARLAS,
Mme DEBLANGY, M. SCHMIDT, Mme MOIRIN, MM. PAPUT, QUAGHEBEUR,
DELAHAYE, PAILLET,

formant la majorité des membres en exercice

Nombre de conseillers en
exercice........................... 43
Nombre de présents............31
Représentés.....................12
Nombres de votants........... 43

OBJET

ABSENTS,EXCUSES ET REPRESENTES

Mme DEYRIS	par	Mme LEFEUVRE
M. VANBESIEN	par	M. HERBET
Mme OPRANDI	par	M. MELENCHON
Mme BERTHON-WARTNER	par	M. BONNEAU
Mme DEROCHE	par	Mme MOREL
Mme MERINO	par	M. CREPEAU
M. PENTOSCROPE	par	M. DUBRASQUET
M. DECOMBE	par	M. GUEDJ
M. DEVEZE	par	M. LEROY
Mme GUILLAUME	par	Mme DOMINGO
M. DOULAUD	par	Mme DECOUDU
M. LAYANI	par	M. GAUTIER

Secrétaire : M. GUYONNEAU

Le Maire de MASSY certifie
que la convocation du Conseil
Municipal et le compte rendu
de la présente délibération ont
été affichés à la Mairie conformément aux articles 24 et 32
du Code de l'Administration.

DATE D'AFFICHAGE
du compte-rendu
26 DECEMBRE 1991

ADOPTION ET DECLARATION D'INTERET GENERAL DU PRINCIPE
DE LA MIXITE EMPLOI-HABITAT DANS LA ZONE INDUSTRIELLE
DES PETITS CHAMPS RONDS

Pour le Maire,
l'Adjoint Délégué

ADOPTION ET DECLARATION D'INTERET GENERAL DU PRINCIPE DE LA MIXITE EMPLOI-HABITAT DANS LA ZONE INDUSTRIELLE DES PETITS CHAMPS RONDS

Le Maire expose,

La loi n° 91-663 du 13 Juillet 1991, dite "Loi d'orientation pour la Ville" a, entre autres dispositions, complétée l'article L 110 du Code de l'Urbanisme par la nécessité d'assurer aux populations résidantes et futures des conditions d'habitat, d'emploi, de services et de transports répondant à la diversité de leurs besoins et de leurs ressources.

Cette notion de diversité devient ainsi un des principes généraux de l'Urbanisme.

Elle est enfin confirmée dans la préparation du nouveau schéma directeur d'aménagement et d'urbanisme de la région par la recherche d'un équilibre entre l'emploi et l'habitat sous la forme du rapprochement et de la mixité.

Ce principe de mixité est en totale cohérence avec les travaux du Syndicat Intercommunal d'Etudes et de Programmation du Nord Centre Essonne et avec les travaux préparatoires à la révision du Plan d'Occupation des Sols et selon lesquels l'actuelle zone industrielle des Petits Champs Ronds serait susceptible d'accueillir, à l'horizon 2015, jusqu'à près de 3 000 logements supplémentaires.

Il convient cependant, pour atteindre cet objectif dans les délais, de mettre en oeuvre tous les moyens techniques et règlementaires correspondants.

Je vous propose donc d'adopter dès maintenant, et de déclarer d'intérêt général, au sens des article L 121-10, L 121-12 et R 121-13 du Code de l'Urbanisme, le principe de la mixité emploi-habitat dans la zone industrielle des Petits Champs Ronds.

LE CONSEIL,

L'EXPOSE DE MONSIEUR LE MAIRE ENTENDU,

VU le Code des Communes,

VU le Code de l'Urbanisme et notamment ses articles L 110, L 121-10, L 121-12 et R 121-13,

VU la loi n° 91-663 du 13 Juillet 1991, dite loi d'orientation pour la Ville,

ADOPTE et déclare d'intérêt général, au sens des articles L 110, L 121-10, L 121-12 et R 121-13 du Code de l'Urbanisme, le principe de la mixité emploi-habitat dans la zone industrielle des Petits Champs Ronds

DECIDE de mettre en cohérence avec ce principe le Plan d'Occupation des Sols en cours de révision.

ONT SIGNE AU REGISTRE LES MEMBRES PRESENTS
POUR EXTRAIT CONFORME
LE MAIRE

Pour le Maire,
L'Adjoint Délégué

Réhabilitation rue de Bourgogne

Réhabilitation Square de la Poterne

Annexe 9 : l'explosion square d'Auvergne le 4 Octobre 1990

CONTACT

PRÉSENTATION   ACTION SOCIALE   ACTIVITÉS   PATRIMOINE   COMMUNICATION   SDIS 91

Drame de Massy 1990

« L'immeuble vient d'exploser! Venez vite, vite… ». A 6 h 02, jeudi 4 octobre, les sapeurs-pompiers qui viennent de recevoir l'appel, se doutent qu'une tragédie se joue dans le quartier du Grand-Ensemble à Massy.

Moins de huit minutes plus tard, les premiers sauveteurs arrivent square d'Auvergne où une vision d'apocalypse les attend : la partie centrale d'un immeuble de quatre étages n'est plus qu'un gigantesque trou béant sur toute la hauteur du bâtiment. Une dizaine a appartements ont été pulvérisés par une explosion d'une violence inouïe.

« J'ai tout de suite pensé au gaz. Il y a eu une déflagration suivie d'un éclair bleu, puis tout a basculé », témoigne une jeune femme, sortie miraculeusement indemne de l'explosion qui vie souffler son appartement. « J'ai cru qu'un ɑ venait de s'écraser au bout des pistes de l'aén d'Orly », indique cet autre riverain, alors ɑ troisième a cru à l'explosion de la station-servic quartier ».

la plupart des habitants de ce quartier populair Massy, coincé entre la R.N. 20 et les prem maisons d'Antony, aux limites des département l'Essonne et des Hauts-de-Seine, sont tirés de sommeil par la formidable explosion qui secoue ce secteur. Un bruit sourd suivi d'une imm flamme bleue, des centaines de vitres qui vole éclats, puis une épaisse fumée et des cris. De 'horreur pour les locataires coincés dans les dé angoisse de ne pas retrouver sa fillette.

« C'était atroce. Les gens ne savaient pas ce ɑ leurs parents, dans l'affolement ». Pour celle hɑ s'offre à elle est « apocalyptique ».
TRAGIQUE CHATEAU DE CARTES:

Sous l'effet de l'explosion, une dizaine d'apparte Dauphiné, se sont écroulés comme un château ɑ appartements formés de plaques de béton, repo autres. Des débris jonchent le sol sur des dizain

Plus : suite de l'article

← CONGRES 2011

Formation secourisme…. Accès direct

Partenariat Credit Mutuel

….Crédit Mutuel….

HISTORIQUE
(le 4 octobre 1990)

PLUS DE 200 SAUVETEURS MOBILISÉS POUR LE " PLAN ROUGE "

TRAGIQUE BILAN

Durant plus de vingt-quatre heures, les sauveteurs se relaient dans les décombres de l'immeuble éventré, à la recherche d'éventuelles victimes. Vendredi 5 octobre, à 8 h 15, les dernières équipes de secours quittent les lieux après avoir acquis la certitude qu'aucune personne ne se trouve plus dans les décombres amas de béton, que grues et pelleteuses auront vite fait de charger sur les camions.

Le bilan de cet accident est lourd. Sept personnes ont trouvé la mort, huit autres ont été blessées, dont quatre très grièvement. Malgré l'ampleur de la tragédie, les sauveteurs s'accordent à reconnaître que ce bilan aurait pu être beaucoup plus lourd puisqu'au départ une quinzaine de personnes étaient portées disparues.

image 3 of 3

s cours de fitness
cebook Udsp91 en
éline. A vos
ɪz vous. @sdis91

POLITIQUE

PLUS

ONS DE RETRAITE
RS-POMPIERS
ES : MOBILISONS-

PLUS

es adhérent FNSPF –
20

PLUS

n parlementaires 18

PLUS

pour se faire
: contraire aux
sapeurs-pompiers
lous la condamnons

PLUS

About Arras WordPress Theme

CANTONALES et REGIONALES :

avec

UNE EQUIPE POUR MASSY

| Ph. BERNARDIN | Ph. ROUSSEL | Guy BONNEAU | Yves BOZELLEC |
| canton Est | régionales | canton Ouest | régionales |

MASSY : quelle place dans le DEPARTEMENT et la REGION ?

Le Conseil Général comme le Conseil Régional auront prochainement à se prononcer sur les grandes lignes de l'évolution de l'Ile de France, **pour les 25 prochaines années**. L'enjeu est donc de taille ! Les principaux partis qui se présentent à ces élections prévoient tous de poursuivre le développement de notre Région *(implantation de nouveaux bureaux, voies routières, croissance de la population, urbanisation de nouveaux secteurs, diminution des espaces agricoles, par exemple sur le plateau de Saclay..)*. Les projets de Massy s'intègrent naturellement dans ce cadre Régional, et ceci nous concerne donc très concrètement.

OUI au développement ....   mais QUEL DEVELOPPEMENT ?
OUI à la Ville.....................   mais QUELLE VILLE ?
                    mais *QUELLE VIE ?*

En tant que mouvement Ecologiste et Alternatif, nous luttons pour :

- améliorer la vie quotidienne de plus en plus dégradée (transports en commun bondés, embouteillages, bruits et pollutions de toute sorte, problèmes des banlieues...)
- préserver les espaces verts, forêts et terres agricoles en Ile de France,
- réduire le déséquilibre Paris-Province conduisant à la désertification des campagnes,
- diminuer le chomage par une formation adaptée et de réelles mesures d'insertion
- améliorer l' habitat (en particulier le logement pour les jeunes et la réhabilitation des HLM)

Le 22 Mars, votez pour les candidats de MASSY-*autrement* !
soutenus par GENERATION ECOLOGIE

UNE EXIGENCE REPETEE :
un vrai réseau de transports en commun, efficace et confortable !

Déjà saturés et insuffisants, les transports en commun doivent être développés, en site propre et non-polluants. Cela fait par exemple plus de 10 ans que l'on parle de liaisons efficaces Massy-les Ulis, Evry-Massy...)

Au Conseil Municipal, à l'occasion des votes sur les différents projets d'aménagement (ZAC) nous rappelons ces questions, et nous nous déterminons en fonction des garanties qui nous sont apportées.

Au Conseil Général, nous agirons de même pour que celui-ci donne une réelle priorité aux transports en commun actuellement sacrifiés au profit des énormes investissements routiers.

Le 22 Mars, votez pour les candidats de MASSY-*autrement* !
soutenus par GENERATION ECOLOGIE
et l' Alternative Rouge et Verte : socialisme, écologie, autogestion.

Canton Ouest (Graviers, Epine-Montain, Villaine, Bièvre-Poterne, Champs-Ronds, Pileu, Centre Ville)

Canton Est (Grand Ensemble, La Paix, les Champarts, Centre Ville)

Guy BONNEAU : 44 ans, 3 enfants.

Chercheur au CNRS
Conseiller Municipal Délégué au
Logement et à l'Habitat Social

Philippe BERNARDIN ; 40 ans, 2 enfants
Instituteur à Massy
Conseiller Municipal

Pour discuter des positions de MASSY-*autrement*
nous vous convions à la nouvelle Bourse du Travail
chemin des Femmes (derrière l'hôtel Mercure)
mardi 17 Mars à 20 h 30

Nom...Prénom...........................
Adresse..
Pour soutenir la campagne de MASSY-*autrement* et de GEN ERATION ECOLOGIE je verse..........F.
40% du montant des dons déductible des impots
Chèques à l'ordre de MASSY-*autrement* Cantonales 92 - 45 avenue Carnot, Massy

Élections Cantonales du 29 Mars 1992   Canton de Massy-Ouest

 avec 

Guy BONNEAU
44 ans, 3 enfants, Chercheur au CNRS,
à l'origine de la création de l'association MASSY-*autrement*,
1979-1981 : action pour l'implantation de l'usine d'incinération d'ordures
ménagères hors du Centre-Ville,
1981-1987 : avec la "Fédération des associations contre les nuisances du
TGV Atlantique et pour la Coulée Verte", obtention de protections
phoniques efficaces contre le bruit du TGV dans la banlieue Sud,
1989......: Conseiller Municipal Délégué au Logement et à l'Habitat
Social, se bat aux côtés des associations pour obtenir la réhabilitation des
logements dans des conditions satisfaisantes (Sonacotra, Clos de Villaine,
Bièvre-Poterne, S.N.L., sociétés P.P.P. et 3F).

Un conseiller Général " *autrement* " pour Massy,
Une présence écologiste au Conseil Général :
c'est possible !!

Avec 16,9% des voix, le candidat de MASSY-*autrement* a le droit de se maintenir au 2ème tour. MASSY-*autrement* et les Verts devancent le candidat P.S. sortant et talonnent, de 9 voix, le candidat UDF-RPR. Ce succès nous conforte dans notre orientation fondamentale, maintenue depuis près de 10 ans : **agir, de façon réaliste et constructive, pour améliorer la vie quotidienne des Massicoises et des Massicois.**

Le score de MASSY-*autrement* traduit aussi le souhait des électeurs d'**une pratique politique différente** : refus de la langue de bois et de la démagogie électoraliste, action concrète pour la participation des habitants, jugement fondé sur les pratiques et non sur les déclarations d'intention, attention portée aux préoccupations quotidiennes (*emploi, logement, transports urbains, préservation et amélioration du cadre de vie...*)

Notre maintien au 2ème tour :

Plusieurs raisons à notre candidature à ce 2ème tour :

1) ce que la Loi prévoit, permettre l'expression de la volonté des citoyens, ce n'est pas aux politiciens de l'interdire par des arrangements passés dans quelque obscur bureau. Non propriétaire des voix qui se sont portées sur nous, nous avons fait campagne sur des thèmes, pour des propositions concrètes : aux électrices et aux électeurs de choisir !

2) pour MASSY-*autrement*, nous l'avons expliqué au cours de notre campagne, l'enjeu essentiel de ces élections Cantonales couplées aux élections Régionales, c'est **l'avenir de notre Région** : quel développement voulons nous, quel avenir pour Massy dont les projets (*Pôle autour de la gare TGV, Opéra-Théâtre..*) s'intègrent naturellement dans le cadre Régional ?

Or, contrairement à ce que le candidat UDF-RPR indique dans sa campagne, les projets de ces partis pour l'Ile de France diffèrent très peu de ceux du P.S. et du gouvernement : faire de Paris et de sa banlieue la région capitale de l'Europe !! Pour MASSY-*autrement* et l'ensemble du mouvement écologiste, il y a là un désaccord essentiel car ces orientations conduisent à une vie quotidienne de plus en plus dégradée (transports en commun bondés, embouteillages, bruits et pollutions de toute sorte, problèmes des banlieues,..), à la destruction des espaces verts, forêts et terres agricoles en Ile de France, à l'accroissemnt du déséquilibre Paris-Province entrainant la désertification des campagnes...

Aussi, nous devons nous de vous présenter les choix et de les soumettre, démocratiquement, au suffrage universel.

3) bien sûr, nous appartenons à la majorité municipale dont le P.S. est le groupe dominant. Ceci résulte

* de la reconnaissance de nos spécificités, avec notamment notre désaccord sur l'ampleur prévue pour l'urbanisation de Massy,
* de notre volonté d'assumer des responsabilités dans des domaines essentiels (*Logement social, Emploi-formation*) afin d'agir le plus efficacement et le plus directement possible, pour nos concitoyens,
* de notre désaccord avec les partis de Droite qui ne pratiquent à Massy qu'opposition systématique et non-argumentée,

mais ce 29 Mars, il s'agit seulement de l'élection au Conseil Général. Comme chacun le sait, RPR et UDF y sont très largement majoritaires. De même qu'en 1983 l'arrivée des 2 élus de MASSY-*autrement* au sein d'un Conseil Municipal de 43 membres l'a dynamisé et a entraîné des pratiques différentes, l'arrivée au Conseil Général d'un élu " *autrement* " serait plus efficace qu'un Vincent Delahaye, certes plein de bonnes intentions, mais qui sera ligoté par les consignes de son parti, ou que la réélection de Jean-Luc Mélenchon qui, se consacrant principalement à son mandat de Sénateur et à ses responsabilités politiques nationales, est naturellement peu disponible pour intervenir sur les problèmes locaux. Il ne s'est jamais exprimé sur la politique municipale de l' urbanisme et a voté, sans réserves, toutes les ZAC.

Par notre présence au 2ème tour, nous vous offrons la possibilité d'avoir un conseiller Général " *autrement* " pour Massy, qui travaillera avec le même esprit constructif qu'au Conseil Municipal, et d'assurer une présence écologiste au Conseil Général :

Ne laissez pas passer cette chance !!

Le 29 Mars, votez pour **Guy BONNEAU,**
le candidat de MASSY-*autrement*
soutenu par GENERATION ECOLOGIE.

Quelques propositions que MASSY-*autrement* défendra au Conseil Général :

LOGEMENT-HABITAT :
aider la construction et la réhabilitation, à Massy aussi. Contrairement à ce qu'écrivent les candidats RPR-UDF, la majorité de droite de l'OPIEVOY et du Conseil Général bloque ces aides.

SOLIDARITES :
soutenir plus efficacement l'action sociale et les actions de prévention en renforçant :
*   - les moyens en personnels sociaux, notamment pour garantir l'élaboration de véritables contrats d'insertion avec les jeunes et les adultes en situation d'exclusion,*
*   - les moyens mis à la disposition des clubs de prévention, pour éviter l'aggravation des situations des jeunes en difficulté dans certains quartiers et la petite délinquance qui conduit au renforcement du sentiment d'insécurité générateur de repli sur soi et du racisme dont se nourrit le Front National,*
*   - les véritables actions de soutien scolaire (et non de simples mais coûteuses campagnes publicitaires) et les structures d'appui pédagogique et rééducatif.*

ENSEIGNEMENT SECONDAIRE :
participer à la gestion du Collège Gérard Philippe par une présence efficace au Conseil d'administration.

URBANISME-CADRE DE VIE :
réaliser un vrai réseau de transports en commun, efficace et confortable ! Déjà saturés et insuffisants, les transports en commun doivent être développés, en site propre et non-poluants. Cela fait par exemple plus de 10 ans que l'on parle de liaison efficace Massy-les Ulis, Evry-Massy,...). Le Département doit donner une réelle priorité aux transports en commun actuellement sacrifiés au profit des énormes investissements routiers.

PARTICIPATION DES CITOYENS :
nous rendrons compte régulièrement des travaux du Conseil Général et je m' efforcerai, comme je le fais dans le secteur du Logement et de l'Habitat Social dont j'ai la délégation, de susciter la participation des habitants et de leurs associations.   Vu, le Candidat

Message à Guy BONNEAU

Cher ami,

J'ai demandé aux français de porter leur choix sur une nouvelle génération de responsables et d'élus actifs, intègres, enthousiastes, à la fois combatifs et ouverts aux bonnes volontés, issus de l'engagement local et associatif.
A l'évidence, vous faites partie de ceux-là. A ces qualités, vous venez d'ajouter le courage en maintenant votre candidature. Il est temps de bousculer la vie politique pour offrir un vrai choix aux électeurs de Massy, celui d'une écologie réaliste et constructive, de la solidarité et de la démocratie.

Brice LALONDE

Président de Génération Ecologie

GENERATION ECOLOGIE ESSONNE soutient la candidature de Guy BONNEAU qui a déjà manifesté avec les associations sa détermination pour les causes qui sont les nôtres : protections phoniques contre le bruit du TGV Atlantique - hostilité au barreau Sud TGV.

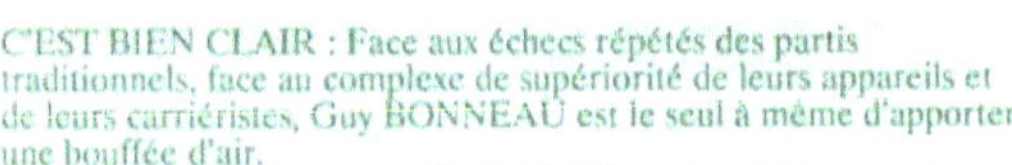

André HOLLEAUX

Après le premier tour , dans le Canton Ouest de Massy, une opportunité de changement apparaît.
Voyez les chiffres : UDF : 26 % Front National : 13 % - Le Conseiller sortant PS : 25,6 % - le PCF : 9,54 % - Les Ecologistes, quant à eux totalisent ensemble 25,85 %.

C'EST BIEN CLAIR : Face aux échecs répétés des partis traditionnels, face au complexe de supériorité de leurs appareils et de leurs carriéristes, Guy BONNEAU est le seul à même d'apporter une bouffée d'air.
Depuis bientôt dix ans les militants de Massy-autrement associent avec efficacité sur le terrain et au Conseil Municipal, le social, l'écologie, la citoyenneté.
Face à une société qui prive d'emploi, marginalise, exclut une part de plus en plus importante de sa population, face à un système qui n'a aucun respect du patrimoine naturel et de l'environnement, face à une classe politique davantage préoccupée par des luttes intestines pour le pouvoir que pour la recherche d'idées neuves et de solutions, vous pouvez faire confiance à Guy BONNEAU pour défendre au Conseil Général de l'Esonne les valeurs de justice, de solidarité, d'écologie et de participation démocratique.

Pierre JUQUIN

Membre des Verts

Aout 1992

Le premier tour avait été bon pour la gauche. Vous m'aviez accordé cent voix de plus qu'en 1985 et cinq points de plus que la liste de mon Parti aux élections régionales. Ensemble, les candidats issus de la majorité municipale obtenaient plus de 52 % des suffrages.

Et pourtant, au second tour c'est un candidat de droite qui l'a emporté avec 70 voix d'avance. Il n'y a là aucun mystère. Le maintien de la candidature de Guy Bonneau (Massy-Autrement) en divisant la gauche a permis à Vincent Delahaye (UDF) de l'emporter grâce à un bon report des voix de l'extrême droite.

Dans cette situation, je sais qu'il est difficile de tirer des conclusions purement locales. Le contexte national a joué un rôle important. Le Parti Socialiste n'a recueilli que 18 % au plan national et 14 % dans le département. Il faut aussi tenir compte d'un certain mécontentement local entretenu par une campagne anti-municipale forcenée de la droite.

Mais pour ce qui me concerne la première leçon à retenir est politique. Dans un passé récent, les diviseurs de la gauche étaient sanctionnés par les électeurs. Cette fois-ci cela n'a pas été le cas. Le rassemblement à gauche n'est donc plus ressenti comme un impératif. Cela me confirme dans l'orientation que je défends en faveur d'une alliance en bonne et due forme, sur la base d'un programme clair conclu entre toute la gauche et les écologistes. Faute de quoi nous serons toujours perdants. Le fait que notre échec ait été provoqué par un candidat qui se dit "Vert" ne change pas mon appréciation.

Je sais faire la part des choses et je n'ai donc ni rancune ni esprit de vengeance. Cela n'enlève rien à ma condamnation de l'attitude personnelle de Guy Bonneau (il était maître de sa candidature) en accord avec la conception de la morale en politique que j'ai toujours mise en pratique. Je pense que chacun est personnellement responsable de ses actes. Les élus plus que d'autres sans doute. Quoiqu'il en soit Massy-Autrement désigne pour la représenter qui bon lui semble. Les électeurs apprécient.

Pour le reste à Massy comme partout ailleurs la gauche a besoin d'unité. J'invite donc à jeter la rancune à la rivière et j'appelle tous ceux qui m'ont fait confiance à travailler pour l'avenir : idées nouvelles, action de terrain, militantisme associatif, renouveau idéologique, vigilance démocratique.

Jean-Luc MELENCHON

- Cantonales -

L'ECHEC
DU RASSEMBLEMENT
A GAUCHE

Premier tour

Participation : 6 693
Bulletins nuls : 235

	Voix	%
J.L. MELENCHON (P.S.)	1 653	25,6
G. BONNEAU (Massy-Autrement)	1 090	16,88
M. DEYRIS (P.C.)	616	9,54
Majorité municipale	3 359	52,02
M.O. CLERMONTOIS (Vert)	579	8,97
Sous-total rouge-rose-vert	3 938	62,99
V. DELAHAYE (U.D.F.)	1 678	25,97
PARFU (F.N.)	842	13,04
Sous-total droite	2 520	39,01

Deuxième tour

Participation : 5 932
Bulletins nuls : 205

	Voix	%
J.L. MELENCHON	2 201	38,43
G. BONNEAU	1 252	21,86
Sous-Total maj. municipale	3 453	60,29
V. DELAHAYE (U.D.F.) élu	2 274	39,71

MASSY

MASSY

**Guy Bonneau
pour une
deuxième voie
à gauche**

Page 3

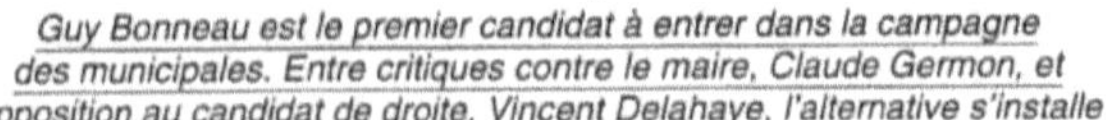

Guy Bonneau est le premier candidat à entrer dans la campagne des municipales. Entre critiques contre le maire, Claude Germon, et opposition au candidat de droite, Vincent Delahaye, l'alternative s'installe

Guy Bonneau impose sa deuxième voie à gauche

Fondé en 1982 par Guy Bonneau, «Massy Autrement» s'est s'installé dans le paysage politique des Massicois avec une image de trouble-fête. Une triangulaire au second tour des municipales de 1983 lui a permis de faire une entrée remarquée au sein du conseil. Une autre triangulaire lors des cantonales de 1992 a provoqué l'éviction de Jean-Luc Mélenchon au profit du candidat de droite, Vincent Delahaye, devenu le nouveau conseiller général. Guy Bonneau, aujourd'hui maire adjoint au Logement à Massy, assume son image de contestataire sans états d'âme.

«Les conséquences de nos positions ont laissé de grosses traces, commente le leader de «Massy Autrement». *Plusieurs socialistes ont demandé notre démission».* Claude Germon, le maire de Massy a refusé de faire le ménage. Sans doute a-t-il considéré qu'il valait mieux avoir «Massy Autrement» dans la mairie plutôt que dehors.

Depuis le mois d'octobre, Guy Bonneau a franchi un cap supplémentaire en annonçant le début de sa campagne pour les municipales. Selon lui, il est la seule alternative entre une droite unie et une gauche qui se déchire dans un interminable combat de chefs.
Mais surtout, le candidat, jadis soutenu par les écologistes, veut dénoncer une équipe municipale actuelle qui s'endort. *«Le maire a une* vraie volonté pour la ville, qu'on soit d'accord avec lui ou pas*, insiste Guy Bonneau. *Son problème, c'est qu'il ne sait pas s'entourer, constituer une équipe forte qui avance dans le même sens. Moi, je me bats contre ça».* Avec un pied dans l'équipe municipale et un autre dans sa campagne, le maire adjoint au Logement ne craint pas de faire le grand écart.

Plutôt que de polémiquer, il essaiera d'imposer dans les semaines qui viennent un discours positif. Arpenter les marchés et serrer les mains, ce n'est pas vraiment son registre. Les dernières réunions publiques qu'il a organisées n'ont pas déplacé les foules. Alors, il va tenter par d'autres moyens d'exposer ses thèmes de campagne qui s'orientent autour de trois axes: la parole aux citoyens, l'urbanisme et l'environnement, et enfin, la politique sociale. *«Nous devons parvenir à imposer des politiques transversales dans tous les domaines*, propose Guy Bonneau. *Aujourd'hui, les services de la mairie fonctionnent de façon beaucoup trop cloisonnée».*

Avec une certaine régularité, les membres de «Massy Autrement» ont bataillé ferme contre des grands projets locaux, de la ZAC du centre-ville à l'usine d'incinération, en passant par le POS. De la même façon, leurs prochains tracts de campagne seront tout aussi revendicatifs, sur le thème du chauffage urbain, ou encore du tri sélectif. *«Nous sommes dans une ville qui a le TGV, et nous avons encore des sacs en plastique dans la rue en guise de poubelles»*, s'étonne Guy Bonneau.

La tête de liste de «Massy Autrement» comble également le fossé des générations, en proposant des mesures en faveur des jeunes et des moins jeunes. *«La délégation à la jeunesse a été supprimée, en mairie, mais on attend encore son remplacement par une vraie politique jeunesse*, développe Guy Bonneau. *Quand aux personnes âgées, leur nombre a doublé en 10 ans, mais on les considère toujours de la même façon à l'approche de l'an 2000 qu'au début des années 80».*

Pour rassurer tous ceux qui s'interrogent, Guy Bonneau ne démissionnera pas de sa délégation au Logement pour poursuivre sa campagne. *«Notre mouvement a ceci de particulier qu'il a toujours refusé le jeu des partis»*, conclut-il.

«Massy Autrement» se présente comme une alternative, mais une alternative de gauche, quand même. Et tant que le candidat des socialistes ne sera pas connu, Guy Bonneau et son équipe sont seuls à jouer sur ce terrain.

Eric Fourmental

Le Républicain : 2/3/95

Avec
Guy BONNEAU

un Maire, une équipe
pour un projet de ville

nous voulons :

- Des élus proches des Massicois
- La participation des citoyens
- Un urbanisme soucieux de la qualité de la vie
- Favoriser l'animation sociale dans les quartiers

Depuis 1989, MASSY-*autrement* participe aux cotés du PS et du PCF, à la municipalité dirigée par Claude Germon. Au terme de cette expérience, nous critiquons les insuffisances de l'équipe municipale, la routine résultant de la reconduction, mandat après mandat, des adjoints aux mêmes postes, la coupure qui s'est accentuée ces dernières années avec les habitants.

Quant à l'opposition de droite, nous avons pu mesurer depuis 1983, et encore plus depuis 1989, l'opposition systématique, l'absence de propositions et la démagogie des élus RPR-UDF. Il suffit de comparer les promesses électorales de V. Delahaye dans tous les domaines (des panneaux d'information électroniques, de la hausse des subventions aux Clubs sportifs de haut niveau, e.t.c. .... à la baisse des impôts locaux !) à son inefficacité pour les Massicots auprès du Conseil Général (vaines promesses de subventions supplémentaires aux associations, non financement de la réhabilitation à Bièvre-Poterne..) : nous disons fermement NON à cette démagogie inefficace.

Nous, nous avons la volonté de considérer les Massicois comme des citoyens sensés et responsables. Pour mettre en oeuvre nos valeurs de démocratie locale, de participation des citoyens, de solidarité entre tous, de qualité de l'environnement et de la vie quotidienne, nous avons décidé de présenter une liste le 11 juin

Une alternative de gauche
pour un vrai changement

Le 11 JUIN : un tour décisif !

Nous avons choisi de présenter aux électrices et électeurs de Massy nos idées, nos propositions et nos priorités. Elles résultent de notre travail local, de notre expérience concrète, de nos rencontres avec les habitants.

La droite ne peut être élue au premier tour.

Nous vous présentons une équipe municipale *"autrement"*, un projet, un programme, des méthodes et aussi des femmes et des hommes neufs pour les mettre en oeuvre. Entre le conservatisme de la liste reconduite par Claude Germon et la fausse modernité de la liste RPR-UDF de Vincent Delahaye, **votez pour notre projet**.

Votez MASSY- *autrement* , Votez Guy BONNEAU

Guy BONNEAU, 47 ans, 3 enfants, Chercheur au CNRS, Fondateur de MASSY-autrement, Conseiller municipal délégué au logement et à l'habitat social depuis 1989. Il a travaillé au côté des associations de locataires pour obtenir la réhabilitation des logements HLM, notamment au Grand Ensemble et à Bièvre -Poterne

Marie CHARON, 44 ans, 2 enfants, chargée de mission à la Délégation à la Formation Professionelle. Militante associations de parents d'élèves et club de prévention.

Philippe BERNARDIN, 44 ans, 2 enfants, instituteur à Massy, Conseiller municipal depuis 1989, militant syndical, membre de Convergences-Ecologie-Solidarités.

Roger CAZABON, 44 ans, 3 enfants, agent de maîtrise en bâtiment, ancien Maire adjoint, responsable association pour l'insertion, membre des Verts.

Yves PHARIPOU, 43 ans, 3 enfants, Informaticien, responsable association parent d'élèves.

Françoise RENET, 36 ans, 1 enfant, directrice de Centre Social, membre association de locataires.

Serge MORONVALLE, 34 ans, 3 enfants, responsable d'études informatiques, militant écologiste.

Philippe ROUSSEL, 43 ans, 3 enfants, Président de MASSY-autrement, formateur en agro-alimentaire, militant écologiste et culturel (traditions régionales)

Bernard TOURNOUR, 45 ans, 2 enfants, ancien conseiller municipal, ingénieur travaux publics.

Et aussi
Valérie CALCUL, Bijan SAGHAÏ, Laurent PROTIN, Françoise BERREUR, Franck NEUVILLE, Anne SOUTOUL ...,

Guy BONNEAU, 47 ans, 3 enfants, chercheur au CNRS, fondateur de MASSY-*autrement*. Conseiller municipal délégué au logement et à l'habitat social depuis 1989, il a travaillé aux cotés des associations de locataires pour obtenir la réhabilitation des logements HLM

Avec
Guy BONNEAU

un Maire, une équipe,
pour un projet de ville

Massicoises, Massicois,

Le 11 juin, pour conduire votre ville, vous aurez à choisir entre :

– La routine avec Claude Germon
On prend les mêmes et on recommence !

– Le conservatisme et la démagogie avec Vincent Delahaye
La droite omniprésente à tous les niveaux de la vie politique française, un programme catalogue sans projet conducteur !

– Un projet pour notre ville avec Guy Bonneau

Des élus et des services municipaux proches des Massicois.

☞ Désigner pour chaque quartier un membre du Conseil Municipal comme "correspondant" chargé d'assurer la circulation de l'information entre habitants et municipalité

☞ L'engagement des élus à être régulièrement présents dans les quartiers à des heures où ils peuvent rencontrer les gens et dans les instances ou ils doivent légalement être représentés (écoles, Conseils d'Administration, etc.)

☞ Rendre plus accessibles les services municipaux en les rapprochant des quartiers et en aménageant les heures d'ouverture

La participation de tous les citoyens à l'action municipale.

☞ Préparer les décisions municipales en mettant en place des commissions rassemblant élus, associations et habitants sur des thèmes comme l'école, l'environnement, les choix budgétaires, l'urbanisme,

☞ Ouvrir les publications municipales à un courrier des lecteurs, à des tribunes pour les associations et les différentes composantes du Conseil Municipal

Un urbanisme soucieux de la qualité de la vie.

- Intégrer à la réflexion un Plan Vert recensant les liaisons et les espaces verts de proximité à protéger ou à créer (comme la coulée-verte à prolonger), l'organisation des circulations automobiles, cyclistes et piétonnes ainsi que de meilleures liaisons entre les quartiers(transports en commun...)
- Veiller à la diversité des types de logement à construire(locatif, accession, social) permettant notamment le maintien des jeunes massicois dans leur ville.
- Mettre en place une commission urbanisme ouverte aux associations et aux habitants et disposant d'outils pratiques compréhensibles(maquettes simplifiées, ...)

Une véritable animation sociale dans les quartiers.

- Installer dans chaque quartier une instance de coordination pour mettre en place des actions d'animation sociale, des rencontres entre générations, entre milieux et cultures différents,
- Elargir l'action des centres de quartier au delà de l'offre de consommation de loisirs en en faisant des Maisons du Quartier, plus utiles aux associations par la mise à disposition de moyens techniques nécessaires à leur action
- Ouvrir des lieux de réunions pour les fêtes, les familles, les jeunes, appuyer les réseaux de solidarité et d'échange de savoir,

**Guy BONNEAU, une alternative de gauche
pour un vrai changement**

Le 11 Juin : un tour décisif

Le mode de scrutin municipal, proportionnel à 2 tours, permet aux électeurs de définir leurs priorités lors du 1er tour, et de favoriser leurs idées.
Au 2ème tour, pour les listes non éliminées (>5%) le choix ne se limite pas au maintien ou au retrait, mais permet la **négociation et la fusion entre plusieurs listes**

En votant massivement pour MASSY-*autrement* et Guy BONNEAU,
vous nous placerez en tête ou vous permettrez aux femmes et aux hommes neufs que vous ferez entrer à la Mairie d'être forts pour mettre en oeuvre les thèmes de notre projet de ville.

**Le 11 Juin, votez utile
Votez MASSY-*autrement*
Elisez Guy BONNEAU**

Vu, les candidats

Novembre 1997

UN TOIT POUR LA PISCINE,
UN TOIT POUR LE MARCHÉ,
UN TOIT POUR LE MAIRE...

et toi, et toi, et toi.......

QUELLE PRIORITÉ POUR VILLAINE ?

En Mars dernier, MASSY-autrement a lancé une réflexion et une pétition au sujet de l'opportunité de dépenser 3 Millions de Francs pour couvrir le marché de Villaine, **sans même être à l'abri des courants d'air !** Dans un contexte budgétaire difficile, cette opération (promesse électorale) ne nous apparaissait pas prioritaire, et nous avons souhaité qu'un débat s'instaure sur le quartier. Dans notre tract, nous remarquions que la réhabilitation de la piscine de Villaine, devenue dangereuse, était prioritaire, et qu'elle garantirait le maintien d'activités sportives sur le quartier Ouest de Massy.

A la suite de notre pétition, relayée par notre Conseiller Municipal, le Maire décida à la dernière minute (8 jours avant le vote du Budget de la ville), sans consultation, de débloquer 2,5 Millions de Francs pour les travaux de la piscine. Nous nous félicitons de cette évolution, mais **regrettons cette politique du coup par coup, sans projet global sur le quartier.**

LA NOUVELLE MAISON DU MAIRE

Guy BONNEAU, Conseiller Municipal MASSY-autrement, a découvert à l'occasion du travail sur le POS (Plan d'Occupation des Sols) que Monsieur DELAHAYE, ayant obtenu de par sa fonction de Maire des *"informations confidentielles"* (propos tenus au journal Le Républicain, et non démentis), n'a pas hésité à les utiliser pour acheter une propriété au Centre Ville (900 000F pour un pavillon en meulières de 140 m² habitables avec un terrain de 726 m², à proximité immédiate de la gare de RER).

Cette vente, ainsi que celle des pavillons voisins, tous propriété de la Société de l'Avenir du Prolétariat (sic) **s'est faite en quelques jours, sans publicité**, et certaines personnes proches du Maire ont aussi profité de cette opportunité. Pourtant, ces dernières années, plusieurs personnes avaient fait connaître à la société leur intérêt pour l'achat d'un de ces pavillons......

QUELLE PRIORITÉ POUR LE GRAND ENSEMBLE ?
CHANGER SON NOM, OU Y AMÉLIORER LA VIE QUOTIDIENNE ?

Faire vivre le Centre Commercial

Plusieurs boutiques ont fermé ; devant le risque de dégradation de la situation, il faut mobiliser les énergies de tous, commerçants, élus, associations et habitants..... plutôt que d'organiser une consultation sur le nom du quartier ! Anticipant sur ces risques, en 1995 nous avions impulsé la création de l'ADAGE (Association pour le Développement et l'Amélioration du Grand Ensemble), association regroupant notamment sociétés HLM et la Ville : sa dynamisation s'impose !

Depuis plus d'un an, la rénovation des espaces verts est bloquée !

Dès 1989, par l'intermédiaire de son élu Guy Bonneau, MASSY *autrement* s'était impliqué dans l'amélioration du cadre de vie sur Massy : réhabilitations, aménagements des espaces verts... Pour accompagner la réhabilitation des logements de l'OPIEVOY, la précédente municipalité avait préparé un dossier de rénovation des espaces verts et d'aménagements d'espaces de jeux. Une première tranche a été réalisée avenue de Bourgogne. Des subventions ont été demandées au Conseil Régional pour les secteurs Irlandais, Montpellier et Nantes , **et obtenues fin 1995**! Depuis, rien n'a été fait !

Adhésions : 100 F, soutien : 300 F par chèque à l'ordre de MASSY *autrement*
Contacts : MASSY *autrement*, 14 allée René Leriche.

MASSY

Le maire en accusation

Une tuile pour la maison du maire

Le maire de Massy a-t-il usé de sa fonction pour acheter une maison sur sa commune ? C'est la question que le conseiller municipal d'opposition, Guy Bonneau, pose dans une lettre qu'il vient d'adresser au procureur de la République de l'Essonne, Laurent Davenas.

Guy Bonneau, élu Vert de l'opposition, qui aime jouer la mouche du coche vient de porter sur la place publique une affaire qui tendrait à jeter l'opprobre sur Vincent Delahaye. La polémique porte sur un lotissement pavillonnaire, situé rue Ferdinand-Boiré, appartenant à « *l'Avenir du prolétariat* », une société qui a construit des petits pavillons de meulière au début du siècle, près de la gare de Massy-Verrières. Depuis quelques années, « *l'Avenir du Prolétariat* » ne renouvelle pas les baux et a pour projet de mener une opération immobilière sur ce terrain très bien situé. Un projet qui était déjà à l'ordre du jour sous l'ancienne municipalité et qui devait se concrétiser, fin 96.

« Le coefficient d'occupation des sols avait même été augmenté de 20 % pour permettre la construction de petits immeubles » se rappelle Guy Bonneau. *« Mais l'opération immobilière n'a pas eu lieu et j'ai découvert fin janvier que pratiquement tous les pavillons avaient été vendus, en quelques jours, seules des personnes bien informées ont pu profiter de cette vente ».*

Délit d'initié ?

L'élu écologiste oubliera un peu cette affaire, jusqu'au jour où il apprend qu'un des acheteurs n'est autre que Vincent Delahaye. *« Je m'interroge sur le fait que le maire disposait d'informations privilégiées lui permettant d'acheter, peut-être à de bonnes conditions financières, un pavillon pour lequel il y aurait sans doute eu beaucoup de demandes en cas de vente publique ».*

Une information privilégiée ? *« Bien sûr, je suis maire de la ville, je suis donc parmi les mieux informés, des informations confidentielles j'en ai tous les jours »*, répond Vincent Delahaye. *« Lorsque les responsables de « l'Avenir du prolétariat » m'ont appris qu'ils abandonnaient leur projet immobilier et qu'ils voulaient vendre les pavillons séparément, je me suis porté acquéreur de l'un deux, comme n'importe qui ».*

Le maire dénonce le harcèlement et les coups bas d'un élu d'opposition pour le moins virulent et clame qu'il n'a rien à cacher et est prêt à publier tous les documents nécessaires. *« Pour les travaux d'aménagement, j'ai emprunté trois quarts des fonds et je veille à ce qu'aucune des entreprises qui vont effectuer les travaux ne soient déjà en contrat avec la ville. On ne peut pas me reprocher de confondre mes affaires privées avec celles de la commune ».*

Il est vrai que la notion « d'information privilégiée » ne peut pas être retenue contre un maire, ce qui explique l'avis de classement sans suite donné par le parquet.

« C'est un faux procès. Je ne suis pas actionnaire de « l'Avenir du prolétariat » et cette société ne travaille pas non plus pour la commune. Dois-je, de par ma fonction, renoncer à habiter dans ma ville pour n'être jamais suspecté ? » interroge l'édile qui va maintenant mettre en vente son actuelle maison.

Ludovic Bischoff

Elections Cantonales
Canton de Massy-Ouest
15 et 22 Mars 1998

Changeons, à gauche

avec

Guy BONNEAU

Un Massicois actif, compétent, disponible et proche de vous.

- Un cadre de vie amélioré, des déchets recyclés,
- Des transports en commun renforcés,
- Des collèges rénovés, ouverts sur le quartier,
- Des services de proximité renforcés, sources d'emplois nouveaux,
- Une solidarité par l'insertion, au delà de l'assistanat,
- Une prévention plus active, facteur de sécurité...

avec
Dominique VOYNET

Canton de MASSY-OUEST

(Bièvre-Poterne, Centre-Ville, Champs-Ronds, Graviers, Epine-Montain, Pileu, Villaine)

APPEL EN SOUTIEN À GUY **BONNEAU**

Nous connaissons depuis de nombreuses années, l'action de Guy BONNEAU sur le terrain associatif (défense du cadre de vie, prévention, insertion par l'économique ou par le logement) et au sein du Conseil Municipal de Massy, particulièrement de 1989 à 1995 lorsqu'il avait délégation du Maire pour le Logement.

Il a toujours cherché à travailler de façon constructive et en collaboration avec les autres composantes de la gauche. Guy BONNEAU est **un homme honnête et droit** comme doit l'être notre futur Conseiller Général : le Département de l'Essonne en a besoin pour casser la mauvaise réputation faite par les différentes "affaires" qui font la une des médias.

Véritable **homme de gauche**, Guy BONNEAU a toujours été présent sur le terrain, aux côtés des associations et des habitants de Massy. Une fois élu, nous sommes certains qu'il continuera à rester proche de nous.

Nous sommes, comme lui, **clairement du côté de la majorité gouvernementale** rassemblée autour de Lionel JOSPIN : nous souhaitons que le 15 Mars vous le placiez en tête des candidats de gauche, en vue du deuxième tour face au Vice-Président du Conseil Général sortant, Vincent Delahaye.

**Louisette BIANCHERIN, présidente d'association,
Rino BIANCHERIN, ancien Maire-Adjoint, président d'association de Parents d'élèves.**

ET : Philippe BERNARDIN, instituteur, militant syndical, Jean Pierre BOMPARD, militant syndical et association de prévention, Annick BOZELEC, responsable association culturelle, Maryse CAZABAN, responsable association sportive, Rosette CAUSSIGNAC, retraitée, Marie-Renée CAZABON, présidente association culturelle, Roger CAZABON, responsable structure d'insertion, Charles CRÉPEAU, militant association de quartier, Marie-Thérèse CUFFINI, responsable association du cadre de vie et de défense des locataires, Catherine DEL-NEGRO, militante association anti-raciste, Mireille FRATÈSI, présidente association de quartier, Jean-Marc HENOT, responsable association de loisirs, Denise MIGNON, responsable association soutien au peuple sahraoui, Serge MORONVALLE, responsable association de parents d'élèves, Patricia PIERRAT, responsable association sportive, Yves PHARIPOU, responsable association culturelle, Philippe RADIX, responsable association sportive, Marie-Annick ROUSSEL, présidente association culturelle, Philippe ROUSSEL, militant écologiste.

Comme des dizaines de Massicoises et de Massicois, rejoignez le comité de soutien en adressant le coupon ci-joint à : Comité de Soutien à Guy BONNEAU, 37 rue des Ruelles, 91300 MASSY, ou en téléphonant au 01.69.81.70.37.

Je soussigné ....

demeurant ....

rejoins le Comité de soutien à la candidature de Guy Bonneau
J'accepte que mon nom soit publié : oui - non
Je verse ...... F en soutien, par chèque à l'ordre de Philippe Bernardin, mandataire financier de Guy Bonneau, je recevrai un reçu pour bénéficier de la déduction fiscale de 40% de mon don.

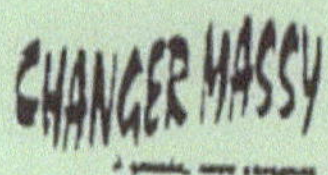

PROJET DE VILLE , PROJET DE VIE ?

Quand les élus locaux oublient leur travail prioritaire, le mieux vivre des citoyens dans la ville :

ils perdent les élections !

Pendant les 20 années de mandat de la gauche avec Claude Germon, Massy s'est dotée de nombreux équipements de qualité, sans que les impôts locaux n'augmentent, grâce au développement des zones d'activités apportant de la taxe professionnelle. Mais, peu à peu, ceci est devenu une fin en soi, et moins d'attention était apportée aux besoins quotidiens des Massicois. En Juin 95, une majorité d'entre eux a choisi de renvoyer le Maire qu'ils trouvaient trop accaparé par les promoteurs immobiliers, la Gare TGV, le "Centre d'Envergure Européen" ...

Pour les Massicois, l'implantation de nouvelles activités n' entraîne pas forcément plus d'emplois pour eux ; bien souvent ces nouvelles activités ne sont que le résultat de transferts, de regroupements, et les promesses d'emploi ne restent que des promesses ; de plus en plus, les habitants jugent leurs élus en fonction de la satisfaction de leurs besoins locaux en commerces, écoles, équipements sportifs ou de loisirs, services sociaux, convivialité, fonctionnement de la démocratie locale.

Pour les Massicois, la concentration des zones commerciales et d'activités sur la commune et ses voisines entraîne d'abord plus de circulation, de bruits, de nuisances quotidiennes. La politique du maire actuel visant à favoriser le développement des zones commerciales de Cora, Leroy-Merlin, bientôt La Bonde avec un complexe cinématographique.... nécessitera la création de nouvelles voies routières ou des élargissements : les nouveaux clients ne viendront pas à pieds ou en transport en commun ! Ce n'est pas en rebaptisant "boulevard urbain" les voies rapides qu'on en diminuera les nuisances!

Prôner Massy = Pôle d'Excellence Européenne comme le fait V. Delahaye, sans apporter les réponses concrètes à l'intégration d'un tel Pôle à l'organisation urbaine, tient du discours purement démagogique et fait fi de la population locale.

Un nombre élevé de massicois quittent leur ville (solde de 4650 en 10 ans) : prenons garde que peu à peu les couches sociales moyennes et élevées ne quittent Massy, du fait de la dégradation du cadre de vie (tout au moins par comparaison avec celui qu'elles peuvent espérer ailleurs). Ceci transformerait peu à peu certains espaces en lieu de relégation pour ceux qui n'ont pas de choix.

Quelques axes de réflexion pour l'avenir de Massy

1) Raisonner à l'échelle d'une communauté d'agglomération

Chacun sent bien que, en banlieue de Paris, la commune n'a pas une taille adaptée à la vie urbaine. Au quotidien, nous vivons à l'échelle d'un quartier ; 70% d'entre nous travaillent en dehors de la commune ; pour certaines courses, pour l'enseignement supérieur, la santé, nous utilisons les équipements existants, qu'ils soient à Massy ou non : les équilibres urbains, sociaux, économiques sont donc difficiles à réaliser à la seule échelle de Massy.

Nous proposons de travailler avec les communes du Nord de l'Essonne (en gros Massy, Palaiseau, Villebon, Les Ulis, vallées de Chevreuse et de la Bièvre, plateau de Saclay..) dans le cadre d' une communauté d'agglomération (nouvelle loi Chevènement).

- Les transports en commun : RER B et C, future tangentielle Evry-Massy-Saint Quentin en Yvelines, site propre Orly-Massy-Saclay, réseau de bus,.. constituent une bonne armature, à condition de les accompagner de bus de rabattement et de parkings au voisinage des différentes gares pour éviter d'accroître la circulation, voire la diminuer.

- Les grands espaces de respiration que sont le Plateau de Saclay, le Bois de Verrières et le Parc Urbain de Massy agrandi profitent à tous.

- Les disputes entre communes pour l'implantation de nouvelles activités cesseraient, chacun profitant, comme dans une grande ville de province, des atouts de chaque commune.

- L'équilibre de l'habitat serait plus facile à réaliser, d'autant plus que les terrains constructibles sont inégalement répartis. Là aussi, il faudrait privilégier les implantations au voisinage des transports en commun.

2) Privilégier l'équilibre de la population

La qualité de la vie urbaine passe et passera de plus en plus par un bon équilibre de la répartition de la population locale, tant au niveau des groupes sociaux qu'au niveau des tranches d'âge. Ceci nécessite une bonne répartition des différents types d'habitat ainsi que des équipements publics. Le déficit migratoire qui frappe à Massy la tranche des 25/45 ans de la population doit être un indicateur pertinent pour les élus pour encourager une politique adaptée d'habitat et d'équipements.

3) Centre, Pôles, Axes structurants, Boulevards urbains...

3-1) Centre, quel centre ? Pôle, quel pôle ?

Massy de par son réseau d'infrastructures routières et ferroviaires est constitué d'espaces urbains organisés autour de ce que l'on peut appeler des centres : le centre ville autour de la mairie et du marché, le quartier de Villaine autour du marché et du kiosque, le quartier Grand Ensemble autour de la place de France, de ses commerces et du centre culturel. D'autres secteurs, en frange de la ville (Pileu, Champs-Ronds, Pérou et Petit-Massy) vivraient mieux si leur animation était pensée au niveau intercommunal : ils deviendraient des quartiers au même titre que les précédents au sein de l'agglomération que nous suggérons.

C'est à partir de ces centres que l'on peut reconstituer des espaces de vie où les habitants ont une réelle envie de se retrouver, ou du moins d'y passer des moments agréables, en privilégiant l'accessibilité pour les piétons et les 2 roues :

- la place de France est naturellement un de ces "centres" alliant café, lieux de culte, commerces, habitat, médiathèque, cinémas et opéra... ;

- d'autres peuvent être améliorés ;

- dans le secteur avenue Carnot-avenue de Paris, nous plaidons depuis longtemps pour la mixité des fonctions : habitat, activités non polluantes, squares, école, commerce ; un "centre" peut ainsi être créé là, moderne mais sans mégalomanie !

L' aménagement de ces espaces de vie n'est pas incompatible avec la présence raisonnable de zones commerciales comme celle de Cora / Leroy-Merlin dont la zone d'influence dépasse largement les limites communales et qui privilégient l'accessibilité par l'automobile. Pour ces zones, l'action communale doit veiller à ce que leur intégration entraîne un minimum de nuisances pour la population locale, tant au niveau des paysages urbains que des incidences sur le trafic routier.

3-2) Axes, Boulevards urbains ?

Massy est traversée par des axes ferrés et routiers d'implantation historique qui font sa force comme carrefour d'échanges et sa faiblesse avec le lot de nuisances induites sur la vie locale. Nous sommes attachés à deux principes de base :

- Pour les courtes distances, favoriser et valoriser les liaisons piétonnes et cyclistes sûres

- Ne pas mélanger les trafics de transit et de desserte

....

L'incapacité des réseaux autoroutiers structurants à écouler les trafics de transit domicile travail aux heures de pointe ne doit pas être reportée sur la voirie locale. Les solutions sont à rechercher plus globalement à l'échelle régionale avec une meilleure pratique de l'intermodalité des moyens de transport individuels (automobile) et collectifs : desserte des gares de transport en commun, création de zones de parking gratuites, etc...

C'est pourquoi nous sommes défavorables à l'élargissement des axes secondaires qui comme la RN 188, la RD 120 desservent la zone commerciale de Cora / Leroy Merlin /- X% . Nous sommes par contre favorables à des aménagements qui prennent mieux en compte la fluidité des transports en commun urbains (voies réservées,...), toujours dans une approche intercommunale.

- **Pour la voirie locale**, elle doit être aménagée en pensant cohabitation de tous les modes dans un environnement urbain de caractère communal ou intercommunal : voirie pour véhicules circulant à vitesse lente, trottoirs aménagés avec mobilier de référence communale, pistes cyclables desservant correctement les zones d'activités.

- **Pour la RD 120**, l'élargissement du pont sur l'autoroute A10 ne se justifie que si il est accompagné par l'utilisation d'une de ses 2 voies pour un transport en commun en site propre (tram, bus électrique ou au gaz...). Sinon, là aussi les circulations de transit satureront l'avenue du Général de Gaulle.

- **Pour la RN188**, il faut lui conserver son rôle structurant, ne pas chercher à en faire un boulevard urbain mais bien soigner l'aménagement des zones d'accès et d'échanges et tout ce qui peut contribuer à diminuer les gênes aux zones d'habitat environnantes : protections phoniques, aménagements paysagers soignés et entretenus ....

- **Pour la RD 156**, celle ci doit être aménagée comme une infrastructure de liaison entre les 2 communes de Palaiseau et Massy dans un environnement urbain. Il n'y a pas à essayer de relier par un nouveau pont routier les quartiers Vilmorin et Champs-Ronds de part et d'autre du complexe ferroviaire .....

Quant aux projets d'augmentation des zones d'activités au delà de la Bonde, ils s'accompagnent de l' élargissement du RD120 (sans parler de site propre..) et même de la création d'un nouveau passage routier au dessus de l'A10, rejoignant les gares depuis la RN20 après avoir traversé les champs dans le secteur des Champarts.
Il y a assez de zones urbanisées et d'axes routiers sur la commune !

trop, c'est trop !

Massy, le 23 Octobre 1999

Eh Hop ! Tous ensemble
Relançons Massy

Le 18 mars,
avec 3 listes en présence,
pour battre Vincent Delahaye,
un seul choix, voter Jérôme Guedj

Guy Bonneau, Champs Ronds, Conseiller municipal, responsable d'association d'insertion par l'économique
Philippe Bernardin, Directeur d'école sur Villaine, responsable départemental des verts
Nicole Crépeau, Centre Ville, militante d'association de lutte contre les violences faites aux femmes
Marie Charon, Villaine, militante syndicale et parents d'élèves
Rino Biancherin, Graviers, conseiller municipal, responsable d'association sportive
Catherine Del Negro, Villaine, militante d'association anti-raciste
Yves Pharipou, Vieux Villaine, responsable d'association culturelle
Grégoria Epaillard, Bièvre Poterne, militante d'association de solidarité

et

avec

Fidèles à nos idées

Depuis 20 ans, Massy-autrement a eu une même démarche :

- Œuvrer pour une pratique démocratique et transparente de la vie politique massicoise et à une participation des citoyens aux décisions.
- Lutter pour un urbanisme contrôlé à visage humain et respectueux de l'environnement.
- Faire évoluer les politiques sociales de l'assistanat vers l'insertion.

Vous nous avez fait confiance durant toute cette période. Aujourd'hui nous sommes 8 sur la liste de Jérôme GUEDJ pour mettre en œuvre nos principes. C'est la première fois que notre sensibilité est ainsi reconnue dans une liste de gauche à Massy.

Ni Claude Germon et sa mégalomanie maladive, ni Vincent Delahaye et son bétonnage pour riches et sa politique environnementale de façade ne peuvent satisfaire les attentes écologiques de la population.

DANS CE DEUXIÈME TOUR

VOTER GERMON C'EST **VOTER DELAHAYE**

Nous, présents sur la liste de Jérôme Guedj, membres de Massy-Autrement et des Verts, nous avons d'autres ambitions pour la ville. Celles-ci sont reprises par l'ensemble des autres composantes de la liste, notamment :

- Faire participer la population aux décisions (conseils de quartier, commissions extra-municipales) et redynamiser le tissu associatif (reconnaissance du travail associatif, aide au fonctionnement).
- Un plan de circulation piéton et cycliste permettant de relier de manière continue les différents secteurs de MASSY : quartiers, écoles, équipements culturels et sportifs, gares, commerces.
- Développement des transports en commun : désenclavement des quartiers excentrés, navettes le soir…
- Une véritable politique de tri et de traitement des déchets : savez-vous que le papier que vous déposez le mardi dans les bacs bleus se retrouve bien souvent avec le contenu de votre poubelle dans l'usine d'incinération !
- Limiter la place de la voiture dans la ville.

Tous ensemble dimanche, dans la gauche plurielle

Mieux se déplacer à Massy

Massy est traversée par des axes ferrés et routiers d'implantation historique qui font sa force comme carrefour d'échanges et sa faiblesse avec le lot de nuisances induites sur la vie locale (nuisances phoniques, problèmes de circulation, communication difficiles entre quartiers...).

L'incapacité des réseaux autoroutiers structurants à écouler, aux heures de pointe; les trafics de transit domicile-travail ne doit pas être reportée sur la voirie locale. Les solutions sont à rechercher plus globalement à l'échelle régionale avec une meilleure pratique des correspondances entre les moyens de transport individuels (automobile) et collectifs : pistes cyclables, desserte des gares de transport en commun, création de zones de parking gratuites, etc.

Le désenclavement, l'ouverture des quartiers, les liaisons inter-quartiers ne se résument pas à des aménagements routiers. Les pistes cyclables, les cheminements piétonniers sécurisés, les transports en commun intra muros sont des moyens efficaces et moins destructeurs de la qualité de la vie que le tout automobile.

A plusieurs reprises dans nos campagnes électorales, nous avons montré notre attachement à certains principes :

- Pour les courtes distances, favoriser et valoriser les liaisons piétonnes et cyclistes sûres ;
- Renforcer les liaisons entre les quartiers de Massy par des transports en commun ;
- Faire entrer certains quartiers de Massy dans un réseau de transport en commun ;
- Dans les aménagements de la voirie, ne pas mélanger les trafics de transit et de desserte.

Ces thèmes sont de plus en plus d'actualité, ils s'inscrivent dans une réflexion sur l'aménagement urbain rendue nécessaire par le niveau de saturation de notre activité dans les zones urbaines.

Dans de nombreuses grandes villes et dans leurs banlieues, les pouvoirs publics ont pris des mesures volontaristes pour résorber l'écoulement des flux de circulation tout en répondant aux besoins accrus de déplacements.

Les initiatives prises par la nouvelle municipalité de Paris, sous l'impulsion des Verts, nous amènent à réfléchir sur la situation de notre ville et à faire des propositions.

Nous vous proposons de venir en discuter le
6 décembre 2001 à 20 heures 30
à la Bourse du Travail, chemin des Femmes à Massy
Avec le groupe local des Verts-Massy autrement et
DENIS BAUPIN
Adjoint au Maire de Paris, responsable des transports

La bicyclette à Massy, c'est pas le pied

Nous l'avons tenté pour vous

Par un jour de beau temps, nous avons enfourché nos vélos et avons essayé de parcourir quelques itinéraires à travers la ville.
Notre idée était d'une part d'explorer les activités de loisirs en famille et d'autre part de voir si une utilisation fonctionnelle de la petite reine était possible à Massy.

Notre constat :

- Il existe quelques pistes cyclables créées il y une dizaine d'années qui permettent de rouler en sécurité. Mais ces pistes ne sont pas raccordées entre elles et le réseau n'a pas évolué depuis plusieurs années, mis à part la remise en état au bord de la Bièvre par le syndicat intercommunal d'aménagement de la vallée de la Bièvre (SIAVB).
- Rouler à vélo dans certaines zones de Massy, suppose une vigilance soutenue, nécessitant à certains endroits, pour plus de sûreté, l'emprunt de trottoirs avec la gêne qui en découle pour les piétons.
- Les parcs à vélos sont très rares et peu sécurisés.
- Des possibilités d'amélioration existent de part l'existence de contre allées dans le Grand Ensemble, de voies de circulation larges.
- Le relief ne présente pas trop de contre indications à l'usage du vélo, si l'on exclut quelques jolies pentes pour passer de l'Est à l'Ouest.

Nos propositions :

Mettre en place à partir de l'existant un véritable réseau cyclable qui permettrait :
- Des déplacements de loisirs sous forme de boucles et de connexions avec les pistes des communes voisines.
- Des déplacements plus fonctionnels sous formes d'axes EST OUEST « équipés » de perpendiculaires permettant l'accès aux établissements scolaires, aux gares et aux centres commerciaux ou culturels.

Accompagner la création de ce réseau par l'installation de parcs à vélos efficaces, notamment au niveau des gares et des zones de rassemblement de la population. Actuellement, certains emplacements pour vélos sont aménagés mais les pistes cyclables pour les atteindre n'existent pas.

La mise en œuvre :

Bien souvent, elle se traduirait uniquement par quelques travaux de marquages au sol ou de terrassement pour élargir des passages. Parfois, il faudrait créer un équipement complet.

Nous pensons qu'il est important que dans notre ville, il soit possible à ceux qui le désirent de se déplacer en adoptant des modes de transport non polluants et bénéfiques à la santé. L'existence de ce réseau garantirait une plus grande indépendance aux jeunes, un allègement pour les parents des adolescents qui font « le taxi » pour les accompagner sur les lieux de leurs activités. De manière plus large, l'extension de l'usage de la bicyclette et des transports en commun permet aux collectivités de réduire le problème de l'encombrement des voitures et aux individus d'apporter leur pierre à la lutte contre les effets du réchauffement de la planète qui commencent déjà à se faire sentir.

Nos détracteurs nous disent que les Massicois ne sont pas prêts à utiliser le vélo. L'expérience montre que chaque fois qu'il y a création d'un circuit de pistes cyclables et non de morceaux, les utilisateurs empruntent ces réseaux.
Le besoin de s'aérer et de pratiquer une activité sportive ou de détente se mesure déjà, à Massy, avec la fréquentation très importante, notamment le week-end, de la coulée verte et de la vallée de la Bièvre.

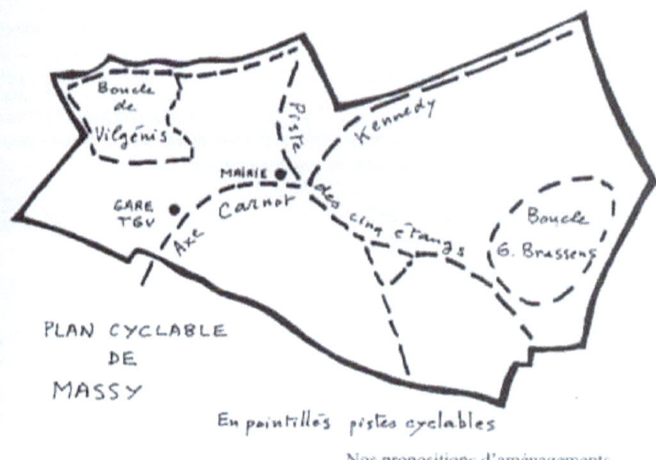

Nos propositions d'aménagements

Les transports en commun, peut mieux faire !!

Massy doit prendre ses responsabilités en matière de transport dans :

Le déplacement inter-communal

Les usagers des RER B et C arrivent dans la gare de Massy Palaiseau en voiture d'abord par l'autoroute A10 vers la gare RATP ou d'Igny/Verrières vers la gare SNCF. Les parkings sont saturés, le stationnement est anarchique et dangereux.

Mal organisées, les arrivées par bus et cars contribuent à saturer les abords des gares.

Massy-Palaiseau est de fait une gare régionale et, compte tenu du développement des transports sur ce site (tangentielle Saint Quentin Massy Evry), le flux va s'accroître dans les années qui viennent. Son accès doit être facilité pour les Massicois et les habitants des environs. La réalisation et le financement des équipements nécessaires doivent être assurés à l'échelle intercommunale, départementale et régionale.

Le déplacement à Massy intra-muros

Il reste difficile d'aller d'un bout à l'autre de la ville sans avoir à changer de bus à Massy-Palaiseau, voire à traverser par la passerelle, alors que les équipements sont de plus en plus concentrés dans le secteur de la Place de France (Hôpital Jacques Cartier en extension, Cinémas, Bibliothèque, Services sociaux s'ajoutant à la Sécurité Sociale, Centre Omni-Sport rénové et rendu plus attractif). Et pourtant 25 % des ménages Massicois n'ont pas de véhicule.
Parallèlement à la réalisation d'un réseau de pistes cyclables, il est nécessaire de répondre à ces nouveaux besoins de transports en commun. Rappelons qu'à la fin des années 80, la municipalité avait financé une ligne de bus qui traversait Massy du quartier de la Paix jusqu'au Pileu; ce qui démontre que la municipalité dispose d'une capacité d'action pour répondre aux nouvelles demandes de service public.

A Paris, après les élections municipales, un plan d'action visant à améliorer la circulation a été lancé à l'initiative des Verts.

*Le 6 décembre, vous pourrez consulter plus en détail les idées que nous souhaitons soumettre à la municipalité de Massy. Vous avez sans doute des proposition à faire, venez en discuter en présence de **Denis Baupin**, Maire Adjoint aux Transports à la Mairie de Paris, le 6 décembre à 20 heures 30 à la Bourse du Travail, Chemin des Femmes (derrière l'Hôtel Mercure) à Massy.*

Pour nous contacter : **MASSY-*autrement*/Les Verts**
14 allée René Leriche   91300 MASSY   01 69 81 70 37

179

L'avenir du Nord-Ouest de l'Essonne
Une charte de pays
pour un développement durable

Novembre 2001

La croissance économique et l'urbanisation qui caractérisent l'évolution historique des cent dernières années, ont apporté aux populations du Nord de la planète, progrès social, élévation du niveau d'éducation et de culture, amélioration de la santé et développement des moyens de communication.

Mais, on le sait aujourd'hui, l'activité humaine, dans le même temps, modifie les conditions climatiques jusqu'à pouvoir mettre en danger la survie de l'espèce. Les Hommes sont de plus en plus conscients qu'une consommation dispendieuse des ressources naturelles mène à l'épuisement des gisements, tandis que les pollutions corrompent la qualité de l'air, de l'eau et de la terre.

La prise de conscience des dangers que l'homme fait de la sorte courir à l'homme et la conviction que le progrès social ne peut être, pour autant, remis en cause, amènent les écologistes à proposer le projet d'une société qui reposerait sur le "développement durable". C'est le défi de ce siècle. C'est la démarche de l'écologie politique.

La reconnaissance d'un Pays et l'élaboration d'une charte

La volonté que nous avons en tant que Verts de voir les habitants maîtriser démocratiquement leur avenir là où il se joue nous conduit à proposer un projet de "Charte de Pays" au sens de la Loi d'Orientation pour l'Aménagement et le Développement Durable du Territoire de juin 1999 (dite Loi Voynet).

Le Nord-Ouest de l'Essonne est un territoire qui correspond au Centre d'Envergure Européenne (C.E.E.) inscrit au S.D.R.I.F (Schéma Directeur de la Région Ile-de-France) et dont les Verts ne partagent pas les objectifs, caractérisés par l'urbanisation systématique et le productivisme.

Les Verts considèrent néanmoins que ce territoire, de par sa cohésion géographique, économique, humaine et culturelle, constitue à peu près un "Pays" ; ils y proposent un projet de "Charte de Pays" dans le cadre du développement durable, projet qui regrouperait les communes, les futures communautés d'agglomérations, les associations, les acteurs économiques.

Ce pays et son projet doivent prendre en compte les différences des territoires dans une recherche de complémentarité et non d'uniformisation. La charte doit être le résultat d'un travail de concertation répondant à un objectif de développement durable et aux recommandations des agendas 21 :

- objectifs d'équité sociale, d'efficacité économique, d'amélioration de l'environnement,
- principes de subsidiarité et de transversalité,
- recherche d'une participation des citoyens, d'un partenariat avec les associations et les milieux socioprofessionnels et de la transparence des décisions,
- réponse aux défis de conciliation du court terme et du long terme.

Les nouveaux outils de l'intercommunalité

Les institutions, en France particulièrement, ont été mises en place au cours des deux derniers siècles. Nos 36 000 communes correspondent, à de rares exception près, aux paroisses de l'Ancien Régime. Alors que nos départements révolutionnaires ont été dimensionnés pour atteindre la préfecture en une journée de cheval, l'émergence de l'Europe (le choix politique majeur à la sortie de la deuxième guerre mondiale) et la mise en place des régions, amènent notre pays à moderniser ses collectivités territoriales.

D'autres structures, celles des communautés de communes ou d'agglomérations s'imposent entre l'espace du "Pays" où les habitants peuvent maîtriser l'aménagement de leur territoire et celui des communes où certains des besoins des habitants ne peuvent plus être satisfaits.

La loi de renforcement et de simplification intercommunale de juillet 1999 (dite loi Chevènement) incite précisément à la création de nouvelles communautés d'agglomérations et de communes.

A cette échelle, entre les communes contractantes, la volonté de coopérer repose sur :

- le choix d'un projet fédérateur défini par des objectifs partagés,
- la mise en commun de services à la population pour mieux en satisfaire les besoins (compétences communautaires),
- la répartition entre les communes - d'une façon librement acceptée - du bénéfice qu'obtiendra d'une coopération fiscale intercommunale, la Communauté d'Agglomération (Taxe Professionnelle Unique TPU),
- la délimitation d'un périmètre de territoire dont l'échelle et les ressources rendent possible la réalisation du projet.

Pour *Les Verts*, **le projet de territoire doit :**

1 • Maintenir l'attractivité économique

Pour les habitants comme pour les entreprises, ce point essentiel s'exprime par l'exigence de la qualité de l'environnement d'une part et le soutien des potentiels européens du territoire d'autre part.

La Recherche et l'Enseignement supérieur (Plateau de Saclay, vallée de l'Yvette) et la haute technologie (Courtaboeuf, Massy) doivent continuer à assurer les fondations de l'activité économique tout en :

- veillant à la mixité des implantations,

- maîtrisant l'implantation des entreprises et la consommation des espaces (utiliser en priorité les friches),

- menant une évaluation environnementale d'implantation des activités économiques.

Cette attractivité passe aussi par le soutien aux petites entreprises et à l'artisanat, le renforcement des centres-villes, l'amélioration des services de proximité...

2 • Répondre aux besoins des habitants de mieux vivre et mieux se déplacer

- en favorisant les déplacements doux (piétons, vélos,) vers les gares et les centres de nos villes, dans les vallées de la Bièvre et de l'Yvette, et pour les loisirs sur le Plateau de Saclay et le long de nos rivières,

- en développant les systèmes de transports en commun et leur complémentarité telle que l'organise le PDU (bus en site propre de Massy à St Quentin, transport ferré pour les voyageurs de Versailles à Evry par Massy...),

- en développant et favorisant des services (cuisines centrales, crèches, ...), des équipements et des animations culturelles et sportives (salle des fêtes, piscine, stades) grâce à la mise en commun de moyens à l'échelle de population la plus pertinente (subsidiarité) et au partage d'accès entre habitants de communes proches (abonnement culturel de pays, cartes scolaires, accès aux crèches proches du lieu de travail...).

3 • Conserver et gérer les ressources naturelles

a) Maîtriser l'évolution du Plateau de Saclay

De façon à éviter le mitage du Plateau de Saclay qui conduirait à terme à son urbanisation totale, il faut en limiter l'urbanisation potentielle à sa frange sud (au sud de la RD36 à l'est de polytechnique puis du sud de la RD128 vers l'ouest jusqu'à St Aubin), avec une extension contrôlée des bourgs (sud de la rigole de Favreuse au Val d'Albian ; nord de la rigole domaniale à Saclay-bourg et au sud de la RD36 à Villiers-le-Bâcle)

- en maintenant les 2000 hectares de vocation agricole inscrits au S.D.R.I.F. par l'affirmation d'une politique volontariste. Seul un projet fort et ambitieux justifiera la pérennité du Plateau de Saclay en tant qu'entité agricole, un véritable projet préservant aussi le caractère rural des bourgs de faible densité,

- en incitant et en accompagnant les agriculteurs à s'engager dans la mise en place de Contrats Territoriaux d'Exploitation (CTE), systèmes de production à double finalité économique et environnementale, combinant la création de valeur ajoutée et la gestion patrimoniale des ressources naturelles.

b) Mettre en place une politique d'environnement intercommunale

- en favorisant les projets d'économie d'énergie dans le patrimoine existant et d'énergies alternatives éolienne et solaire dans les nouveaux projets,

res

✔ en soutenant les projets de contrôle des inondations et d'amélioration de la qualité des rivières des bassins de la Bièvre et de l'Yvette, modernisant le système des rigoles, orientant leurs eaux en direction de Versailles. En favorisant la rénovation des réseaux, la chasse aux infiltrations et l'installation de réseaux séparatifs pour les eaux usées.

✔ en réduisant les nuisances par l'élaboration de plans municipaux et intercommunaux de lutte contre le bruit (air, bruits aériens, ferroviaires et routiers). L'intercommunalité est le niveau nécessaire pour engager des discussions plus équilibrées avec les opérateurs des grandes infrastructures (SNCF, RATP, ADP, DDE), pour mesurer puis lancer des contrats de progrès de réduction et de contrôle de ces nuisances (couvre-feux, niveaux moyens et nombre d'occurrences).

c) Préserver la qualité et la spécificité paysagère du territoire

Dans le cadre d'un plan d'action paysager

✔ en améliorant le cadre de vie des habitants par la préservation des espaces non urbanisés, l'intégration de la dimension paysagère dans les plans d'urbanisme, l'aménagement des espaces dégradés,

✔ en valorisant le patrimoine naturel existant (forêt de Verrières, parcs publics urbains, prairies naturelles, berges de l'Yvette et de la Bièvre, espaces agricoles et maraîchers…) pour constituer la trame verte du Sud de l'Île-de-France.

4 • Répondre aux besoins de concertation

L'intercommunalité doit être l'occasion de développer la démocratie locale et de maintenir des services de proximité (guichets d'intercommunalité dans toutes les communes, services communs délocalisés, élection des délégués dans la communauté…). Il faut aussi mettre en place des lieux d'échange permanents avec les associations et les milieux socioprofessionnels.

Pour chacune des intercommunalités, des territoires pertinents et cohérents

Pour aborder l'intercommunalité, il faut définir et recommander des territoires.
Un bassin de vie regroupe les zones géographiques dans lesquelles nous vivons nos différentes activités (travail, école, commerce, loisirs, culture, sport).

Contrairement à d'autres régions françaises, la région parisienne ne présente pas de sous-ensembles urbains autonomes les uns vis-à-vis des autres. Pour notre territoire, le "Pays" du Nord-Ouest de l'Essonne, les différentes géographies ne se recouvrent pas de façon évidente et plusieurs intercommunalités "Chevènement" peuvent y être constituées.

Dans ces conditions, les regroupements intercommunaux en communauté d'agglomération doivent dessiner une réelle solidarité et être des zones de complémentarité et d'équilibre et non pas des regroupements réduits à des communes trop semblables, avec :

- la mixité comme le critère de regroupement principal (mixité sociale, économique, environnementale) ;

- une échelle du regroupement de taille suffisante pour traiter de façon efficace les besoins que l'échelle communale n'est plus en mesure de satisfaire. Pour être pertinents, les regroupements peuvent atteindre de 100 à 150 000 habitants ;

- une représentativité des communes qui tienne compte des préoccupations actuelles des plus petites et suive une règle de représentation semi-proportionnelle équilibrée ;

- cette représentation à des structures intercommunales doit, le plus rapidement possible, faire l'objet d'une élection directe afin de garantir la vie démocratique entre habitants et élus des communautés d'agglomération ;

- la mise en place d'une structure de type syndicat mixte pour étudier et coordonner le travail d'élaboration de la charte de pays. Ce syndicat mixte regrouperait les communautés d'agglomération et les communes non engagées dans des intercommunalités ; il doit aussi mettre en place les outils assurant transparence, information et démocratie locale.

Groupe local Vallée de Chevreuse
23, rue du Val d'Orsay
91400 Orsay

Groupe Massy-Palaiseau et environs
14, allée René Leriche
91300 Massy

ITC - R.C.S. B 393 322 748

183

Annexe 20 : Les Verts Essonne à l'université d'été de Lamourra (Août 2001)

Evry, le 13 Mars 2004

Marianne Louis,
première secrétaire de la Fédération de l'Essonne du Parti Socialiste,

Chère amie,

Au soir du premier tour des élections cantonales, nos deux partis auront à examiner les conditions permettant – malgré l'absence d'accord pour le premier tour – que la majorité du Conseil général reste à gauche. Le Conseil Départemental des Verts-Essonne propose qu'après avoir examiné dimanche soir les résultats de ce premier tour une délégation de son bureau puisse rencontrer dans les meilleurs délais une délégation du Part Socialiste.

A notre sens, la discussion entre nous devrait porter sur deux aspects indissociables :

I. un volet politique

Il fixerait tant le cadre général que les modalités locales du désistement en faveur des candidats de gauche arrivés en tête et les contreparties politiques au Conseil Général et dans certaines villes.

II. un volet programmatique

Si le bilan de l'actuel Conseil Général de l'Essonne est globalement positif, les VERTS attendent d'une nouvelle assemblée de gauche de vrais changements dans le cadre du développement soutenable, entre autres une politique qui mette un frein à l'urbanisation sur les terres agricoles, qui stoppe les crédits aux infrastructures routières et renforce ceux destinés aux transports en commun, qui lance un grand programme départemental pour lutter contre l'effet de serre (économies d'énergies et développement des énergies renouvelables) et qui mette en œuvre la démocratie participative sur l'ensemble de ces thématiques et d'autres aussi importantes que le traitement des déchets ménagers, la culture, les solidarités, ..

Afin de préparer cet aspect de la discussion, tu voudras bien trouver çi-joints ceux des éléments programmatiques que nous considérons comme « incontournables » (ils sont extraits de la plaquette "programme départemental des Verts Essonne Ecologie", elle aussi jointe à cet envoi).

Si ce cadre vous convient, je te remercie de convenir dès à présent des modalités pratiques de cette rencontre, le timing post premier tour étant par essence fort serré.

Dans cette attente, je te prie d'accepter mes salutations vertes,

> **Pour le Conseil Départemental**
> **Guy BONNEAU**
> **Secrétaire Départemental**

Copie à Michel Berson

4, bd du Maréchal Leclerc - 91 000 EVRY   tel/fax : 01 69 91 66 07

Les « incontournables » programmatiques des VERTS ESSONNE ECOLOGIE

A) PRINCIPES CONDUCTEURS pour faire de l'Essonne un département exemplaire en matière de développement durable

Le respect des principes suivants sera généralisé à toutes ses actions/décisions du conseil général :

- **le principe d'éco-conditionnalité**

Toutes les aides et subventions du Conseil Général aux collectivités, entreprises, associations, ... seront conditionnées à des critères environnementaux et de développement durable (la grille de ces critères sera établie dans le cadre de l'agenda 21 départemental).

Le parti socialiste Essonnien et ses élus au CG 91 s'engagent à ce qu'une représentation des VERTS Essonne soit sollicitée avant la fin de la première année de mandat par le futur exécutif pour l'élaboration de cette grille de critères et de modalités de mise en œuvre des aides éco-conditionnelles.

- **les principes de prévention et de précaution**

qui devront, avant toutes décisions, sous-tendre toutes les études préalables indispensables et les concertations avec la population et les acteurs (exemples : l'incinération des déchets et intérêt d'un 3eme four à Vert le Grand ...).

B) UN CONSEIL GENERAL EXEMPLAIRE dans son fonctionnement

Les élus socialistes Essonniens s'engagent à mettre en œuvre, dès la première année de mandat :

Une charte interne du développement durable et solidaire définissant :

- des critères et une méthode d'évaluation des politiques départementales au regard du développement durable et solidaire ;
- un référentiel et des procédures pour rendre durables toutes les réalisations départementales (constructions, réhabilitations de collège, voirie, bâtiments départementaux,..);
- un guide des bonnes pratiques de l'administration et un guide à usage des collèges (éco-gestion de l'eau, de l'énergie, des achats, des déchets, collecte de papiers, flotte de véhicules propres, ...)

D'autre part, les élus au Conseil Général feront régulièrement le bilan de leurs actions auprès des populations (au moins une fois par an dans chacun des cantons) et une fois par an auprès des adhérents et sympathisants Verts du canton.

Le respect d'engagements et d'objectifs précis en matière de développement soutenable sur son patrimoine, sur tous les chantiers qu'il conduira et sur son fonctionnement interne :

- Haute qualité environnementale pour tous les chantiers et constructions départementales, dès les cahiers des charges aux entreprises et fournisseurs

- Intégration d'espaces de biodiversité et de lieux d'information/sensibilisation à la nature dans tous les parcs dont le conseil général est propriétaire : (Chamarande, ...)

- Généralisation des produits issus du commerce équitable et développement progressif de l'utilisation des produits issus de l'agriculture biologique (cantines du personnel et des collèges)

- Bonne gestion des flux et consommations énergétiques : le conseil général s'engagera sur l'objectif de 40 % d'économies sur tout le patrimoine du CG 91 d'ici 2010.

C) PROGRAMME D'ACTIONS (« incontournables » par chapitre de notre programme départemental)

Le parti socialiste Essonnien et ses élus au CG 91 s'engagent à mettre en œuvre les actions et programmes suivants :

Aménager les territoires et limiter l'urbanisation

- **Priorité à la reconstruction de la ville sur la ville** et Gel de toutes les terres agricoles ou espaces verts actuellement non urbanisées en contribuant à la révision du SDRIF (schéma directeur régional d'Ile de France) pour y intégrer la dimension du développement durable.

Mieux se déplacer en Essonne : des transports collectifs améliorés

- **Révision, dès le début de la prochaine mandature, du schéma routier départemental :** les projets routiers prévus jusqu'en 2015 seront remplacés (sauf exceptionnellement le contournement d'agglomérations si vraiment nécessaire) par des aménagements en matière de transports collectifs (création de sites propres) et de pistes cyclables.

- Les budgets routiers seront réservés à l'entretien, à la sécurité des routes, à la réduction des impacts sur l'environnement et sur les populations (murs anti-bruits, intégration environnementale,...)

- **Etablissement d'un schéma départemental d'organisation des transports de marchandises** alternatif aux seuls poids lourds (voie fluviale et voies ferrées)

Maintenir en Essonne une agriculture respectueuse de l'environnement

- **Au regard du principe de précaution, interdire les cultures d'OGM** en plein champ sur le territoire essonnien, en concertation avec les agriculteurs. Des possibilités d'applications spécifiques bien maîtrisées et contrôlées (thérapie génique) seront examinées

L'eau : une source de vie à protéger,

- **Mettre en 10 ans les eaux de toutes les rivières essonniennes au niveau de qualité « bonne »** en agissant sur la réduction des rejets polluants. Le Conseil Général aidera par des subventions « éco-conditionnelles » les communes dans leurs actions de police de l'eau : incitations financières au raccordement des particuliers sur le réseau d'assainissement, soutien à l'obligation de mise aux normes des entreprises et industries qui ne le seraient pas, soutien aux traitements alternatifs des eaux usées (lagunage, assainissement individuel)

- **Le conseil général à travers l'éco-conditionnalité de ses aides aux communes et aux intercommunalités ou syndicats fera respecter les PPRI** (plans de prévention des risques d'inondation) de la vallée de la Seine et incitera à mettre en œuvre progressivement des PPRI pour toutes les rivières essonniennes

L'énergie : un enjeu environnemental et social

- **Soutien et incitations financières à la maîtrise de l'énergie et à l'utilisation des énergies renouvelables (éolien, biomasse, solaire, géothermie ...) sur le territoire essonnien,** en complément de l'action régionale de développement des énergies renouvelables.

- **Suppression des aides** pour tout bâtiment de logements sociaux, maisons de retraite, foyers,... chauffé à l'électricité

- **Bonification des aides départementales** pour les démarches de Haute qualité environnementale initiées par les communes, les entreprises et les zones économiques. Bonus en faveur des projets utilisant les énergies renouvelables, malus dans le cas contraire non justifié.

Produire moins de déchets et mieux les valoriser

- **Mettre en œuvre concrètement la politique départementale globale de réduction et de valorisation des déchets.** Le CG 91 poursuivra avec l'appui de bureaux d'études indépendants, la réflexion appuyée par des études comparatives et étayées en vue de la réduction de l'incinération des déchets et explorera les modes de valorisation complémentaires (méthanisation comme à Varennes-Jarcy). **L'intérêt d'un 3ème four à Vert le Grand devra être démontré et débattu** avec les associations, populations riveraines et spécialistes indépendants des déchets.

- Soutenir la mise aux normes les plus rigoureuses des usines d'incinération de l'Essonne

- Informer les citoyens de la réelle destination des déchets recyclés et soutenir la réalisation et la communication au public par les collectivités de rapports annuels dignes de ce nom sur la gestion des déchets. **Mettre en place un comité départemental d'information et de concertation** sur la politique des déchets

Réduire les nuisances sonores

- Le CG 91 défendra le respect du couvre-feu à Orly, la limitation du nombre des mouvements à 200 000 par an et le respect de la réglementation sur les couloirs aériens.

- Le PS 91 et ses élus se positionneront **contre le projet de 3 ème aéroport** en Ile de France au profit d'un vrai réseau maillé de liaisons TGV et d'une utilisation optimisée des aéroports de Province.

Préserver les milieux naturels et la biodiversité

- Le conseil Général éco-conditionnera ses aides aux inter-communalités et aux communes à la signature d'une **charte de la biodiversité.**

Eduquer à l'environnement et développer l'éco-citoyenneté

- Créer une maison départementale de l'environnement en lien avec les associations

Le droit au logement pour tous

- Créer une Agence foncière départementale et/ou contribuer à la création d'une agence foncière régionale pour acquérir des terrains, notamment au voisinage des gares et des pôles d'emplois afin de réduire la spéculation et permettre des loyers abordables.

- Limiter les constructions pour l'essentiel aux secteurs déjà urbanisés (reconstruire la ville sur la ville).

- Obliger toute nouvelle construction de logement social à intégrer le souci de la maitrise de l'énergie et des énergies renouvelables

- **Généraliser les plates-formes de services publics** regroupant différents services sociaux (communes, département, Etat)
- **Finaliser le projet de Plan départemental** des aires d'accueil des gens du voyage .Les communes qui ne respectent pas la loi et ne prévoient pas la mise en œuvre concrète des espaces d'accueil doivent être pénalisées

- **Inciter** les collectivités locales à l'élaboration d'un diagnostic sur l'accessibilité de la ville aux personnes à mobilité réduite

- **Inverser** la tendance de semi-privatisation des restaurants scolaires et offrir une restauration favorisant les aliments biologiques.

- **Freiner l'implantation** des activités nuisantes, telles les plateformes logistiques qui prolifèrent en Essonne, avec un impact très limité sur l'emploi.

- **Favoriser l'émergence** d'un pôle de recherches et de développement technologique dans les domaines de l'environnement, des économies d'énergies et des énergies renouvelables (par exemple à partir du potentiel existant au CEA de Saclay.., ou encore du redéploiement des activités d'armement comme le centre du Bouchet..).

- **Intégrer systématiquement** dans les marchés passés par le Conseil Général des clauses d'insertion et(ou) de qualité écologique.

Evry, le 20 mars 2004

A
GUY BONNEAU
Secrétaire départemental
Verts Essonne écologie

Cher ami,

Suite à notre rencontre de samedi 20 mars et à nos échanges, tu trouveras ci-après les propositions que nous avons arrêtées ensemble et qu'il nous semble intéressant d'intégrer au programme des candidats socialistes présents au deuxième tour.

Comme nous l'avons observé lors de cette réunion, quelques unes des propositions que les Verts formulaient sont déjà en œuvre dans la politique départementale, notamment en ce qui concerne la politique sociale et l'action en direction des personnes âgées, handicapées.

Par ailleurs, certaines des propositions que nous avons explicitées lors de notre rencontre, sur les modalités d'organisation d'un travail transversal aux forces de gauche, n'ont pas vocation à figurer directement dans des propositions programmatiques. Nous les avons examinées, nous les mettrons en œuvre.

Ainsi, forts d'un programme enrichi, nous pourrons dès lundi 22 mars, lors de notre rencontre du matin, définir les modalités de soutien aux candidats socialistes présents au deuxième tour.

Forts de cette diversité, nous avons l'espoir de l'emporter ensemble à Gauche à la Région et au Département.

Michel BERSON
Président du Conseil général de l'Essonne

Marianne LOUIS
Première secrétaire fédérale du PS 91

190

Annexe 22 : rapport du Conseil Régional sur les dioxines à l'usine de Massy (septembre 2005)

1.2.3. Situation actuelle en terme de rejets à la cheminée au regard des réglementations en vigeur

Comme l'indique le tableau 1 joint en annexe 2, l'actuel traitement des fumées de l'UIOM de Massy permet de répondre aux prescriptions de l'arrêté du 25 janvier 1991 relatif aux installations d'incinération des résidus urbains.

Ce traitement permet de capter les poussières, de désacidifier les fumées et de traiter par les métaux.
Les rejets de l'installation sont également conformes aux seuils fixés par l'arrêté ministériel du 20 septembre 2002 relatif aux installations d'incinération et de co-incinération des déchets non dangereux et aux installations incinérant des déchets d'activités de soins à risques infectieux sauf pour les poussières, les dioxines - furannes et les oxydes d'azote (NOx).

S'agissant de rejets actuels de dioxines furannes de l'usine, ceux-ci sont à un niveau de concentration de 6,94 ng/Nm3 pour la ligne n°1 et 0,31 ng/Nm3 pour la ligne n°2 (nanogramme soit 10^{-9} gramme), niveau à comparer avec celui fixé par l'arrêté du 20 septembre 2002 à 0,1 ng/Nm3.

S'agissant des rejets actuels d'oxydes d'azote (NOx) de l'usine, ceux-ci sont à niveau de concentration de 329 et 346 mg/Nm3 (milligramme par mètre cube soit 10^{-3} g) respectivement pour les lignes n°1 et n°2 ; soit une moyenne de 337,5 mg/Nm3. Si l'on considère une capacité nominale de 85 000 t/an, ces concentrations correspondent à un flux annuel de 179,5 tonnes de NOx rejetées à l'atmosphère. Ce niveau est à comparer avec celui fixé par l'arrêté du 20 septembre 2002 à 200 mg/Nm3 correspondant à un rejet annuel théorique de NOx de 106,4 t/an.

Le traitement des dioxines furannes et des oxydes d'azote (NOx) devra être installé dans le cadre de la prochaine mise aux normes et ceci conformément à l'arrêté du 20 septembre 2002 dont l'échéance est fixée au 28 décembre 2005.

- Echéancier de mise en œuvre

L'UIOM devant se conformer aux exigences fixées par l'arrêté du 20 septembre 2002 (conception et aménagement du site, conditions d'admission des déchets, conditions d'exploitation, prévention de la pollution de l'eau et de l'air …) avant le 28 décembre 2005, il sera procédé dans le même temps aux travaux relatifs au traitement des NOx.
La consultation pour les travaux relatifs au traitement des fumées a été lancée par le concessionnaire du SIMACUR en août 2004 et le choix de l'entreprise arrêté en janvier 2005.
Le démarrage des travaux relatif à l'installation du système de traitement des oxydes d'azote sur l'usine d'incinération est prévue début octobre 2005.

- Investissements correspondants :

Le coût global de mise en conformité de l'UIOM aux exigences de l'arrêté du 20 septembre 2002 et du projet de PPA francilien s'élève à 20 272 000 € H.T. en valeur 2004 dont un montant de travaux subventionnables plafonné à 5 040 000 € HT pour les équipements de traitement des NOx par voie catalytique.
Le détail des investissements figure en annexe 2.

1.2.5. Participation de la Région :

Sur la base de la délibération n° CR 42-04 du 18 novembre 2004, relative à l'action régionale pour la réduction des oxydes d'azote issus de l'incinération des ordures ménagères, ce projet est éligible aux aides de la Région.

En conséquence, il est proposé que la Région subventionne cette opération à hauteur de 1 275 300 € (taux d'aide de 30 % plafonné à 9 000 €/par tonne de NOx évitée par an) conformément aux barèmes issus de la délibération CR n° 42-04 du 18 novembre 2004 correspondant à un montant de travaux subventionnables plafonné à 5 040 000 €.

Cette participation, justifiée par l'impact positif du projet en terme d'environnement, est décisive pour sa réalisation effective.

DESIGNATION DE L'OPERATION	TRAVAUX H.T. en € (1)	TAUX (2)	SUBVENTION En €
Réduction des oxydes d'azote issus des l'incinération des ordures ménagères	5 040 000	30%(3) plafonné à 9 000 € par tonne de NOx évitée	1 275 300
TOTAL	5 040 000		1 275 300

(1) travaux subventionnables plafonné à 5 040 000 €
(2) barèmes issus de la délibération CR 42-04 du 18 novembre 2004
(3) 141,7 tonnes de NOx évitée par an

192

Des nouvelles de votre Conseiller régional

Trois ans déjà !

2004-2007

Élu il y a trois ans au Conseil régional sur la liste conduite par Jean-Paul Huchon, je vous rends à nouveau compte de mon action.

Le journal *L'écorégion* vous présente l'action des élus Verts dans la majorité de gauche.
Vous pouvez le recevoir gratuitement en en faisant la demande par courriel à : jean-marie.bouguen@wanadoo.fr

Vous pouvez aussi consulter le site des élus Verts au Conseil régional à l'adresse **http://www.verts-regionidf.net**

Guy Bonneau
Votre conseiller
régional

LOGEMENT et ACTION FONCIÈRE

Mon expérience de Conseiller municipal délégué au Logement de 1989 à 1995 m'a poussé à m'investir dans la **commission du Logement** qui étudie les propositions de financement du logement, notamment du logement social, une priorité pour notre équipe.

Cette année, j'ai œuvré pour que le budget soit sérieusement renforcé afin d'aider à la construction de logements de qualité. Par exemple cette année, 120 logements sociaux intermédiaires ont été financés par la Région au **square du Clos de Villaine à Massy**.

La crise du logement est plus forte en Ile-de-France du fait de la cherté des terrains. Afin d'aider les communes à construire des logements et à développer certaines zones d'activité, la Région a créé **une agence foncière** pour acheter des terrains et limiter la spéculation. Je suis vice-président de cette agence qui est intervenue à Palaiseau par exemple. Son financement est en partie assuré par une taxe de quelques euros par ménage, prélevée cette année pour la première fois sur vos feuilles d'impôts locaux. En moins d'un an d'existence, nous avons lancé l'acquisition de presque 200 ha en Ile-de-France.

AMÉNAGEMENT DU TERRITOIRE et SDRIF

Toujours intéressé par les questions d'urbanisme et d'aménagement, je participe aussi à la commission de l'Aménagement des territoires et j'ai passé beaucoup de temps à participer à **l'élaboration du SDRIF**, plan d'aménagement pour l'Ile-de-France pour les vingt prochaines années.

Il est actuellement soumis à enquête publique et propose des orientations pour que les déséquilibres Est-Ouest entre habitat et emploi ainsi que les disparités sociales soient corrigés, que la construction de logements pour tous soit relancée, que les transports soient mieux organisés, notamment de banlieue à banlieue, que les zones non urbanisées (agricoles, de bois et de forêts,…) soient mieux protégées, que l'air soit moins pollué. Le numéro 8 de *L'écorégion* en décrit les grances lignes.

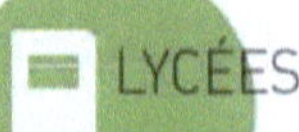

LYCÉES

Je représente aussi la Région Ile-de-France dans les **lycées Eiffel et Vilgénis** : j'appuie notamment très activement la reconstruction en cours du Lycée professionnel Eiffel au Grand Ensemble, pour 30 millions d'euros, et celle à venir sur **Fustel de Coulanges**, pour 34 millions.

La Région finance les locaux et les équipements, mais aussi les livres, de nombreux projets éducatifs des lycéens et des enseignants dans de nombreux domaines. Elle prend maintenant en charge, par transfert de l'État, les personnels de service (cantines, entretien..).

TRANSPORTS

Pour Massy, le chantier de la **nouvelle passerelle** a enfin démarré, 50% du coût, soit 33 millions d'euros, sont payés par la Région.

Le groupe Verts est aussi à l'origine du ticket T+ : celui-ci permet, par exemple, de changer de bus avec le même ticket pendant 1 heure 30. Nous agissons afin qu'il soit aussi utilisable pour passer du bus aux RER et métro, afin de diminuer le coût des transports occasionels.

ENVIRONNEMENT

Avec le groupe Verts, j'ai obtenu que des **normes strictes en matière de HQE** (Haute Qualité Environnementale), de consommation énergétique, de récupération des eaux de pluie... soient imposées à tous les projets de logements aidés par la Région. Nous finançons aussi les particuliers qui s'équipent en chauffe-eau solaire et j'ai contribué à la délibération municipale accompagnant cette action.

Un peu plus loin de Massy, je représente la Région dans le **Parc Naturel Régional du Gâtinais** et j'ai participé aux actions récentes contre les OGM nuisibles pour les abeilles - et donc le miel - du PNR.

ÉQUIPEMENTS CULTURELS

En plus de l'aide à **l'Opéra de Massy** et aux **Primeurs de Massy**, la Région a financé une grande partie des travaux de **Paul Bailliart** et du nouveau **centre Lino Ventura** (pour plus d'un million d'euros chacun), sans parler de la médiathèque de Villaine. Pourtant le Maire de Massy refuse d'associer les élus régionaux à ces inaugurations comme le font toutes les autres communes !

J'interviens aussi dans d'autres secteurs (mission locale de Massy, aide au Rugby-Club,...).

> Le travail ne manque pas, je vous invite à me questionner par écrit ou par courriel. Je ne suis pas élu que de Massy mais de l'Essonne pour travailler pour la Région. Bien sûr, avec mes ami(e)s du Conseil municipal, Philippe Bernardin et Nicole Crépeau, je suis particulièrement attentif à ma ville.

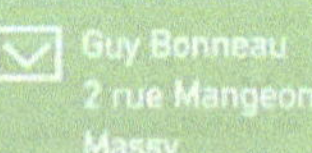

Guy Bonneau
2 rue Mangeon
Massy

guy.bonneau@wanadoo.fr

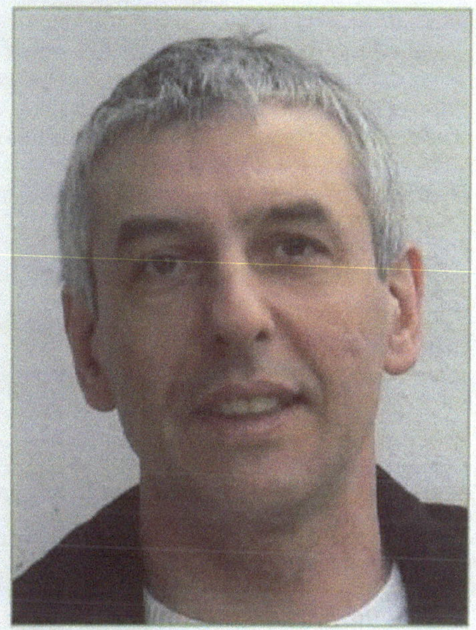

MASSY, Écologique
Solidaire
et Innovante
En Vert et pour Tous
Massy
Avec ROGER DEL NEGRO et
MASSY en Vert et pour Tous

Nos orientations
Nos premières décisions

Pour assurer la mixité sociale, varions les types d'habitat et la taille des logements.

Réorientons le projet Atlantis pour en faire un vrai quartier de ville écologique.

Établissons un bilan de l'émission des gaz à effet de serre à MASSY et élaborons un plan de réduction de 30 % des émissions d'ici 2020.

Pour faciliter le maintien à domicile des personnes âgées, renforçons le service d'aides ménagères à domicile.

Pour relancer le commerce de proximité, stoppons l'extension des nouveaux centres commerciaux à Massy et dans l'intercommunalité Europe-Essonne.

Pollution, amoncellement des déchets, réchauffement : mettons la santé au centre de notre politique.

Piétons, Vélo, Voiture, Bus : pour nos déplacements, partageons la rue, connectons les pistes cyclables.

Pour une eau de qualité et moins chère, revenons à une gestion municipale du service de l'eau.

Renforçons l'offre de formation pour répondre aux emplois proposés à Massy.

Pour améliorer le traitement des déchets, créons une déchetterie/recyclerie à Massy.

Mettons en place un programme d'économie d'énergie dans les bâtiments publics existants.

Pour favoriser l'insertion par le sport, développons un centre de formation multi-sports avec un Centre de Formation d'Apprentis.

Pour faciliter l'accès des habitants aux centres de quartiers, adaptons leurs horaires (ouverture le week-end et en soirée).

Pour une gestion écologique des espaces verts, avec des plantations d'espèces végétales de la région.

Créons enfin la galerie d'expositions permanentes promise depuis 7 ans.

Pour tous les nouveaux équipements publics, visons la construction à énergie positive.

Subventionnons les travaux d'isolation des immeubles existants.

Diversifions les modes de garde pour les petits et créons un relais assistantes maternelles.

Créons des conseils de quartiers avec un véritable pouvoir de décision.

Scolarisation des enfants présentant un handicap : pallions les insuffisances de l'État en embauchant des Auxiliaires de Vie Scolaire (AVS).

La Ville est un employeur important. Elle doit être exemplaire dans la considération du personnel communal. Pas de temps partiel non choisi, diminution du recours aux vacataires, recherche d'une politique de stabilité de l'emploi et d'évolution des carrières, dialogue avec les organisations syndicales.

Gérons mieux les deniers publics !

L'augmentation de 8 % des impôts depuis 1995 a rapporté à la ville 40 millions d'euros de recettes supplémentaires ! Mais, pendant les deux mandats de l'équipe actuelle, les dépassements de 100 % sur les coûts de réalisation des équipements ont été fréquents (Parking place de France, rénovation Paul Bailliart, parvis du Cos…). Une gestion plus rigoureuse des investissements depuis 2002 aurait permis de revenir aux taux d'imposition précédents.

Annexe 25 : parade à vélo avec MVT (22/06/2008)

Donner une place au vélo

Emmenée par Guy Bonneau, conseiller régional Vert (à g), et Philippe Roussel, président de Massy en Vert et pour tous, la manifestation avait pour but d'alerter la population sur l'absence d'aménagements pour la circulation des vélos.

Ils étaient une trentaine dimanche 22 juin au matin à avoir répondu à l'appel de l'association écologique Massy en Vert et pour tous, en vue d'attirer l'attention des pouvoirs publics et des usagers sur les modes de circulation alternatifs. Selon les responsables de l'association, le désenclavement des quartiers ne se résume pas aux seuls aménagements pour les automobiles. Et d'insister sur les besoins en pistes cyclables, encore trop rares et parcellées, ainsi qu'en aménagements de cheminements sécurisés. Pour Philippe Roussel, président de MVT, le partage de la voirie, c'est définir une cohabitation intelligente des piétons et des cyclistes avec les automobilistes en privilégiant aussi les transports en commun et le stationnement sécurisé des vélos aux abords des gares. « En l'absence d'aménagements pour les vélos, le danger est permanent pour les cyclistes en ville avec des automobilistes qui nous ignorent, et se déplacer d'une commune à l'autre, c'est pire encore », se résigne Sabine, venue d'Antony. Malgré leurs inquiétudes, c'est quand même à vélo que les manifestants sont partis pour un périple de sept kilomètres à travers la ville, à la rencontre des habitants, pour les sensibiliser aux bienfaits de la pratique du vélo.

■ J-M. Plumet
• www.massyenvertetpour-
tous.org

16

VELO PARADE

Dimanche 22 juin de 10H à 12H

A l'heure où les tarifs du pétrole augmentent confirmant les prévisions faites par les associations écologistes, où les taux de pollution s'envolent, il est important d'attirer l'attention des pouvoirs publics et des usagers sur les modes de circulation alternatifs.

De plus, les besoins d'animation, le désenclavement des quartiers, les liaisons inter quartiers ne se résument pas à des aménagements pour les automobiles. Les pistes cyclables, les cheminements piétonniers sécurisés, les transports en commun intra muros de proximité (intra agglomération), les pédibus,... sont des moyens efficaces et moins destructeurs de la qualité de la vie.

Les objectifs de la Vélo Parade sont d'attirer l'attention sur:

- le transport en vélo ;
- les besoins en voies aménagées pour la circulation ;
- le mitage des voies cyclables actuelles.

Si vous voulez participer à cette animation

Rendez-vous devant le Centre Omnisport à 10H avec votre vélo

Nous terminerons la balade vers 12H dans le quartier de Villaine par un apérique-nique.

Plus de détail sur : http://www.massyenvertetpourtous.org

LE SAVIEZ-VOUS ???

LA TAXE D'ENLEVEMENT DES ORDURES MENAGERES ARRIVE A MASSY

De quoi s'agit-il ?

Dans la plupart des communes, les ménages paient pour l'enlèvement et le traitement des déchets. Cela prend soit la forme d'une taxe fixe, soit la forme d'une redevance qui est variable en fonction des déchets produits par chacun.

Et à Massy ?

Aucun de ces dispositifs n'a jamais été mis en place. Le choix avait été fait par les municipalités successives de prendre en charge la dépense sur le budget général de la commune. Mais le principe de l'établissement d'une taxe d'enlèvement des ordures ménagères a été voté au conseil municipal de septembre.

On aurait pu penser que le Maire souhaitait s'attaquer à une question environnementale importante visant à réduire la masse des déchets produits ?

Erreur, il s'agit simplement d'anticiper des pertes de recettes annoncées suite à la suppression par le gouvernement de la taxe professionnelle. Cette mesure, préparée sans aucune concertation, même avec le comité de l'agenda 21, se situe uniquement dans une logique comptable. Elle est inacceptable et INJUSTE car les ménages, déjà touchés par les effets de la crise, se verront obligés de compenser une taxe payée auparavant par les entreprises.

Que proposons-nous ?

Pour notre part, nous militons en faveur d'une redevance incitative qui, mise en place APRES une baisse de l'imposition des ménages (taxe d'habitation), serait modulable en fonction des quantités de déchets produites et permettrait ainsi d'inciter à la diminution de nos déchets.

C'est face aux situations concrètes que l'on peut voir la réalité de l'engagement de la municipalité qui n'a de cesse de communiquer autour de son Agenda 21! Celui-ci se révèle, de plus en plus, n'être qu'une coquille vide.

Si vous partagez notre position, interpellez le Maire par courrier, par courriel, par téléphone et exprimez votre volonté de voir la question des déchets traitée de manière responsable et cohérente avec les éternels beaux discours. Laissez aussi un message sur notre site, nous connaîtrons ainsi l'impact de cette campagne et cela nous sera utile dans nos démarches ultérieures.

Contacts : Massy en Vert et pour Tous,
2 rue Mangeon, 91300 Massy, 06 83 96 92 85
Courriel : contact@massyenvertetpourtous.org
site web : www.massyenvertetpourtous.org

L'ÉCOLOGIE Les Verts

REVISION DU PLAN LOCAL D'URBANISME (PLU)

De quoi s'agit-il ?

Le PLU définit les orientations de la Ville en matière d'urbanisme. Il détermine les règles à suivre pour l'aménagement de la ville, il définit les zones constructibles ou pas, protégées ou pas, à dominante d'habitation ou d'activités. Il fixe aussi les hauteurs admissibles, l'implantation des bâtiments les uns par rapport aux autres....

Et à Massy ?

Ces dernières années, en matière d'urbanisme le Maire n'est pas resté inactif. Mais pour quels résultats ? Le quartier de Vilmorin revêt un caractère uniforme et ramassé alors qu'on aurait pu imaginer un ensemble diversifié et plus « aéré ». Et à Atlantis, le Maire n'a pas recherché la maîtrise foncière qui lui aurait permis d'imposer à ce quartier d'être réellement compatible avec les besoins de mixité sociale et les contraintes environnementales nécessitées par la crise climatique. Pendant ce temps, les autres quartiers ont été laissés quasiment à l'abandon.

Aujourd'hui, la révision du PLU est en cours, principalement pour créer un boulevard commercial sur la RN188, qui entrera en concurrence avec Villebon 2 situé à proximité et finira de tuer le commerce de proximité qui reste aux Franciades. L'objet de la révision est aussi la restructuration du secteur des Franciades, mais là il se passera la même chose qu'à Vilmorin où les commerces ferment à cause des loyers trop élevés et seules restent des banques, centres optiques .. : aucune réponse aux besoins de la population du quartier.

A terme, il est aussi question d'urbaniser le secteur de Vilgénis. Or, ce lieu est un « poumon vert » de la ville, et son caractère protégé permet à la diversité biologique d'être préservée. Ce quartier devrait être préservé en zone naturelle avec ouverture partielle au public.

Que proposons-nous ?

Nous proposons à tous les habitants de la Ville de se rendre à la Mairie pour porter leur avis sur les registres auprès du commissaire enquêteur, avant le 30 novembre. Il faudrait que le règlement du PLU prenne réellement en compte les implications liées au dérèglement climatique. Il faudrait arrêter de multiplier les grandes surfaces commerciales qui accentuent l'usage de la voiture et tuent les commerces de proximité. Il faudrait arrêter de mettre en place une ville « à deux vitesses » avec de beaux quartiers neufs et entretenus d'un côté, et des quartiers délaissés de l'autre.

Contacts : Massy en Vert et pour Tous,
2 rue Mangeon, 91300 Massy, 06 83 96 92 85
Courriel : contact@massyenvertetpourtous.org
site web : www.massyenvertetpourtous.org

TÉLÉPHONE ROUGE

MATTHIEU CROISSANDEAU ET LES SERVICES POLITIQUES DU « NOUVEL OBSERVATEUR »

● Moscovici et « les gens qui pèsent »

Candidat potentiel à la primaire qui départagera les candidats socialistes à la présidentielle, **Pierre Moscovici** ne juge pas nécessaire d'avancer la date de la désignation, comme certains le réclament au PS. *« Plutôt que de polémiquer sur le calendrier de la primaire, on ferait mieux de muscler notre dispositif,* juge le député du Doubs. *La droite a monté un dispositif de combat avec son nouveau gouvernement, nous devons remanier nous aussi. »* A dix-huit mois de la présidentielle, « Mosco » estime nécessaire que la direction du Parti socialiste réunisse et consulte davantage *« les gens qui pèsent dans le PS ».*

● Et voilà pourquoi Aubry est muette !

Jean-Luc Mélenchon estime que la discrétion médiatique de Martine Aubry, qu'il surnomme « la Maman », s'explique par le fait qu'elle doive composer avec la majorité hétéroclite qui lui a permis de devenir première secrétaire. *« Martine Aubry incarne un niveau de contradiction bien plus grand que Dominique Strauss-Kahn,* juge l'ancien socialiste. *C'est pour ça qu'elle parle si peu, et non pas parce qu'elle n'a rien à dire ! »*

● Mélenchon : il va y avoir du sang

Le président du Parti de Gauche est par ailleurs furieux des accords scellés entre les écolos et le PS pour présenter des candidats communs aux cantonales contre des sortants du Front de Gauche, notamment dans son ancien canton de l'Essonne. *« Dans ma commune, ils ramènent un fantôme. Je les préviens : il y aura du sang jusqu'au plafond »,* menace Mélenchon, qui n'a jamais cherché d'accord avec le PS, mais avait tenté en vain d'approcher les écolos.

Télégrammes

■ A la grande surprise de ses dirigeants, Canal+ a réuni 1,4 million de téléspectateurs (sur 12 millions) le 16 novembre pour l'interview de Nicolas Sarkozy, à laquelle participait Michel Denisot et qui était par ailleurs retransmise sur TF1 et France 2. ■ Les mandats au Conseil supérieur de l'Audiovisuel de Sylvie Genevoix, Michèle Reiser et Marie-Laure Denis prendront fin en janvier. Le président de la République et ceux de l'Assemblée nationale et du Sénat doivent désigner, chacun, un remplaçant. Salaire annuel : 128 877 euros brut. ■ La députée PS de Moselle Aurélie Filippetti a coécrit une pièce de théâtre sur la jeunesse intitulée « J'ai 20 ans, qu'est-ce qui m'attend ? » avec d'autres écrivains comme François Bégaudeau (auteur d'« Entre les murs »), Maylis de Kerangal (prix Médicis 2010) ou encore Joy Sorman. La pièce sera jouée au Théâtre ouvert à Paris (18ᵉ) vendredi 26 et samedi 27 novembre.

● PS : les candidats du brushing

Jean-Vincent Placé juge très sévèrement en privé les candidatures à la primaire socialiste de Manuel Valls et d'Arnaud Montebourg. *« L'élection présidentielle, ce n'est pas un concours de brushing ! Ils n'ont rien à raconter, ces mecs-là, quelle est l'originalité de leur candidature ? Ce sont des candidatures marketing »* Le numéro deux des Verts en profite pour tacler Arnaud Montebourg, député et président du conseil général de Saône-et-Loire, sur le cumul des mandats : *« S'il réalise pour la France ce qu'il a réalisé pour le non-cumul des mandats, on a du souci à se faire ! »*

● Placé rétrogradé

Le même Jean-Vincent Placé a surtout du souci à se faire pour les sénatoriales. Martine Aubry a bien imposé le nom du numéro deux des Verts comme tête de liste dans l'Essonne à ses camarades lors d'un bureau national le 16 novembre. Mais les socialistes du coin, tous courants confondus, ne veulent pas en entendre parler. Du coup ils ont ratifié, dès le lendemain, une autre liste où Placé n'apparaît qu'en troisième position, derrière le vice-président PS du conseil général Francis Chouat et la sénatrice socialiste sortante Claire-Lise Campion. Les militants trancheront le 2 décembre.

20 et 27 mars 2011
Élections cantonales
Canton de Massy-Ouest
Ensemble, pour Massy et pour l'Essonne
Guy BONNEAU
Candidat de la majorité départementale
Remplaçante
Hella
KRIBI-ROMDHANE
Conseillère régionale
socialiste d'Île-de-France
Notre projet pour l'Essonne
Mes engagements pour Massy
europe
écologie
les Verts
PS

l'Essonne qu'on aime

Madame, Mademoiselle, Monsieur,

Vous tenez entre vos mains le projet départemental que je défends avec les écologistes de l'Essonne. Il s'inscrit dans le cadre du travail accompli par la majorité départementale sortante, et autour du projet de la gauche.

Écologie et solidarité

Nous souhaitons mettre l'écologie et la solidarité au cœur des politiques publiques, au cœur de l'Essonne. Sur le site www.lesverts91.fr, vous trouverez les 12 priorités des écologistes.

Nous faisons le choix de l'efficacité et du travail constructif au service des Essonniens. C'est pourquoi nous avons choisi le rassemblement des écologistes et des socialistes.

Rassemblement des écologistes et des socialistes

Mon projet s'articule avec celui de Jérôme Guedj, Conseiller général du canton de Massy-Est.

Je veux donc poursuivre et élargir l'action conduite par la gauche au Conseil général de l'Essonne depuis 1998. Le Département joue un rôle très important dans votre vie quotidienne. Aussi, face à la droite gouvernementale, face à l'UMP et à ses candidats Henry Quaghebeur et Tania Hammouche, faites le choix de l'union des écologistes et des socialistes, pour amplifier le travail du Conseil général au service des Massicois, et faire rentrer un conseiller général écologiste à l'assemblée départementale.

Cette dynamique d'union que nous vous proposons avec Hella Kribi-Romdhane, ma suppléante socialiste, vous l'attendiez depuis longtemps.

Au service des Massicois

Vous connaissez ma ténacité, mon investissement local et mon souci de l'intérêt général. Défendre avec passion et détermination les Massicois et les Essonniens, voilà ma seule ambition.

Pour cela, dès le 20 mars, j'ai besoin de votre soutien.

Guy Bonneau

Ils soutiennent Guy Bonneau et la dynamique d'union à Massy

◄ Guy Bonneau et Cécile Duflot, secrétaire nationale des Verts

◄ Guy Bonneau et François Lamy, député de la circonscription de Massy, maire de Palaiseau

régional, des élus de gauche pour mieux vivre à Massy !

LE CONSEIL GÉNÉRAL, À QUOI ÇA SERT ?

L'ESSONNE EN BREF
1,2 million d'habitants
196 communes
42 cantons :
25 conseillers généraux de gauche
17 de droite

Le Conseil général intervient dans de nombreux aspects de la vie quotidienne :

- L'action sociale en faveur des personnes âgées, des personnes handicapées, de l'enfance, de la famille et des personnes en difficulté

- Gestion du RSA, revenu de solidarité active

- La voirie : construction et entretien des routes départementales (dont les routes nationales récemment départementalisées)

- L'éducation : la construction, l'entretien et le fonctionnement des collèges publics, la restauration et l'aide à la cantine, l'équipement informatique, la gestion des personnels techniciens, ouvriers et de service (TOS)

- La mise en œuvre de l'Agenda 21 départemental pour le développement durable

- Le financement quasiment à 100 % du service départemental d'incendie et de secours (pompiers)

- Le développement économique : aide à la création d'entreprises et, sous conditions, aide pour le maintien de l'emploi

- La protection de l'environnement (notamment la conservation des milieux naturels)

- L'aide aux associations culturelles, sportives, sociales et de solidarité internationale

- L'aide à l'investissement des communes et le financement des grands projets de transports (passerelle des gares de Massy, futur Tramtrain entre Massy et Évry...)

Le budget annuel du Conseil général de l'Essonne (2011) s'élève à 1,2 milliard d'euros.

Ma feuille de route !

Élu de Massy, en contact avec vous !

Élu de Massy, je représente maintenant tous les habitants du canton.

Je souhaite rester en contact avec tous : nous avons pu nous rencontrer sur rendez-vous pour certains, aux fêtes de Villaine ou de Bièvre-Poterne, dans des réunions associatives ou au CA du Collège Gérard Philipe... Ma lettre régulière rendra compte des actions du Conseil Général pour le quotidien des Massicoises et des Massicois.

Avec Jérôme Guedj, élu du canton Est, nous avons pris l'initiative de rencontres régulières entre le Conseil Général et la Ville. Lors de la première rencontre ont ainsi été évoqués la meilleure organisation des implantations des services sociaux et de la PMI ; le soutien aux manifestations culturelles, le passage au numérique de Ciné-Massy, certaines améliorations routières, la situation de la prévention et de l'accueil des jeunes...

Vice-Président du Conseil général, chargé de l'insertion, de l'économie sociale et solidaire et des nouveaux emplois :

L'insertion comprend notamment la gestion du RSA, les politiques d'accompagnement des allocataires et l'insertion par l'activité économique. C'est un secteur que je connais grâce à mon expérience associative à la Régie de Quartier de Villaine puis à l'entreprise d'insertion API Services que j'ai contribué à mettre en place.

J'ai souhaité créer **un nouveau champ d'activité du Conseil Général, dans le domaine de l'économie sociale et solidaire** (ESS). Cette économie, connue par les mutuelles, les coopératives, les « amap : associations pour le maintien de l'agriculture paysanne », les « sel : système d'échanges locaux », le micro-crédit... ne vise pas le profit pour ses « actionnaires » et le principe de décision y est « une personne = une voix ». Il y a là un domaine à développer en Essonne, tant pour aider l'insertion par l'activité économique que pour susciter des activités d'intérêt social et écologique : services auprès des personnes âgées, travaux d'isolation pour les appartements, entreprises de recyclage... Naturellement il ne s'agira pas pour le Conseil Général de créer des entreprises car ce n'est pas son rôle, mais d'aider les initiatives, de mettre en réseau, en s'appuyant sur ce qui existe, en mobilisant les partenaires du département.

Pour vous permettre d'être force de propositions et de débattre des politiques à conduire, je vous attends le 12 octobre à une réunion publique de mise en place d'un comité de canton.

Guy Bonneau

Hella Kribi-Romdhane,
ma suppléante et conseillère régionale socialiste, dont l'énergie a bien contribué à mon élection en mars dernier, a aussi porté tout au long de cette campagne un futur beau bébé, né le 19 août : bienvenue à Norine et que l'avenir lui soit chaleureux !

INVITATION

Réunion publique compte rendu de mandat
mercredi 12 octobre à 20 h 30
Centre Lino Ventura (Square du Clos de Villaine)

QUELQUES INTERVENTIONS EN SÉANCE

Les sujets importants n'ont pas manqué lors des premières séances du Conseil général ! Membre du groupe Socialiste, Écologiste et Républicain et fidèle à mes convictions écologistes, j'ai notamment approuvé les motions de défense des services publics, mis à mal par le gouvernement, que ce soit en matière de santé, d'éducation, de transports. Et aussi :

- **à propos des transports du Grand Paris :** j'ai rappelé que l'urgence était l'amélioration des **RER, du B pour nous à Massy**, et que plutôt que de rêver aux milliards nécessaires pour construire le « futur » super métro, il fallait les consacrer à la rénovation lourde des voies, caténaires et doublement du tunnel Chatelet- Gare du Nord !

- **à propos de la proposition de délocalisation de l'aéroport d'Orly,** défendue par 3 députés UMP Essonniens, j'ai souligné que cette opération aurait pour conséquences de délocaliser de nombreux emplois et de sacrifier des terres agricoles ailleurs pour favoriser la spéculation foncière ici. J'ai défendu l'intermodalité air-fer, le transfert de l'aérien vers le rail, le rééquilibrage au profit des aéroports régionaux existants, le maintien du couvre-feu et la limitation stricte du nombre de mouvements.

- **à propos des projets de grand stade de rugby en Essonne** (650 millions d'euros pour un projet de 82 000 places, à Massy, Brétigny ou Bondoufle), j'ai attiré l'attention de mes collègues pour que **les valeurs d'échange, de partage, de convivialité du rugby** comme nous les connaissons à travers le RCME, ne soient pas peu à peu détournées par le fric, comme cela l'est malheureusement dans d'autres disciplines sportives !

Vous pouvez retrouver l'intégralité de mes interventions sur mon site www.guybonneau.fr

ACTIONS DE TERRAIN

En compagnie de Jérôme Guedj, le 1er juillet j'ai passé plusieurs heures avec les pompiers de Massy.

En mai et juin, j'ai participé à plusieurs assemblées générales (Amis du Vieux Massy, Paroles de Femmes, APMV...) et animations sur Villaine (fête du printemps, action propreté au Square, fête à Bièvre Poterne).

Le 29 mai, lors du challenge annuel de l'ESM natation, j'ai remis des médailles au nom du Conseil général (présence censurée par le magazine municipal !)

QUELQUES PROJETS À SUIVRE SUR MASSY

Soutien aux chantiers d'insertion, notamment à celui préparé par S'Team à Émile Zola ; participation du CCAS de Massy au dispositif de micro-crédit impulsé par le Conseil général ; protection du parc de Vilgénis...

EELV en campagnes !

Deux échéances importantes dans les prochains mois :

➜ **le 25 SEPTEMBRE, le Sénat est renouvelé.** Censé représenter les collectivités locales dans lesquelles la gauche et les écologistes sont majoritaires, passera-t-il enfin à gauche ? Ce serait un avertissement de plus en direction de Sarkozy !

En Essonne, la liste de rassemblement de toute la gauche est conduite par Jean-Vincent Placé d'Europe Écologie-Les Verts.

➜ **AU PRINTEMPS PROCHAIN, la présidentielle : les écologistes sont rassemblés derrière Éva Joly.** Vous ne le savez peut-être pas, Éva a passé de nombreuses années en Essonne, à Bourray sur Juine, alors qu'elle était conseillère juridique à l'hôpital d'Étampes puis procureur à Évry !

Cette campagne sera un temps fort pour faire connaître les propositions alternatives des écologistes et contribuer à battre Nicolas Sarkozy.

l'IAE en Essonne : Mise en place d'une réflexion stratégique
Contribution du Conseil général *(document de travail)*

La loi a confié à l'Etat le pilotage de l'insertion par l'activité économique – mais le département est responsable des politiques de l'insertion. Il en revendique donc le co-pilotage, au delà de son financement…
Et il nous faut donc travailler ensemble, Etat, CG, CRIF, têtes de réseaux, … pour cela le CDIAE est un bon endroit !

Le Conseil général apporte aujourd'hui des propositions
Il est d'ailleurs intéressant de mettre cette réunion en perspective avec celles des années précédentes tenues au CG :

- réunion co-organisée CG91/Dirrecte le 3/11/11 au cours de laquelle il avait été indiqué quelques lignes de force et de faiblesse et considéré qu'il fallait procéder à une réflexion stratégique sur le devenir du secteur ;
- ces analyses avaient été complétées suite au travail commandé par le CG au bureau d'études Asparagus/Pluricités en 2012, travail rendu le 4/07/12 et traduit dans nos délibérations de décembre 2012, il y a bientôt 3 ans.

Du diagnostic de l'époque, plusieurs éléments peuvent être repris en les actualisant:

- **Sur la diversité des types de structures**, avec l'arrivée de deux ETTI, le paysage est complet mais le chainage souhaité dès 2011, tant entre les structures qu'avec les entreprises classiques, notamment via l'ESS, recèle des marges de progrès : l'implication de la CCIE , de la CMA, des organisations syndicales et patronales reste nécessaire. Les mutualisations sur un territoire sont souhaitées par le CG qui finance des appels à projets en ce sens, mais aussi la création de GES voire de PTCE à travers ses délibérations. Des marges de progrès existent.
- En 5 ans, **très forte augmentation du nombre d'ACI**, augmentation sans doute liée à leur mode de financement. Par contre, comme pour d'autres structures IAE, ce n'est qu'exceptionnellement qu'ils naissent suite à une analyse des besoins des territoires, des publics et du marché de l'emploi (chantier sud-essonne sur « auxiliaire vie hospitalière »); la répartition en chantiers de remobilisation ou de préqualification ne résulte elle aussi pas d'une analyse des besoins. Les 29 chantiers existants, en convention triannuelle avec le CG jusqu'à la fin 2015, n'ont pas vocation à être automatiquement reconduits, d'où le besoin urgent d'orientations stratégiques partagées d'ici l'été.
- **Les EI sont généralement petites**, ce qui rend leur viabilité économique fragile (départ d'un encadrant, perte d'un marché, …) ; de plus, leur management est souvent issu du social, ce qui parfois accroit sa fragilité économique : malgré une professionnalisation renforcée de certaines, d'autres ont fermé ces dernières années. Là aussi, il nous faudrait être pro-actifs, à partir d'un diagnostic partagé. Un bon exemple est l'implantation de Main Forte. Là aussi l'apport de nos partenaires CCI, AEE, Essonne Active pour une plus grande articulation avec l'entreprise classique et l'ESS est à travailler, notamment au niveau du management et de la professionnalisation. Les Clauses Sociales sont aussi un outil à mieux mobiliser pour ce chantier.
- L'IAE répond assez bien aux **objectifs d'insertion professionnelle** avec un taux de sortie dynamique relativement satisfaisant. Notons aussi l'élaboration et la mise en œuvre de la charte d'accompagnement socio-professionnel. Mais la question des formations, sur laquelle des avancées ont été faites, est à approfondir avec le CRIF.

- En **matière de publics**, pour ce qui concerne les allocataires RSA, on relève une amélioration sensible suite à nos délibérations. Mais aujourd'hui le contexte s'est dégradé et le CG **ne limite pas sa politique d'insertion aux RSA** mais aussi aux jeunes et au DELD. Notre implication dans la garantie jeune ou la convention récente avec Pole Emploi en sont le signe.
- On note **une certaine diversité de métiers**, avec quelques lignes plus fortes mais aussi un décalage avec les métiers en tension. De même, la géographie n'est pas toujours en phase avec les besoins des publics. L'actualisation de l'étude Asparagus Pluricité de 2012 serait indispensable à notre diagnostic partagé.

Deux remarques moins centrales :
- Les filières d'accès, de prescription et surtout la réflexion sur les publics cibles sont à approfondir comme évoqué.
- Les budgets Etat, Région et Conseil Général sont importants (près de 10 Millions d'euros si on compte les postes aidés) et sont à questionner en relation avec leur efficacité en matière d'insertion et d'accès à l'emploi

Au vu de ces éléments nous suggérons la méthodologie suivante :
3 chantiers en parallèle :

Un diagnostic territorial partagé

- Actualiser l'étude socio-économique sur les métiers et les besoins des territoires, sur les mêmes 4 bassins d'emploi : Nord Ouest, Sud Essonne, Centre Essonne, Rive droite.
- Sur chacun de ces territoires, et dans la logique de la mise en œuvre de la charte d'accompagnement, nous proposons de mettre en place un groupe de travail animé par nos RTISP, bien sur avec toutes les composantes du CDIAE

Travail sur la mutualisation, la professionalisation, l'articulation avec l'entreprise et le monde économique, notamment ESS

- Act Essonne et les têtes de réseaux pourraient travailler sur les mutualisations de fonctions, voire la constitution de groupes et, en lien avec la DIRECCTE et la CCI, sur le lien avec les branches professionnelles.
- Essonne Active et l'AEE pourraient aussi être mobilisées sur ces sujets, au vu de leurs compétences, notamment dans l'ESS et les plans de revitalisation.
- Le Conseil régional pourrait animer un travail sur les formations adaptées aux besoins des publics de nos structures.

La simplification et la gouvernance

- Au delà du dossier unique pour les ACI, systématiser les conférences de financeurs pour aller vers un agrément commun et un reporting unique
- Une fois un PDIAE adopté, en assurer un suivi au sein de CDIAE plus stratégiques, par exemple 2 fois par an, avec un bon niveau de représentation.

M. Luc Carvounas, Président de Logial-OPH et M. Jean-Lucas Diaz, Directeur général de Logial-OPH,

ont le plaisir de vous convier à l'inauguration officielle de la Résidence Vilgénis,
le jeudi 15 septembre à partir de 16 heures, au 49 rue Vilgénis à Massy,

en présence de :

Mme Emmanuelle Cosse, Ministre du Logement et de l'Habitat Durable,
M. Vincent Delahaye, Sénateur-Maire de Massy,
M. François Durovray, Président du Conseil départemental de l'Essonne
et de Mme Rafika Rezgui et M. Jerôme Guedj, Conseillers départementaux de l'Essonne.

Un cocktail vous sera proposé à l'issue de la cérémonie.

Nous espérons vous compter nombreux parmi nous !

Nous vous invitons à confirmer dès à présent votre présence par mail : communication@logial-oph.fr

INAUGURATION de "La Parenthèse"
Résidence sociale, réalisée par Logial,
pensée, gérée et animée par l'AISH

Samedi 8 octobre à 15h30

en présence de :
Josiane Chevalier, Préfète de l'Essonne
Vincent Delahaye, Sénateur-Maire de Massy
Sandrine Gélot, Vice-présidente du Conseil départemental
Nicole Crépeau, Présidente de "Paroles de Femmes 91"
Guy Bonneau, Président de l'AISH

Pose de plaques, visites et verre de l'amitié

Chers amis, je n'ai que des amis ici !

C'est avec une émotion certaine que je m'adresse à vous aujourd'hui. Il me faillait vous rassembler, fêter avec vous ce dernier jour de mes fonctions de Vice Président.

Fêter oui, car c'est d'abord de joies et de plaisir dont je veux parler et donc j'ai voulu une rencontre pas trop formelle.

Très égoïstement, j'ai souhaité avoir autour de moi les personnes – une partie des personnes – avec lesquelles, au cours de ces 4 années, j'ai parlé, construit des projets, élaboré des actions et des politiques publiques.

Finir, partir, c'est toujours un peu difficile ! Alors égoïstement j'ai souhaité vous avoir autour de moi pour une belle note de printemps – même si le soleil fait un peu défaut !

Vous êtes divers, venus de plusieurs services du Conseil général, de structures proches et de partenaires de notre institution, des acteurs de terrain pour beaucoup.

Vous ne vous connaissez pas tous, mais, toutes et tous, vous avez contribué à ce que ces 4 années dans ces fonctions de Vice Président aient été parmi les plus fortes de ma vie d'élu.

Aussi à chacune et à chacun je voudrais dire au revoir et merci.

Mais je voulais surtout vous le dire collectivement !

Bien sur, j'ai dû limiter mon invitation à une partie de ceux qui m'ont permis de déployer, de structurer, de rendre cohérente une délégation aussi apparemment disparate que celle qui m'a été confiée par Jérôme, l'insertion, l'économie sociale et solidaire et les nouveaux emplois.

Je ne citerai pas chacune et chacun, ne m'en veuillez pas, et je serai un peu impressionniste.

Personne ne sera surpris que je commence par Martial : avec lui, plusieurs d'entre vous, présents et absents, de ce champ de l'insertion que, je crois, nous avons fait un peu bouger. Et la présence de Simon, Nicole et d'autres personnes des MDS et des ex RLA illustre bien le chemin parcouru.

Philippe et ses collègues de la CCI Essonne ont été aussi de vrais partenaires, comme d'autres acteurs de l'économie classique, l'agence en particulier. Avec eux, nous nous sommes frottés, stimulés, toujours à la recherche du sens de l'action économique.

Bien entendu les acteurs de l'IAE qui je crois ont évolué, à mes côtés et parfois en désaccords, tout au long de ces 4 ans. D'où mon plaisir de la présence, ici, d'Act'Essonne avec Guillaume, Elsa et tous les autres.

L'Etat aussi, j'excuse le Préfet Mathurin qui, avec le Préfet Lambert ont bien illustré pour moi ce que devrait être un Etat stratège, centré sur l'essentiel mais proche du terrain. Pierrette, tout au long de ces quatre années, a été une interlocutrice motivée, convaincue de ce qu'elle faisait, un bon exemple de ces fonctionnaires si souvent décriés.

Et bien entendu, les acteurs de la construction, à mes côtés, de la politique départementale d'ESS. D'abord en interne avec ce groupe transversal rassemblant les personnes ici présentes des secteurs de l'environnement, du développement durable, du développement économique, de l'innovation, de la politique de la ville et de l'habitat, j'en oublie.

Mais aussi du comité partenarial des acteurs de l'ESS, de l'accompagnement à la création d'entreprises, d'Essonne Active avec Alix et Stéphane, et bien d'autres encore.

A ce moment, il me faut adresser un salut particulier à Aurore et Gwénaëlle, mes deux collaboratrices successives sans lesquelles rien n'aurait été possible dans la construction de cette politique ESS.

Peut être plus inattendu ici, Bastien et le service austère de la commande publique avec lequel, avec l'appui des deux directeurs généraux successifs, nous avons développé la mise en œuvre des clauses sociales, une belle fierté à laquelle j'associerai Myriam.

Dans ce panorama, tant de mes sujets d'intérêt que d'hommes et de femmes de grande qualité, rencontrés pour certains depuis 10 ans, permettez moi de saluer les territoires d'expérimentation du développement local, cher à l'écologiste que je suis, les PNR et Guy, un acteur local, passionné et dynamique comme j'ai essayé de l'être, même si nos choix politiques sont différents.

Bien sur, j'ai aussi un salut très amical à Jérôme et à Agnès qui, sans forcément partager mes convictions sur le caractère central de cet enjeu que représente l'ESS dans toute sa diversité m'ont toujours fait confiance, et c'est là l'essentiel.

Et il y a toutes ces petites mains, ce n'est pas péjoratif, ici au 6^{ème,} les huissiers et à la DIAQ. Ce panorama est évidement incomplet. Mais je suis sur que toutes et tous ici vous vous reconnaissez entre les lignes, encore merci de votre disponibilité, de vos compétences et de votre énergie.

Enfin, je les ai gardé pour la fin car pour moi ils et elles illustrent bien ce qui rend possible l'action publique d'un élu comme moi, les qualités humaines et la compétence de chacune et chacun à son niveau, sans lesquelles je n'aurai pas pu avancer aussi bien avec l'optimisme envers et contre tout, Valérie, Flore et David, un très grand merci.

Je leur adjoindrai Geneviève qui a rendu possible mon énergie et a assuré l'intendance et la cuisine qui m'a permis mon emploi du temps chargé.

Etre élu, comme le voyez, c'est souvent parler, c'est beaucoup chercher à rassembler sur des objectifs d'intérêt général, c'est aussi beaucoup pour moi, stimuler et provoquer chacun pour faire voir, faire sortir ce qu'il a de mieux en lui, de l'allocataire du RSA au Directeur général des services....

Merci collectivement de ces 4 années et gardons le cap !